2019년 3월 25일 초판 1쇄
2019년 6월 10일   2쇄

글   조병제
펴낸곳   ㈜늘품플러스
펴낸이   전미정
책임편집   최효준
디자인   윤종욱 정진영 최하영
교정·교열   황진아 한채윤
출판등록   2008년 1월 18일 제2-4350호
주소   서울 중구 퇴계로 182 가락회관 6층
전화   070-7090-1177
팩스   02-2275-5327
이메일   go5326@naver.com
홈페이지   www.npplus.co.kr
ISBN   979-11-88024-22-3 03340

값 15,000원

ⓒ 조병제, 2019

1차 핵위기의 본질

북한, 생존의 길을 찾아서

북한·미국·중국의 전략적 삼각관계

위기 탈출

나오며

  미국과 중국이 기술패권, 나아가 세계패권을 건 힘겨루기를 시작했다. 이 대결이 앞으로 얼마나 오랫동안, 얼마나 넓은 전선에서 벌어질지 가늠하기 쉽지 않다. 한 가지는 분명하다. 악화일로에 있는 미·중관계가 한반도에 살고 있는 우리들에게 큰 위기를 가져오고 있다는 점이다. 무엇보다도 북한 비핵화라는 우리의 목표 달성을 더욱 어렵게 만들고 있다.

  왜 그런가? 이 책은 한반도를 둘러싼 강대국 관계, 특히 미·중관계가 북한 핵문제 해결을 포함한 한반도 상황을 규정하는 데 어떻게 작용하는지를 파헤치고 있다. 북한이 1980년대 말과 1990년대 초의 1차 핵위기를 넘기고 체제를 유지할 수 있도록 해 준 국제정치적 맥락과 구조에서 그 단초를 찾는다. 즉, 동서냉전의 종식으로 세계정세가 격변하기 시작한 1989년부터 북한이 제네바합의를 통해 유일초강대국 미국과 공존의 기초를 마련한 1994년까지 북한과 중국, 북한과 미국 사이에 이루어진 상호작용을 들여다봄으로써 오늘의 상황에 대한 시사점을 찾는다.

  냉전이 끝나던 때, 북한은 정권 수립 후 가장 절박한 위기에 직면했다. 공산주의 종주국 소련이 남한과 수교한 데 이어 스스로 해체하고, 뒤이어 중국도 남한과 수교했다. 많은 사람들이 북한도 머잖아 붕괴할 것이고 한반도는 자유민주주의와 시장경제로 통일될 것이라고 생각했다. 북한과 가깝게 지냈던 루마니아가 시민혁명으로 무너지고 차우셰스쿠 대통령이 처형되었을 때, 프랑스의 유력 일간지 르몽드는 "다음 차례는 북한인가?"라는 제목으로 사설을 실었다. 그렇지만, 북한은 무너지지 않았고 김일성, 김정일, 김정은으로 3대째 권력을 이어가고 있다. 이것이 어떻게 가능했을까?

북한의 붕괴를 예상하고 있던 시기에 핵문제가 제기되었다. 북한이 평양 북쪽 100km 지점의 영변에서 비밀리에 핵무기를 개발하고 있다는 의혹이 일었다. 우리는 북한의 핵무기개발을 막으려고 온갖 노력을 다해 왔다. 1992년 초 남과 북은 남북기본합의서와 함께 비핵화공동선언에 합의했다. 1994년 미국과 북한은 제네바합의Agreed Framework를 타결하고, 우리와 함께 함경남도 신포에 경수로 건설작업을 시작했다. 그러나 2002년에 들어와 합의는 깨지고 경수로 공사도 중단되었다. 2003년부터 6자회담을 시작하여 2년 후 9·19 공동성명이라는 합의문서를 만들었다. 그러나 참가국들이 서로 간의 이해차이를 극복하지 못하고 있는 사이에 북한은 2006년부터 2017년 9월까지 모두 여섯 차례 핵실험을 감행했고, 2017년 11월에는 '핵무력 완성'을 선언했다. 이것이 어떻게 가능했을까?

한·소수교와 소련 붕괴 이후 중국에 의지하려던 북한은 중국마저 남한과 수교하자 극심한 국제적 고립에 직면했다. 북한의 핵사찰 수용 문제가 초미의 관심사로 등장했다. 핵사찰을 받으라는 압박이 가중되자, 북한은 1993년 3월 '주권 수호'를 외치면서 핵비확산조약NPT에서 탈퇴한다고 선언했다. 북한의 위기조성이었다.

일련의 연쇄반응이 일어났다. 핵확산을 방치할 수 없는 미국은 북한과의 직접협상에 나서면서 북한이 핵사찰을 받도록 압박했다. 중국은 북한이 갖는 지정학적 중요성 때문에 '대화를 통한 해결'을 내세워 북한을 감싸고 나서기 시작했다. 지정학적 이유에서 북·미관계와 북·중관계가 상호작용하기 시작했고, 그것이 궁극적으로 북한으로 하여금 중국을 동맹에 붙들어 매놓는 한편, 미국의 압박에 성공적으로 대항할 수 있도록 했다. 핵위기를 정면으로 돌파하는 과정에서 만들어진 북한-미국-중국 사이의 전략적 삼각관계가 탈냉전기 북한에게 생존과 반전의 기회를 주었다. 과거 북·중·소 삼각외교가 북한에게 정치적 자율과 군사·경제적 실리를 준 것과 마찬가지로, 미·중관계의 새로운 맥락이 탈냉전기 북한 대외전략의 핵심요소가 된 것이다.

1994년 10월 북·미제네바합의가 만들어졌을 때 우리는 한반도에 평화가 오고 북·미관계가 정상화될 줄 알았다. 그러나 그렇지 않았다. 핵문제가 해결되지도 않았고, 북·미관계가 정상화되지도 않았다. 시간이 지나고 북한의 핵개발이 진행되면서 한반도 비핵화의 목표는 점점 더 멀어지는 듯했다.

이 책은 한반도 비핵화를 달성할 수 있는 방법을 제시하려는 것이 아니다. 북한핵문제 해결을 위한 그간의 노력이 실패했다고 말하려는 것은 더더구나 아니다. 그보다는 핵문제가 등장하고 사반세기가 지난 지금까지도 우리가 바라는 결과를 거두지 못하고 있는 만큼, 이제 한 번쯤 "왜 그랬을까?"라고 자문해 볼 필요가 있다는 생각에서, 그 당시 일을 복기해 보자는 것이다. 올바른 진단이 있어야 올바른 처방이 나올 수 있다.

"왜 그랬을까?"라는 질문을 갖고 지나간 날을 돌아보면서, 동시대 사건을 대하는 것보다는 조금 더 냉정한 시각에서 질문을 던져 볼 수 있다. 다음의 몇 가지 질문은 2019년의 현실에서도 여전히 핵심적인 과제로 남아 있다.

- 한반도비핵화공동선언은 어떻게 만들어졌는가? 공동선언이 이행되지 못한 이유는 무엇인가?
- '한반도 비핵화'는 남·북한과 미국에게 각각 어떤 의미를 갖는가?
- '대화를 통한 해결'을 추구한다는 중국의 입장은 북한핵문제 논의에서 어떤 작용을 하는가?
- 북한이 핵무기 개발을 현실적이고 구체적인 목표로 설정한 것은 언제쯤이었을까?

북한의 핵무기개발이라는 문제를 중심에 놓고 보면 1980년대 말과 1990년대 초는 문제의 뿌리에 해당하고, 해결방안을 중심으로 보면 첫 단추를 끼운 시기다. 이 시기에 필자는 외교부에서 실무직원으로 근무했다. 사반세기가 지난 지금, 이 시기를 돌아보는 것은 어쩌면 첫 단추가 잘못 끼워졌기 때문에 문제가 해결되지 못하고 있을 수 있다는 의구심과, 지금이라도 문제를 제대로 해결하기 위해서는 그 뿌리를 올바로 이해해야 할 것이라는 각성에서 비롯된 것이다. 지난 5년여 짬짬이 자료를 수집하고 기억을 더듬는 동안, 당시 놓쳐버린 기회가 드러나 보일 때가 있었고, 그럴 때마다 아쉬움을 떨쳐버릴 수 없었다. 특히 1992년은 전환기적 상황에서 전쟁과 평화를 가를 수 있는 분수령이 되는 해였다.

어떤 사건이 "왜 일어날 수밖에 없었는가why necessarily?"보다는 "어떻게 일어날 수 있었는가how possibly?"를 사후적으로 구성해 내려는 시도라는 점에서 이 책은 일종의 역사서다. 역사를 쓰고 읽는 우리는 현재에 살고 있다. 역사를 돌아보면서 느끼는 감정은 오늘의 상황에 대한 직접적인 함의를 갖는다.

첫째, 1992년 한국은 노태우 대통령의 임기 마지막 해를 맞으면서 북방외교의 대미를 장식해야 한다는 조바심이 있었으며, 임기 말의 누수현상과 대선정국의 권력암투가 외교에 영향을 미치기 시작했다. 남북정상회담 개최를 포함한 남북관계의 주도권을 확보하기 위해 북·미관계개선의 속도조절을 요청했으며, 중단했던 대규모 한미군사훈련 팀스피리트Team Spirit 재개를 주도했다. 북방외교 초기의 교류와 화해는 대결과 압박의 강공전략으로 선회했다. IAEA의 기능적 완벽주의를 견제하고 대선과정에 들어간 미국 외교의 공백을 메워야 할 한국정부가 똑같은 시기에 대선정국에 빨려 들어간 것은 우연이라 하더라도 아쉽기 그지없는 부분이다.

둘째, 미국은 당시 북한핵문제를 국제비확산체제 구축을 위한 시범사례로 보고 이 부분에서 문제가 해결된다는 것을 전제로 북·미관계 정상화로 가는 다음 수순을 검토할 수 있다는 입장이었다. 한국전쟁이 끝나고 40년이 경과한 시점에서 미국은, 휴전협정이 상정하고 있는 바와 같이, 한국전쟁의 종결을 위한 정치적 협의라는 관점에서 북한문제, 나아가 한반도 문제를 볼 수는 없었을까? 만약 그랬더라면 지금보다 훨씬 더 적은 비용으로 북한을 우호적인 환경에 묶어 둘 수 있었을 것이다. 이 당시만 해도 중국의 경제력GDP은 미국의 1/8에 불과했고, 미·중관계도 지금처럼 어렵지 않았다.

셋째, 당시 국제사회가 북한에게 요구한 것은 핵사찰이었고, 특히 문제된 것은 북한이 신고한 양보다 더 많은 플루토늄을 추출했을 수 있다는 의심이었다. 1992년 하반기 국제사회가 이 소량의 불일치를 완전하게 해소하는 데 집중할 것이 아니라 미래의 핵개발 가능성을 차단하는 데 주력했더라면 어떻게 되었을까? 이라크에서 실추된 권위를 회복하려는 국제원자력기구IAEA의 기능적 완벽주의를 견제하지 못한 데 대한 아쉬움이 크다.

넷째, 무엇보다도 문제는 잘못된 선택을 한 북한이었다. 탈냉전기의 북한은 '우리식 사회주의'의 우월성을 고수하면서 세계사적인 변화의 흐름을 거부했으며, 그 결과 중국을 비롯한 동아시아의 역동적인 경제발전과 사회변화에서 스스로 고립을 선택했고, 아직까지도 그 고립에서 벗어나지 못하고 있다. 과연 이것이 북한 인민을 위한 올바른 선택이었는가?

1989-1994년의 전환기, 특히 1992년의 한반도는 평화정착을 위한 천재일우의 기회를 맞고 있었지만, 우리도, 미국도, 북한도 이 기회를 잡지 못했다. 2018년 한반도는 다시 한번 이 천재일우의 기회를 맞는 것처럼 보였으나, 하노이에서 의외의 복병을 만났다. 뿐만 아니라 지금 우리 눈앞에서 전개되고 있는 미·중관계 악화가 어디까지 갈지도 예측하기 어렵다. 그렇다고 좌절할 일은 아니다. 영국의 정치인

디즈레일리Benjamin Disraeli는 "최악의 상황에 대비하지만 언제나 최선의 결과에 희망을 건다"고 했다. 희망은 최선의 결과를 가져올 수 있는 힘이기도 하다. 해묵은 숙제를 해결하고 한반도에 항구적인 평화를 가져오는 것은 우리 모두의 바람이다.

I

들어가며

제1장
서론

1. 1989-1994년이 왜 중요한가?

1980년대 후반과 1990년대 초에 걸쳐 북한은 정권 창건 이래 최대의
위기를 겪었다. 북한을 보는 외부의 시각도 비관적인 전망이 주를 이
루었다. 1991년 남한의 어느 국책연구소는 소련과 동유럽의 변혁과
북한 사회구조 변동의 거시적 흐름을 볼 때 문제는 북한이 변화할 것인
가가 아니라 어떻게 변화할 것인가에 있다고 평가했다.[1]

북한의 조기 붕괴를 예측하는 견해도 있었다.[2] 한반도와 국제정세
를 보는 북한의 시야가 '북조선 혁명역량', '남조선 혁명역량', '국제적
혁명역량'이라는 3대혁명역량의 관점에 맞추어져 있었다고 볼 때,

---

[1]   민족통일연구원, 『북한체제의 실상과 변화 전망』(서울: 민족통일연구원, 1991), p. 458.
[2]   "독재 붕괴, 다음 차례는 북한일까: 佛 르몽드紙 사설", 『동아일보』, 1990년 1월 3일. 또
     한 제1차 핵위기시 미 측 수석대표였던 로버트 갈루치(Robert L. Garllucci)는 "북한이
     3-4년 안에 붕괴하리라는 예상에 기반하여 경수로원자력발전소 등을 양보했다"고 밝혔
     다. 신욱희·조동준 면담 편집, 『구술사료선집 7: 고위관료들, '북핵위기'를 말하다』(과천:
     국사편찬위원회, 2009), p. 10 참조.

1989년 이후의 탈냉전 시기야말로 북한의 혁명역량이 최악으로 떨어진 때였다.[3] 1990년 9월 30일의 한·소수교와 1992년 8월 24일의 한·중수교는 당시 북한의 국제적 고립이 어느 정도 깊었는가를 그대로 드러내주는 사건들이었다.

위기의 진원지는 공산주의의 종주국 소련이었다. 고르바초프 총서기 취임으로 시작된 변혁은 속도를 더해가고 있었다. 1989년 소련이 사회주의국가들의 국내문제에 간섭하지 않겠다고 천명하면서 동유럽 국가들이 먼저 체제변혁이나 붕괴과정을 시작했다. 루마니아에서 시민혁명이 일어났고 12월 25일 차우세스쿠 대통령이 처형되었다. 아시아에서도 민주화와 변혁의 바람이 불었다. 개혁개방을 표방하고 있던 중국에서 1989년 6월 천안문天安門 사건이 일어났다.

남한은 서울올림픽을 성공적으로 치르면서 화려하게 국제무대에 등장했다. 1989년 남한은 세계 15위 경제로 성장해 있었다. 노태우 정부의 북방외교는 소련과 동구권의 변혁과 어우러지면서 성과를 내기

---

[3] 김일성, "조국통일위업을 실현하기 위하여 혁명역량을 백방으로 강화하자: 조선로동당 중앙위원회 제4기 제8차 전원회의에서 한 결론(1964년 2월 27일)", 『김일성 저작집 18권』(평양: 조선로동당출판사, 1982), pp. 246-266. 김일성은 "북조선을 우리 혁명의 기지로 규정하고 정치, 경제, 군사의 모든 면에서 이 혁명기지를 백방으로 강화하는 일관된 로선을 견지"해야 하며, "남조선에서 미제국주의자들을 몰아내기 위해서는 먼저 남조선 인민들이 주동이 되어 일떠서야" 하고, '조선혁명은 세계혁명의 한 고리' 이기 때문에 "국내에서의 혁명역량이 강화될 뿐 아니라 국제적 혁명역량도 더욱 자라야 한다"고 했다. 또한 김일성은 1965년 4월 인도네시아 방문에서 다음과 같이 3대혁명역량에 대해 설명했다: "조국의 통일, 조선혁명의 전국적 승리는 결국 3대혁명역량의 준비에 달려있다고 할 수 있다. 첫째로, 공화국 북반부에서 사회주의 로선을 잘하여 우리의 혁명기지를 정치, 경제, 군사적으로 더욱더 강화하는 것이며, 둘째로, 남조선인민들을 정치적으로 각성시키고 튼튼히 묶어세움으로서 남조선의 혁명역량을 강화하는 것이며, 셋째로, 조선인민과 국제혁명역량과의 단결을 강화하는 것이다." 김일성, "조선민주주의인민공화국에서의 사회주의 건설과 남조선 혁명에 대하여: 인도네시아 《알리아르함》사회과학원에서 한 강의(1965년 4월 14일)", 『김일성 저작집 19권』(평양: 조선로동당출판사, 1982), pp. 327-328. 하영선은 북한이 1960년대 중반에 제시한 '3대혁명역량 강화' 라는 개념이 지금까지도 북한이 한반도와 세계를 보는 시각으로서 커다란 영향을 미치고 있다고 본다. 하영선, "북한 1972 진실찾기: 7.4 공동성명의 추진과 폐기", EAI 외교안보대전략시리즈 21, 하영선 엮음, 『1972 한반도와 주변4강 2015』(서울: 동아시아연구원, 2015), pp. 141-164 참고.

시작했다. 2월 1일 동유럽 국가 가운데 최초로 헝가리가 남한과 국교를 수립했고 11월 1일 폴란드가 뒤를 이었다. 12월 8일 소련이 남한과 영사관계를 수립했다.

냉전기 동안 북한의 대외정책을 지탱해 온 기반이 무너져가고 있었다. 동유럽 사회주의권은 더 이상 북한의 외교적 지지 기반이 아니었다. 1989년 5월 고르바초프의 역사적인 중국 방문을 계기로 30년간 이어져온 중·소분쟁이 끝났다. 소련과 중국 사이에서 균형외교로 이점을 취해 온 북한의 대외환경이 근본적으로 바뀌고 있었다. 북한에게 당장 경제적 어려움이 닥쳐왔다. 소련과 중국이 경제개혁을 본격적으로 추진하면서 대외교역에서도 우호가격 대신 시장가격과 경화결제를 요구하자, 북한의 경제는 외화난에 직면했다. 외화난은 에너지난, 그리고 에너지난은 식량난으로 이어지면서 경제적 삼중고에 빠져들었다.

북한의 대외적인 상황은 악화일로를 갔다. 1990년 9월 30일 소련이 남한과 수교했다. 같은 해 중국은 남한과 무역대표부 설치에 합의했다. 1991년 5월 북한은 남한의 단독가입을 방지한다는 명목으로 유엔에 가입하기로 결정했다고 발표했다. 「하나의 조선」 원칙을 포기한 것이었다. 9월 18일 북한은 남한과 함께 유엔에 가입했다.

이 시기 북한 핵문제가 국제적인 현안으로 등장했다. 북한이 신고한 것보다 많은 양의 플루토늄을 비밀리에 재처리했을 것이라는 의혹이 국제원자력기구IAEA 임시사찰 과정에서 제기되었다. IAEA가 북한의 과거 핵 활동을 검증하겠다고 나섰고, 북한은 이를 거부했다. IAEA 이사회가 강제적인 '특별사찰' 실시를 결의하자, 북한은 1993년 3월 '주권 수호'를 이유로 핵비확산조약NPT에서 탈퇴한다고 선언했다. 미국을 비롯한 국제사회가 강력히 반발하면서 유엔안보리를 통한 대북제재조치가 논의되기 시작했다. 안보리 조치를 위해서는 중국의 협조가 관건이었다. 그러나 중국은 대화를 통한 문제해결을 주장하면서, 미국에게 북한과 직접 대화에 나설 것을 촉구했다.

NPT 평가회의를 2년 앞두고 터져 나온 북한의 NPT 탈퇴 선언은 NPT 체제의 무기한 연장을 추진하고 있던 미국의 정책에 대한 정면 도전이었다. 핵확산 방지는 미국이 주창하는 새로운 국제질서의 핵심 요소 가운데 하나였다. 북한의 NPT 탈퇴를 저지하기 위하여 미국이 전면에 나섰다. 북한은 미국과의 관계개선이라는 목표를 설정하고 대화를 시작했다. 북한의 과거 핵 활동을 먼저 파헤치려는 미국과 핵옵션을 유지하면서 미국과의 관계개선을 시도하는 북한의 입장이 부딪치면서 어려운 협상이 이어졌다. 1994년 상반기에 이르러 한반도 긴장은 급속히 고조되었다. 전쟁 직전으로 치닫던 정세는 1994년 6월 카터 전 대통령이 방북하여 김일성 주석을 면담함으로써 일촉즉발의 위기를 피할 수 있었다. 그해 10월 미국과 북한은 핵문제 해결과 관계 정상화에 관한 소위 제네바합의Agreed Framework에 도달했다. 첨예한 군사적 대결은 대화 국면으로 전환되었다. 북한은 유일초강대국 미국과 공존의 관계를 설정하는 데 성공했다. 1992년 북한이 '사면초가四面楚歌'의 위기에 직면했던 사실을 상기하면, 이것은 분명한 '위기 탈출'이었다. 핵문제가 북한에게 반전의 기회를 가져다 준 것이다.

그러나 핵문제는 이것으로도 완전한 해결을 보지 못했다. 제네바 합의가 있었지만, 북·미관계는 정상화되지 않았다. 1994년 이래 북·미 양자회담, 4자회담, 6자회담 등 문제 해결을 위한 여러 가지 대화가 개최되었다. 그동안 북한에서는 김일성, 김정일, 김정은으로 3대에 걸친 권력 세습이 이루어졌다.

수많은 대화가 시도되고 북한의 최고 지도자가 두 번이나 바뀌었음에도 불구하고 아직까지 한반도에서 위기와 대화의 국면 전환이 계속되고 있다는 사실은 이 문제가 북한 지도자의 생각이나 특정한 대화의 형태를 넘어 보다 항구적이고 구조적인 원인에 뿌리를 두고 있는 것이 아니냐는 의심을 해 볼 수 있게 한다. 사정이 그러하다면, 문제를 보는 시각이나 해결 방안을 찾는 작업도 보다 근본적인 곳에 착안해야 답을 찾을 수 있다.

냉전 종식 이후 지금까지 북한이 걸어온 길이 고립과 궁핍이었느냐 아니면 생존과 성공이었느냐에 대해서는 평가가 다를 수 있다. 국제적 고립, 만성적인 경제난, 특히 어느덧 생활의 일부가 되어 있는 경제제재를 감안하면 지금의 북한에 대해 '성공했다'는 평가를 줄 수는 없다. 반면, 냉전이 끝나던 시기에 북한 정권도 머지않아 사라질 것이라는 예상이 있었던 것을 되돌아본다면, 북한이 지금껏 생존하고 있다는 사실 그 자체가 '성공'이라고 볼 수도 있다. 나아가 북한은 핵미사일 능력을 지속적으로 신장하여 2017년 11월에는 '핵무력 완성'을 선언했다. 극도로 어려운 조건에 있었던 북한이 체제유지에 '성공'했을 뿐 아니라 핵무기까지 개발할 수 있었던 요인은 무엇인가?

북한 핵문제를 해결하고 한반도와 동북아의 긴장을 완화하는 차원에서 북한의 행태를 이해하려는 많은 노력이 있었지만, 북한 체제의 끈질긴 생존력이 어디에서 비롯되고 있느냐라는 질문은 아직까지도 분명한 답을 얻지 못한 채 남아 있다.

대내적인 요인을 무시할 수는 없다. 북한은 냉전이 종식되기 훨씬 이전인 1960-1970년대를 거치면서 이미 유일사상체계와 유일영도 체계를 확고하게 수립했다. 혁명적 수령관과 사회정치적 생명체론을 바탕으로 당·정·군 위에 군림하는 수령이 초법적 통치를 하는 체제가 자리를 잡았다. 뇌수에 해당하는 수령, 일반 대중, 그리고 그 사이를 신경조직처럼 연결하는 당조직이 유기적으로 어울려 하나의 생명체를 만든다. 이렇게 구축된 사회정치적 생명체는 놀라운 생존력과 지구력을 보여 주고 있다. 그동안 북한 체제가 흔들리는 듯한 모습을 보인 때가 두 번 있었다. 김일성 주석과 김정일 위원장이 사망했을 때다. 김일성 사망 이후 황장엽 국제담당비서 망명 사건이 있었고, 김정일 사망 이후 장성택 숙청 사건이 있었다. 독제체제에서 권력 승계 시기는 위험하다. 절대 권력의 곁에 새로운 권력의 중추가 나타날 수밖에 없게 되면서 체제 내부에 분란이 생길 가능성이 현저하게 증가한다. 그러나 북한에서는 수령이 지시하고 대중은 무조건 따르는 체제가 바뀌지 않고 있다. 유일체제와 이를 통한 권력승계가 북한의 생존에 기여하고 있는 것이다.

그러나 유일 체제와 대내적 통제는 북한이 1990년대 초 사회주의권의 몰락과 1990년대 중반 수십 내지 수백만이 굶어죽는 위기를 거치면서도 내부로부터 붕괴하지 않고 버티어 낸 정황을 설명할 수는 있지만, 북한이 탈냉전기의 체제전환 압박에 저항하면서 미국과 관계정상화를 목표로 공존의 방식에 합의할 수 있었던 배경을 설명하기에는 부족하다. 이에 대한 답은 대외적인 요인에서 찾아야 할 것이다.

북한의 생존을 가능하게 해 주는 국제정치적 맥락과 구조는 무엇인가? 북한의 생존 능력에 기여하는 여러 가지 요소가 있겠으나, 이 책은 그중의 하나를 북한이 중국과 미국 사이에서 새로운 줄타기외교를 시작했다는 데서 찾을 수 있다고 주장한다. 냉전 기간 북한은 한미동맹과 직면해 있으면서도 두 개의 거대 사회주의 동맹국인 중국과 소련 사이에서 줄타기외교를 함으로써 대외적 자율성의 공간은 물론, 필요한 군사적, 경제적 지원까지 확보할 수 있었다. 이 상황은 중국과 소련 중 어느 하나를 선택하도록 압박을 받는 불편한 딜레마를 북한에게 주었지만, 동시에 "북한이 자신의 실리추구를 위하여 중국과 소련을 이용할 수 있는 기회를 제공"하기도 했다.[4]

---

4   정진위, 『북방삼각관계: 북한의 대중·소관계를 중심으로』(서울: 법문사, 1985), p. 212.

냉전이 끝나고 소련이 해체된 다음, 북한은 경제에서나 안보에서 중국에게 의존하지 않을 수 없을 듯했다. 그러나 북한은 그렇게 하지 않았다. 북·중관계는 '혈맹'이나 '순치관계'보다 훨씬 더 복잡한 측면이 있었고 중국에 대한 북한의 불신은 드러난 것보다 깊었다.[5] 북한은 중국에 의존하는 대신 핵과 미사일 개발 문제를 제기함으로써 긍정적인 의미에서든 부정적인 의미에서든 미국과 새로운 관계를 구축하기 시작했다. 그리고 이것이 북한의 대중국관계에도 일정한 작용을 했다. 과거 중·소 간의 줄타기외교가 북한에게 정치적 자율과 경제적 이익을 가져다 준 것과 마찬가지로 새로운 미·중관계의 맥락이 탈냉전기 북한식 생존전략의 핵심이 되었다.

북한 핵문제의 전개과정은 이러한 주장이 타당할 수 있는 가능성을 결정적으로 보여 준다. 사반세기에 걸친 북한 핵문제 논의는 일정한 유형을 보여 왔다. 북한이 위기를 조성하여 국제사회가 강하게 반발하고, 중국이 나서 대화를 종용하고, 대화를 시작했으나 문제는 해결되지 않고, 그러면서 또 다시 위기가 닥치는 형태를 반복해 왔다. 미국은 북한이 핵미사일 개발을 계속하는 것이 대북압박에 소극적인 중국의 태도에 원인이 있다면서 중국이 더 강력하고 단호한 조치를 취해 줄 것을 요구한다. 북한은 식량과 에너지를 중국에 의존하고 있지만, 북한에 대한 중국의 영향력에는 한계가 드러나고 있다. 이러한 상황에서 북한은 핵과 장거리미사일 능력을 지속적으로 고도화해 왔다.

이 책은 이러한 현상이 가능한 맥락과 국제정치적 구조를 논의하는 데 목적이 있다. 이 과정에서 '북한은 중국과 미국의 전략적 이익이 다른 점에 착안하여 이를 이용하려고 의도적인 노력을 경주하고 있느냐',

---

5 북한의 한 관리는 2007년 헨리 키신저를 만나 미국과 북한이 협력하여 중국의 역내 패권을 저지하자고 제의했다고 한다. Charles K. Armstrong, "North Korea Takes on the World", *Current History*, Vol. 106, No. 701 (September 2007), p. 267.

다시 말하여 '북한은 미국과의 관계를 중국에 대한 압박수단으로 사용하는가', 그리고 '중국과의 관계 긴밀화를 미국에 대한 압박수단으로 사용하는가' 라는 두 개의 대칭적인 질문을 염두에 둘 것이다.

2. 논의 대상과 범위 및 책의 구성

이 책은 1989년부터 1994년까지 북한, 중국, 미국 사이에서 일어난 일들을 시간의 흐름을 중심으로 추적함으로써 문제에 대한 답을 찾으려고 한다. 특히 문제의 성격상 북·미·중 3국 사이에 이루어지는 상호작용이 주요 관심사항이 되며, 이것을 북·미·중 삼각관계라는 개념적 틀에서 분석한다.

탈냉전기 북한의 대외정책을 추적하는 데 있어, 북한-중국, 북한-미국 관계를 중심으로 보는 것은 타당하다.

1961년 이래 동맹관계를 유지해 온 중국은 북한이 전환기의 어려움을 극복해 나가는 데 있어서도 자연적인 동반자가 될 만했다. 천안문 사건이 일어나고 중국이 국제적으로 고립되면서 중국도 사회주의 형제국인 북한과의 관계를 더욱 중시했다. 소련이 해체되고 한·소수교가 이루어진 뒤 중국은 동맹국이자 경제적 후원자로서 북한과의 관련성이 더욱 커졌다. 1989년부터 1991년 사이에 북한과 중국은 연 2회 정상회담을 개최하는 등 밀접한 협의와 협력관계를 유지했다.

북·중 간의 밀월관계는 중국이 1992년 초부터 개혁개방을 본격화하고 한국과의 관계개선에 적극적으로 나서면서 균열이 가기 시작했다. 1992년 8월의 한·중수교는 북·중동맹에 결정적인 타격을 주었다. 이때부터 2000년 김정일이 중국 방문에 나설 때까지 북·중 간에는 정상차원의 교류가 완전 중단되었다.

북·중관계는 1993년 3월 북한의 NPT 탈퇴를 계기로 핵문제가 국제적인 현안으로 대두된 뒤 조금씩 개선의 기미를 보였다. 이 시기부터 중국은 북한이 비확산 문제를 중심으로 미국의 신국제질서 요구에 대응하는 데 있어 배후지 역할을 했다. 1961년 체결된 「조·중우호협조 및 상호원조조약」은 한·중관계가 개선되면서 굴곡이 생겼지만 적어도 명목상으로는 건재하고 있었다. 중국은 미국을 포함한 국제사회가 북한에 대한 압력을 가중할 때마다 '한반도의 평화와 안정' 및 '대화를 통한 해결'을 내세워 이를 완화하려 애썼고, 북한과 국제사회 사이에서 완충 역할을 했다. 이러한 측면에서 중국은 북한이 대외전략을 위한 공간을 확보하는 데 직접 영향을 미치는 위치에 있었다.

한편, 북한은 북·중동맹의 대척점에 있는 미국과 관계개선을 지속적으로 추구했다. 북한은 1989년 미국과 북경의 대사관 사이에 시작한 소위 '북경 참사관급 접촉'을 격상할 것을 집요하게 요구했다. 1992년 1월 뉴욕에서 김용순 북한 노동당 국제부장과 캔터Arnold Kanter 미국 국무부 정무차관 사이에 최초로 고위급 협의가 이루어졌다. 이 접촉에서 북한은 주한미군 철수 문제에 신축성을 보일 수 있다는 입장도 제시했다. 그러나 북한의 관계개선 시도는 미국이 제시하는 조건에 막혀 진전을 보지 못했다. 특히 북한이 NPT 당사국으로서 IAEA 사찰을 수용하지 않는 것이 결정적인 장애였다.

남한이 소련과 관계를 급속히 개선하고 국교정상화 전망이 나올 무렵, 북한은 한때 전방위외교를 통해 위기를 돌파하려고 시도했다. 1990년 9월 북한은 일본의 자민사회당대표단과 조기 국교정상화에 합의했다. 같은 시기 남한과는 총리회담을 시작했다. 1991년 9월 남·북한의 유엔동시가입이 이루어졌고, 12월에는 남북기본합의서와 비핵화공동선언도 채택되었다. 그러나 일본 및 남한과의 관계개선은 핵사찰 문제에서 길이 막혔다. 미국은 핵문제가 해결되지 않는 데서는 스스로 북한과의 관계개선에 나서지 않을 뿐 아니라, 일본과 한국이 북한과 관계를 개선하는 데도 반대했다. 1991년 1월 이후 8차례 회의를 거듭하던 북·일국교정상화 교섭은 1992년 11월 중단되었다. 비슷한 시기에 남북대화도 파탄이 나기 시작했다. 1992년 2월 시작된 핵통제공동위원회는 남·북상호사찰 문제를 해결하지 못한 채 이듬해 1월 제13차 협의를 마지막으로 길을 잃었다.

북한은 전방위외교를 접었다. 그리고는 NPT 탈퇴를 선언하면서 미국과의 협의에 집중하기 시작했다. 북한으로서는 자의 반 타의 반의 전략적인 결정이었다. 첫째, 냉전이 끝난 다음 미국은 유일초강대국으로서 세계의 패권을 확립했다. 미국과의 관계 정립은 북한이 대외적으로 당면한 가장 절박한 과제가 될 수밖에 없었다. 둘째, 미국은 냉전 후 신국제질서의 핵심 요소로서 비확산을 제시하고 북한에게도 이를 수용할 것을 요구했다. 피할 수 없는 상황에서 북한은 정면돌파를 시도했다. 미국의 범세계적 비확산정책과 북한의 전략적 선택이 부딪치면서 1차 핵위기가 시작되었다. 탈냉전기 북한의 대외정책과 대외행태를 분석함에 있어 미국과의 관계가 가장 중요한 위치를 차지하는 것은 당연하다.

논의 대상의 시기적 범위는 고르바초프Mikhail Gorbachev 중국 방문으로 중·소관계가 정상화되고 북한이 미국과 참사관급 접촉을 시작한 1989년부터 북·미제네바합의가 체결되는 1994년까지를 주로 할 것이다. 북한이 어떻게 미국과 직접교섭을 개척하고 결과적으로 탈냉전기의 고립에서 벗어날 수 있었는가, 즉 북한의 정책목표와 협상전략이 우리의 모든 관심사항이라면, 시기적 범위를 1992년 하반기 이후부터로 설정해도 무방할 것이다. 그러나 우리의 관심 대상은 좀 더 구조적인 측면을 포함하고 있다. 즉 당시 북한의 의도 및 행위와 함께, 그것이 작용한 국제정치적 구조를 이해하고자 하는 것이다.

냉전기의 안보환경이 끝난 1989년을 기점으로 북한은 북·중동맹 강화와 일본 및 남한과의 관계강화를 포함한 전방위외교를 시험했다. 그러나 1992년 하반기에 들면서 북한은 이 모든 노력에서 실패한다. 국제적 고립과 핵사찰 압력에 직면하여 북한은 NPT 탈퇴라는 강경대응으로 나섰다. 결과적으로 미국과의 직접협상이 시작되었고, 1994년 10월 북한의 대외관계에 코페르니쿠스적 변화가 일어났다. 이러한 점에서 논의 시기를 1989년까지 앞당기는 것은 적절하다.

   동맹과 적대관계가 공존하는 시공간에서 이루어지는 북한의 대외 행태와 또한 그것이 작용하는 국제정치적 구조를 파악하기 위해서는 적어도 핵문제가 국제적 현안으로 대두한 이후 현재에 이르는 전체 기간을 대상으로 하는 것이 바람직하다. 그렇지만 주어진 시간과 자원의 제약을 감안할 때, 북한을 둘러싼 국제정치적 맥락에 근본적인 변화가 일어난 1989-1994년간을 분석하는 것만으로도 상당한 의미가 있을 것으로 기대한다.

   이 책의 논의대상에서 대내적인 요소는 가급적 배제한다. 즉, 이 책은 국가를 행위의 기본단위로 하여 논의를 전개할 것이다. 우리의 논의 대상이 주로 국내적으로 공공재의 의미를 지니는 안보에 관한 것임을 감안할 때 "국가의 우위성·합리성·단일성을 전제하는 현실주의적 관점"이 무리가 있어 보이지 않는다.[6] 따라서 해당 국가의 행동과 사고를 설명할 때 국내적 고려는 가급적 언급하지 않을 것이다. 물론, 다른 나라와 마찬가지로, 북한의 대외행동을 결정하는 데도 대내적인 요소가 무시될 수 없다. 인간이 모든 것을 결정한다는 주체사상의 세계관과 주체, 자주, 자립, 자위의 4대 원리는 북한의 대외정책 결정에 일정한

---

6   박건영, 『한반도의 국제정치: 평화와 통일을 위한 새로운 접근』(서울: 한울, 1999), pp. 15-17.

틀을 제공한다. 군사우선정책의 영향으로 대외정책에 대한 군부의 영향력이 상대적으로 클 가능성이 많다. 그럼에도 불구하고, 이 책에서 대내적인 요소는 논리 전개를 위해 필요한 경우가 아니면 가급적 언급하지 않는다. 이렇게 하는 것이 논의를 단순화함으로써 초점을 더 분명하게 유지할 수 있는 장점도 있다고 본다.

또한 이 책은 개별 국가와 그 국가가 처해 있는 국제정치구조 가운데 어느 한 쪽이 존재론적으로 우선한다고 보지 않는다. 국가의 행동을 설명하기 위해서는 역량이나 이익이라는 개별국가의 특질과 체제 내 극極의 수나 대칭성·비대칭성 등 체제의 구조적 특질이 모두 감안될 필요가 있다고 본다. 웬트Alexander Wendt가 말하는 체제의 구조와 개체가 상호영향을 미치면서 결정되어 간다는 구조화이론structuration theory의 입장을 취한다고 할 수 있다.[7] "개인과 구조는 '구조화'라는 접촉면 interface에서 만나 역동적으로 상호 구성하고 상호 작용한다"고 보는 것이다.[8]

이 책은 모두 8개의 장으로 구성된다. 제1장은 1989~1994년이 왜 중요한가라는 문제의식과 논의대상 및 범위 등을 다룬다. 제2장은 이론적 기초로서 북·중동맹과 북·미관계를 하나의 틀 안에서 설명해야 할 이유와 그것을 가능하게 해 주는 이론적 틀을 찾으며, 3개 국가 사이의 관계를 다루는 가장 단순하면서도 시사성이 높은 이론으로서 디트머Lowell Dittmer의 '전략적 삼각관계' 모델을 소개한다.[9] 국제정치적 구조로서 '전략적 삼각관계'의 의미, 삼각관계 내에서 북한의 역할

---

[7] Alexander E. Wendt, "The Agent-Structure Problem in International Relations Theory", *International Organizations*, Vol. 41, No. 3 (Summer 1987), p. 350.

[8] 박건영, 『국제관계사: 사라예보에서 몰타까지』(서울: 사회평론아카데미, 2018), p. 26.

[9] Lowell Dittmer, "The Strategic Triangle: An Elementary Game-Theoretical Analysis", *World Politics*, Vol. 33, No. 4(July 1981), pp. 487-515.

등을 검토하고, 1989-1994년간 북·미·중 관계의 진화를 전략적 삼각관계라는 관점에서 설명한다.

제3, 4, 5, 6, 7장은 1989년부터 1994년까지의 북·중관계와 북·미관계, 그리고 이들의 상호작용을 역사적으로 추적하며, 이 책에서 논의하는 핵심을 이룬다. 또한 앞서 검토한 '전략적 삼각관계' 모델의 현실성을 검증하는 과정도 된다. 논의의 편의를 위하여, 1989-1994년 전체 대상기간을 북·미·중 3국관계가 '전략적 3각관계'로 진화하기 이전 단계인 1989-1992년과 '전략적 3각관계'가 형성되어 작동하게 되는 1993-1994년간으로 구분한다.

제3장은 중·소분쟁이 종결되고 천안문 사건이 일어난 1989년을 기점으로, 한·소수교를 거쳐 한·중수교가 이루어지는 시점까지 북·중관계의 변화를 분석한다. 제4장은 같은 시기 북·미관계의 상호작용을 추적한다. 특히 여기서는 북한의 핵사찰 수용문제가 북한의 북·미관계개선 노력에 장애를 조성할 뿐 아니라 북·일국교정상화 교섭과 남북대화 진전까지 가로막게 되는 상황을 추적한다.

제5장은 북·미·중 3국관계의 한 축이자 북·미·중 3각관계가 작동하는 배경의 한 구성요소로서 1989-1994년간의 미·중관계를 개관한다. 제6장은 북한의 NPT 탈퇴를 계기로 북한과 미국 사이의 직접대화가 시작되고, 이후 북한이 미국과 직접대화관계를 구축하는 과정을 살펴본다. IAEA·북한 협상과 남북대화를 통해 핵문제를 해결하려는 미국을 상대로, 북한이 수차례의 위기를 조성하면서 직접대화관계를 구축하고 관계개선의 계기를 모색해 가는 치열한 상호작용을 추적한다. 이 부분은 북·미·중 관계가 전략적 3각관계로 진화하는 데 있어 결정적인 중요성을 지닌다. 제7장은 한·중수교 이후 극심한 후유증에 직면했던 북·중동맹이 북한의 NPT 탈퇴 이후의 위기대응 과정에서 점차 동맹관계를 복원해 나가는 과정을 살펴본다. 또한 핵위기 전개에서

중국의 역할과 북·미협상 과정에서 북·중동맹이 어떻게 상호작용하는지를 살펴본다. 이 과정에서 북·미·중 사이의 전략적 삼각관계가 성립되고 그 역동성이 어떻게 작동하는지를 발견할 수 있게 된다.

마지막으로 제8장에서는 이 책의 논의결과를 정리하여 결론으로 제시한다.

제2장
북·미·중 전략적 삼각관계

1. 삼각관계 이론의 효용성

이 책은 북한의 전통적 지원세력인 중국과의 동맹관계와 북한의 최대 안보관심사인 미국과의 적대관계가 탈냉전기인 1989–1994년간에 어떻게 상호작용했는가를 추적하는 데 주목적이 있다. 이 시기는 과거 북·중·소 삼각관계에 의존하던 북한의 대외정책이 근본적으로 전환하고 북한 핵문제가 동북아 주요 외교안보사안으로 등장하는 과정이었기 때문에 국제적으로 많은 관심을 끌었다. 그럼에도 불구하고 이 시기 북한 외교에 대한 연구는 대부분 북·중관계 또는 북·미관계의 어느 한 쪽에 초점을 맞추었을 뿐, 이 두 관계가 상호작용하여 북한 외교의 코페르니쿠스적 전환을 이룬 과정을 체계적으로 탐구한 연구는 사실상 전무했다.[10] 북한 핵문제가 아직 미결상태에 있고, 핵문제를

---

[10] 북·미·중관계는 아니지만, 북·중·소 삼각관계에 대한 선구자적 연구가 있다. 정진위는 북·중·소 3국관계가 동북아 역학구조 변화에 중요한 작용을 해 왔다는 인식하에, 북방삼각관계의 핵심인 중·소분쟁의 맥락 속에서 북한이 취한 대중·소정책을 중심으로 북한·중국 간,

둘러싼 치열한 외교전이 지금도 이어지고 있다는 사실을 감안하면, 북한 핵문제의 뿌리에 해당하는 탈냉전기 북·미·중 삼각관계에 대한 연구가 전무하다는 사실은 이해하기 어렵다.

탈냉전기의 북·중관계와 북·미관계를 좀 더 세심하게 관찰해 보면, 두 가지 관계를 개별적으로 볼 때보다 둘을 하나의 틀에 묶어서 볼 때 설명력이 높아진다는 사실을 쉽게 발견할 수 있다.[11]

냉전기 북한-중국관계는 동맹관계에 있었다. 북한은 중국 및 소련과 각각 동맹조약을 체결했고, 중·소분쟁의 맥락에서 대외정책의 자주성을 견지하고 군사적, 경제적 이익을 확보할 수 있었다. 냉전의 해체와 한·소수교는 북한 정권 수립 후 북한 외교의 근저를 흔드는 동시에, 중·소분쟁 이후 북한 외교를 규정해 온 북·중·소 삼각관계가 끝났다는 것을 의미했다. 소련이 없어진 다음 북한은 중국과의 동맹관계를 기반으로 하여 전환기의 위기를 극복해야 했다. 그것은 비용을 수반하는 것이었다. 북·중동맹의 비대칭성이 곧 드러나기 시작했다. 중국은 북한에게 개혁개방을 종용했으며 김일성의 호소에도 불구하고 「두 개의 조선」을 수용했다. 남·북한의 유엔동시가입을 압박했고, 남한과 수교도 했다. 중국의 안보적 지원을 확보하는 대가가 북한에게는 동맹의 운영 방향에 대한 발언권 상실과 내정에 대한 간섭으로 다가

북한·소련 간, 그리고 북·중·소 사이의 관계를 고찰했다. 정진위, 『북방삼각관계: 북한의 대중·소관계를 중심으로』(서울: 법문사, 1985).

11 북·미·중 삼각관계는 아니지만 이 시기를 포함한 북·중관계나 북·미관계에 대한 연구 결과물들은 많이 축적되어 있다. 북중관계에 관한 통사적인 연구로서, 이종석, 『북한-중국관계: 1945-2000』(서울: 중심, 2000); 최명해, 『중국·북한 동맹관계: 불편한 동거의 역사』(서울: 오름, 2009) 등이 있으며, 북·미관계, 특히 핵문제를 둘러싼 북·미 간의 대립과 갈등에 대해서는 1차 핵위기 시 미 측 대표단에 직접 참여한 인사들의 기록물인 Joel S. Wit, Daniel B. Poneman, Robert L. Gallucci, *Going Critical: The First North Korean Nuclear Crisis*, (Washington D.C. : Brookings Institution Press, 2004)); 한국에 관해 통사적으로 쓴 Don Oberdorfer & Robert Carlin, *The Two Koreas-A Contemporary History*(NY: Basic Books, 2014)이 참고할 내용이 많다.

왔다. 그러나 탈냉전기 전반부의 북한에게는 선택의 여지가 없었다. 북·중동맹의 비대칭성을 완화할 수 있는 중복동맹의 대상을 찾을 수 없었다. 선택의 여지가 없던 북한은 한·중관계가 점차 개선되는 상황에서도 중국과의 동맹을 강화하는 방향으로 움직였다.

그러나 1992년 8월 한·중수교가 이루어졌을 때 북한은 반대 방향으로 움직였다. 북한은 중국과의 고위급 인사교류를 중단하는 등 오히려 중국을 방기하는 모습을 보였다. 북한의 입장에서 보았을 때 한·중수교는 중국의 동맹 방기였다. 동맹의존도가 높고 다른 선택의 여지가 없는 북한이 오히려 중국을 방기하는 모습으로 반발하는 것은 기존의 동맹이론으로는 설명하기 어렵다. 동맹 외적인 요소가 필요하다. 북·중동맹의 대척점에 있는 미국이라는 존재를 상정할 필요가 있다. 북한으로서는 미국과의 직접협상을 통해 안보위협을 감소시키고, 그렇게 함으로써 중국에 대한 의존도를 줄이면서 체제보장의 활로를 열어나갈 수 있다고 보았을 것이다. 실제로 북한은 한·중수교 이후 머지않아 NPT 탈퇴를 선언하고 미국과의 직접대화에 나서면서 대외정책의 전면적인 전환을 시도했다. 이 시기의 북·중관계는 북·미관계와 상호관련성 속에서 보다 충실한 설명이 가능해진다.

북한은 미국과의 관계개선을 원했다. 미국과 북한은 1989년 북경에서 참사관급 접촉을 시작했지만, 미국은 핵사찰 수용을 포함한 관계개선의 조건을 제시할 뿐, 북한의 관계개선 요구에는 응하지 않았다. 1991년 9월 미국이 주한미군 핵무기 철수를 결정한 것은 북한의 숙원을 충족시킨 것이라는 점에서 북·미 간에 팽배해 있던 안보딜레마를 완화하고 획기적인 관계개선에 나서는 계기가 될 수 있었다. 그러나 양측은 불신의 벽을 넘지 못했고 억지의 악순환 구조를 벗어나지 못했다. 미국은 핵사찰의 선결을 요구했고, 북한은 관계개선을 우선 요구했다. IAEA 임시사찰 과정에서 북한의 과거 핵활동에 관한 의혹이 제기되면서 불신은 심화되었다. 1993년 2월 IAEA가 북한에 대한 특별사찰을 요구하면서 3월 12일 북한은 NPT 탈퇴를 선언했다. 안보리를 통한 대북제재에 중국이 반대하면서 1993년 6월 북·미직접대화가 시작되었다. 미국은 북한에게 핵무기를 사용하지 않을 것을 약속하고, 북한은 NPT에 임시 잔류하며 양측은 대화를 계속한다는 데 합의했다. 억지정책의 일관성을 벗어나는 방향전환이었다.

어떻게 미국은 그때까지 거부해 온 북한과의 직접대화에 나서기로 했을까? 이에 대한 답은 억지나 안보딜레마 이론에서 나오지 않는다. 그 설명은 북·미관계 외부, 즉 북·미관계의 대척점에 있는 북·중동맹의 작용에서 찾을 수 있다. 즉 안보리 제재를 모색하던 미국의 억지정책은 북한에 대한 중국의 전략적 이익이라는 저항을 만나면서 불가피하게 대화국면으로 전환될 수밖에 없었던 것이다.

탈냉전기의 후반부라 할 수 있는 1993-1994년으로부터 북·중동맹과 북·미대립은 별개가 아니라 상호작용을 하는 관계로 질적인 변화를 했다. 앞서 본 바와 같이 북한은 한·중수교를 계기로 북·중동맹에서 사실상 이탈하는 모습을 보였으며, NPT 탈퇴를 선언함으로써 미국과 직접대화를 시작했다. 이 시기로부터 북·중관계와 북·미관계는 어느 하나만으로는 설명하기 어렵게 되고, 두 개를 연동시켜서 설명할 수 있는 틀이 필요하게 된다.

2. 전략적 삼각관계 모델

하나의 시공간에 공존하는 세 국가 사이의 상호작용을 분석하는 틀로써 삼각관계 모델이 유용하다는 주장은 1960년대부터 나타나기 시작했다.[12] 1970년 닉슨의 중국 방문 이후 미·소·중 3국관계의 상호작용에 대한 관심이 커지면서 1981년 디트머가 이 3국관계의 역동성을 설명하기 위해 '전략적 삼각관계strategic triangle'라는 비교적 단순한 모델을 체계화하고 발전시켰다.[13]

디트머는 현실에서 상정할 수 있는 전략적 삼각관계의 3가지 기본 형태가 있다고 한다. 삼각관계의 구성단위를 A, B, C라고 할 때, (1)A, B, C가 모두 대칭적인 우호관계를 갖는 '3자 동거ménage à trois', (2)중추pivot A가 양쪽 날개에 해당하는 B, C와 각각 긍정적인 관계를 유지하는 반면 날개 B, C는 부정적인 관계를 갖는 '낭만적 삼각관계romantic triangle', 그리고 (3)A와 B, A와 C 관계가 부정적인 반면 B와 C 관계는 긍정적인 '안정적 결혼stable marriage' 등의 세 가지다. 다른 조건이 동일하다면, 세 가지 삼각관계의 유형에서 개별국가에게 가장 유리한 위치는 (1)나머지 두 나라와 모두 좋은 관계를 누리는 중추국가pivot이며, 다른 두 나라 모두로부터 따돌림을 받는 위치가 가장 나쁘다.[14] 개별국가들은 언제나 삼각관계에서 자신의 위치를 개선하려고 노력한다.

어떤 상황 또는 조건에서 '전략적 삼각관계'가 성립되는가? 디트머는

---

[12] Terry Hopman, "International Conflict and Cohesion in the Communist System", *International Studies Quarterly*, Vol. 11, No. 3(September 1967), pp. 212-236; Steven J. Brams, "The Search for Structural Order in the International System: Some Models and Preliminary Results", *International Studies Quarterly*, Vol. 13, No. 3(September 1969), pp. 254-280. 이에 앞서, 국가관계에 관한 초기의 삼각관계 모델이 나오기 전, 캐플로우가 사회학적 시각에서 3각관계 모델을 제시한 바 있다. Theodore Caplow, "A Theory of Coalitions in the Triad", *American Sociological Review*, Vol. 21, No. 1(August, 1956), pp. 489-493; Edgar Vinacke and Abe Arkoff, "An Experimental Study of Coalitions in the Triad", *American Sociological Review*, Vol. 22, No. 4(August 1957), pp. 406-414.

[13] Lowell Dittmer, "The Strategic Triangle: An Elementary Game-Theoretical Analysis", *World Politics*, Vol. 33, No. 4(July 1981).

[14] 삼각관계 유형에서 바람직한 위치의 우선순위를 정해 보면, (1)나머지 두 나라와 모두 좋은 관계를 누리는 중추국가(pivot), (2) '3자 동거' 형태에서의 각 국가, (3) '안정적 결혼' 형태에서 사이가 좋은 두 나라중 하나, (4) '낭만적 3각관계'의 한 쪽 날개, (5)3자 모두가 서로 좋지 않은 관계, (6) '안정적 결혼'에서 두 나라로부터 따돌림을 받는 나라순으로 상정할 수 있다.

"(1)3개의 합리적이고 독립적인 행위자가 있고, (2)두 행위자 간 관계가 제3 행위자와의 관계에 따라 영향을 받으며, (3)각 행위자가 다른 두 행위자들의 야합을 방지하거나 자신의 이익증진을 위해 적극적으로 움직일 때, 전략적 삼각관계가 성립한다"고 했다.[15] 또한 안보문제가 걸려있을 때 그 관계는 '전략적'이라고 정의했다.[16] 따라서 모든 삼각관계가 디트머의 '전략적 삼각관계'인 것은 아니다. 디트머는 미·소·중 전략적 삼각관계도 1969년 중·소분쟁이 무력충돌로 격화되면서 중국이 소련으로부터 떨어져 나오고 1970년 닉슨 방중으로 미·중 간 소통이 이루어진 다음부터 본격적으로 성립되었다고 본다.[17] 디트머에게 있어 독립성은 삼각관계 형성에서 중요한 위치를 차지하는 요소다.

3. 북·미·중 사이의 '전략적 삼각관계' 성립 여부

북·미·중 사이에 '전략적 삼각관계'가 성립하는가? 디트머가 말한 조건 가운데, 모든 행위자가 각각의 이익을 위해 적극적으로 움직이는 것이 당연하고 3각관계의 틀에서 논의하는 주제가 대부분 안보문제라고 볼 수 있는 만큼, (1)합리적으로 움직이는 3개의 독립적인 행위자가 있고, (2)이들이 다른 두 상대방의 행동에 영향을 미친다는 조건이 충족되면, 이 이론을 북·미·중 관계에 적용할 수 있다.

---

[15] Lowell Dittmer, "The Sino-Japanese-Russian Triangle", *Journal of Chinese Political Science*. Vol. 10, No. 1(April 2005), p. 1.

[16] Dittmer, Lowell, "Bush, China, Taiwan: A Triangular Analysis", *Journal of Chinese Political Science*, Vol. 10, No. 2(Fall 2005), p. 21.

[17] Lowell Dittmer, "The Strategic Triangle: An Elementary Game-Theoretical Analysis", p. 491.

첫째, 북·미·중 3국은 합리적으로 움직이는 독립적인 3개 행위자 인가? 웨버Max Weber는 목적을 달성하기 위해 적절한 수단을 선택하는 목적합리적인 행위와 의식적인 가치기준에 따라 행위가 이루어지는 가치합리적인 행위를 '합리적'이라고 보았다.[18] 북한의 행태가 북한이 설정하는 목표를 달성하는 데 도움이 된다면 그것은 합리적이라고 볼 수 있다는 것이다. 외부에는 비합리적으로 비치는 것도 북한의 입장에 서는 합리적일 수 있다.[19] 또한 북한은 독립된 행위자인가? 북한이 대 외정책의 자주성을 중시한 것은 틀림없는 듯하다. 다만 북한의 외교적 자주성도 그 자체로서 존재했다기보다는 중·소분쟁의 맥락에서 더 분 명하게 드러났다. 실제로 탈냉전기 전반기에 소련이 사라지고 난 다음 북한은 중국과의 동맹에 의존하지 않을 수 없었다. 이에 따라 「하나의 조선」 정책도 변경했다. 그러나 한·중수교는 북·중동맹의 의미를 다시 바꾸어 놓았다. 동맹은 사실상 파탄에 이르렀고, 북한에 대한 중국의 영향력도 전과 같지 않았다. 이 시기의 북한은 자주적이고 독립적이지

---

[18] 웨버(Max Weber)는 그의 저서 *Economy and Society*에서 인간의 모든 행위를 (1)목적 과 수단 및 부차적인 결과까지 계산하면서 이루어지는 목적합리적 행위, (2)궁극적인 가치 를 구현하기 위해 의식적으로 이루어지는 가치합리적 행위, (3)정서적 행위 및 (4)전통적 행 위 등 4가지 유형으로 구분하고, 그중 앞의 두 가지 유형을 합리적인 행위라고 보았다. Guenther Roth and Claus Wittich(edit), *Max Weber, Economy and Society: An Outline of Interpretive Sociology*(University of California Press, Berkely, 1978), pp. 24-26.

[19] 스미스(Hazel Smith)는 북한을 바라보는 기존 시각이 주로 북한은 '나쁘다(bad)'거나 '미쳤다(mad)'는 데 제한되어 있다고 하고, 이제는 북한을 '슬프다(sad)'거나 '합리적 행 위자(rational actor)'로 보는 패러다임 전환이 필요하다고 주장했다. Hazel Smith, "Bad, mad, sad, or rational actor?: Why the 'securitization' paradigm makes for poor policy analysis of North Korea", *International Affairs*, Vol. 76, No. 1(2000), pp. 111-132. 스미스는, 북한이 '나쁘다'고 보는 인식을 대표하는 용어가 '깡패국가(rogue state)'라고 한다. '깡패국가(rogue state)'라는 용어는 클린턴 행정부의 레이크(Anthony Lake) 안보보좌관이 1994년 *Foreign Affairs* 기고문에서 북한, 쿠바, 이라크, 이란, 리비 아 등 5개국을 규정하면서 사용하기 시작했다. '깡패국가'들은 국제사회 바깥에 머물고 민 주적 질서를 파괴하면서, WMD 개발, 테러 지원, 자국민 탄압에 나서고 있으며 미국을 비난 하고 있다고 했다. 이 용어는 2000년 6월 "우려국가(states of concern)"라는 말로 바뀌 었다가 2002년 1월 부시 대통령의 '악의 축' 발언으로 대체되었다.

않을 수 없는 상황에 있었다고 할 수 있다.

둘째, 북·미·중 3국은 서로 상대방 두 개 국가의 관계에 영향을 미치는가? 북·미관계와 북·중관계가 서로 영향을 주고받는 관계에 있다는 것은 앞서 본 바와 같다. 그러면 이들 두 개 관계가 삼각관계의 나머지한 변을 구성하는 미·중관계에 영향을 미치는가? 북·중관계와 북·미관계가 한반도 문제와 연관이 없는 미·중관계의 전반적인 측면에까지영향을 미치는가에 대해서는 일률적으로 말하기 어렵다. 유일초강대국인 미국과 지역 강대국인 중국, 그리고 북한의 관심과 이익이 같을 수없을 뿐 아니라 시간의 흐름에 따라 변할 수도 있는 만큼, 그때그때 사안의 성격과 국내외 상황에 따라 영향을 미칠 수도, 미치지 않을 수도있을 것이다. 다만, 한반도 문제에 관한 한 북·미관계에서 일어나는 일은 북·중관계에 영향을 미치고, 북·중관계에서 일어나는 일은 북·미관계에 영향을 미친다. 중국은 북한지역, 넓게는 한반도가 갖는 전략적중요성을 역사를 통하여 여러 차례 언급해 왔다.[20] 중국은 북·미관계 개선에 신경을 쓰지 않을 수 없는 입장이다. 중국과 미국은 1950-1953년간 한반도를 두고 전쟁을 치렀다. 북·미관계 개선은 중국의 관심사가될 수밖에 없고, 특히 주한미군에 대한 북한의 입장은 중국의 국가이익에 영향을 미치는 사안이다. 같은 맥락에서 북·중관계의 추이, 특히 북한에 대한 중국의 입장 변화는 미국에게 중요하다. 그리고 미·중관계의 변화는 북·미관계와 북·중관계의 운용에 영향을 미칠 수밖에 없다.예를 들어 북한의 핵개발에 대해 미·중 양국이 일치된 입장을 갖느냐그렇지 않느냐는 북한의 대미전략에 결정적인 영향을 미칠 수 있다.

---

[20] 한반도의 전략적 중요성을 '순망치한(脣亡齒寒)'의 관계로 인식한 중국 지도부의 발언으로는 1875년 리훙장(李鴻章)의 발언, 1950년 저우언라이의 발언, 그리고 1994년 장쩌민의 언급사례 등이 있다. 이에 대해서는 박홍서, "북핵위기시 중국의 대북동맹안보딜레마 관리연구: 대미 관계변화를 주요 동인으로", 『국제정치논총』, 제46권 1호(2006.4), p. 107, 각주8 참조.

정리하자면, 북·중관계에서 동맹결속이 강화되느냐 또는 이완되느냐, 북·미관계에서 직접대화가 진전되느냐 또는 퇴행하느냐, 미·중관계에서 상호갈등이 심화되느냐 또는 상호협력이 확대되느냐에 따라 북·미·중 3국 간의 관계는 서로 영향을 주고받는 사이에 있다. 즉, 북·미·중 3국은 '전략적 삼각관계'에 있으며, 북한의 대미 및 대중외교 행태를 설명하는 효율적인 수단이 될 수 있다.

4. 구조로서의 '전략적 삼각관계'와 역동성

디트머가 말한 삼각관계 성립의 세 번째 조건, 즉 모든 행위자가 삼각관계에서 자신에게 더욱 유리한 방향으로 상대적인 위치를 개선하기 위해 노력함에 따라 삼각관계의 형태는 계속 변해나갈 수 있다. 바로 이 특성 때문에 한번 성립된 삼각관계는 그 안에 있는 3개국의 상호관계를 제한하는 하나의 구조가 된다. 삼각관계에 있는 국가는 가능하다면 낭만적 삼각관계의 중추pivot 위치를 차지하려고 할 것이다. 이미 중추의 위치에 있는 행위자는 두 날개 모두와 우호관계를 유지하는 동시에 두 날개 사이에 적절한 수준의 긴장이 유지되도록 필요한 조치를 취하려 할 것이다. 날개에 해당하는 다른 두 나라는 계속 불리한 입장에 있지 않기 위해 날개의 위치를 벗어나려고 애쓸 것이다. 양자연합의 밖에서 따돌림을 받는 국가는 그 위치를 벗어나기 위해 다른 두 개 나라와의 관계 개선을 위해 노력할 것이다. 이러한 상황은 전략적 삼각관계에 있는 3개국이 서로 더 나은 위치로 가거나 적어도 더욱 불리한 위치로 떨어지지 않도록 부단히 노력하게 되는 것을 의미한다.

디트머는 '전략적 삼각관계'에서 가장 유리한 위치를 차지하고 있는 행위자를 중추pivot라고 부른다.[21] 중추는 고정되어 있는 것이 아니다.

삼각관계 구조에서 날개에 있는 국가들은 스스로 중추가 되기 위해 애쓰며, 따라서 중추는 이동할 수 있다. 이러한 의미에서 보면, 중추는 결국 현상을 변경하고 변화를 만들어 냄으로써 삼각관계에 역동성을 부여하는 주도자initiator라는 의미를 갖는다. 삼각관계에서 변화를 주도하는 행위자를 뜻한다.

어떤 나라가 삼각관계에 역동성을 부여하고 변화를 주도할 수 있는가? 주도자가 반드시 물리력이나 자산을 기준으로 정해지는 것은 아니라고 보아야 한다. '전략적 삼각관계' 모델을 만들어 낸 디트머 자신도 '다른 두 개 국가와 우호관계를 유지하면서 이들 사이를 견제할 수 있는 역량과 위치'라는 관점에서 중추를 파악한다. 디트머가 세 가지 유형의 삼각관계가 상황변화에 따라 진화할 수 있다고 본 것은 중추를 역량과 위치의 관점에서 파악했기 때문이다. 최근 국제정치학계에서는 합리성에 기반한 통제역량으로서의 권력 외에, 예측하지 못한 상황에서 창의적으로 대응할 수 있는 순발력protean power을 또 하나의 권력 원천으로 보아야 한다는 주장이 나오고 있다.[22] 결국 디트머의 중추는

---

[21] 어떤 나라가 중추국가가 될 수 있는가, 즉 중추국가의 속성은 무엇인가? 이 질문에 대해 아직까지 보편적으로 수용될 수 있는 정의는 나오지 않았다. 1996년 *Foreign Affairs*에 '중추적 국가(pivotal state)'의 개념으로써 "지역의 운명 뿐 아니라 국제적 안정을 결정할 수 있는 중요한 지역(a hot spot that could not only determine the fate of its region but also affect international stability)"이 제시된 바 있다. Robert Chase, Emily Hill, Paul Kennedy, "Pivotal States and U.S. Strategy", *Foreign Affairs*, Vol. 75, No. 1 (January/February 1996), p. 33. 헤이그국제문제연구소는 2014년 보고서에서 "중추국가는 강대국이 갈망하는 군사적, 경제적, 사상적, 전략적 자산을 갖고 있다. 이들은 군사경제협정과 문화적 동질성 또는 무기와 물자의 유통관계에서 강대국들의 세력범위가 중첩되는 곳에 위치하고 있다. 중추 국가의 지향이 어떻게 바뀌는가에 따라 지역 및 세계 안보에 중요한 파급영향이 온다"고 중추 국가(pivot state)를 정의했다. Tim Sweijs, Willem Theo Oosterveld, Emily Knowles, and Menno Schellekens, *Why Are Pivot States So Pivotal? - The Role of Pivot States in Regional and Global Security* (The Hague Center for Security Studies, 2014), p. 8. 여기서 말하는 '중추적 국가' 또는 '중추국가'는 주로 강대국의 이해관계가 교차하는 위치나 자산을 소유한 국가를 의미하는 것으로 보인다.
[22] Peter J. Katzenstein & Lucia A. Seybert, "Protean Power and Uncertainty: Exploring the Unexpected in World Politics", *International Studies Quarterly*,

불확실하고 가변적인 여건에서 역동성을 부여하고 변화를 이끌어 내는 의지와 능력을 가진 행위자라고 규정되어야 한다. 이것은 바로 주도자이다. 디트머가 제시한 '낭만적 삼각관계'의 중추국가를 한국외교의 이상형ideal type으로 설정하자는 제의가 최근 국내 학계에서 나온 바 있다.[23] 이러한 주장 역시 중추국가를 역량의 관점에서 파악할 때 나올 수 있는 제안이며 여기서 가장 중요시하는 역량의 특질은 유연성이다. 예를 들어, 동북아시아에서 한국이 관련되는 '3개 국가'의 형태로서 한·미·일, 한·중·일, 미·중·일, 북·미·중 등 여러 가지 조합을 상정할 수 있으며, 각 유형의 핵심 축이 지향하는 가치와 방향이 서로 다를 수 있다. 한국은 이들 조합에서의 역할과 위상을 최대한 유연하게 가짐으로써 국익을 확보할 수 있다. 중추국가는 현상을 변경하고 변화를 만들어 삼각관계에 역동성을 부여하는 유연한 주도자를 의미한다.

제1차 핵위기 전개과정에서 북한은 변화를 만들어 내는 주도자 역할을 했다. 그 변화가 긍정적인 방향으로 이루어졌는가, 아니면 그 반대였는가 하는 것은 전혀 다른 차원에서 논의할 문제다.

Vol. 62, No. 1(March 2018), pp. 80-93.

[23]   신욱희, 『삼각관계의 국제정치: 중국, 일본과 한반도』(서울: 서울대학교출판문화원, 2017), pp. 148-149. 원래 신욱희는 '이념형(ideal type)'이라는 용어를 사용했으나, 여기서는 우리가 지향하는 목표를 의미한다는 차원에서 '이상형'이라고 하였음.

5. 1989-1994년간 북·미·중 관계의 진화와 '전략적 삼각관계'의 역동성

5.1. 북·미·중 관계의 진화

중·소관계 정상화가 이루어지고 냉전종식이 선언된 1989년부터 북·미 제네바합의가 이루어진 1994년 10월까지 북·미·중 관계가 어떻게 진화해 왔는지, 그 삼각관계 속에서 북한의 위치는 어떻게 변화해 왔는지를 살펴보자.[24]

〈1989년 5월 - 1990년 12월〉
- 중·소관계 정상화와 한·소관계 개선에 따라 북한·중국·소련 사이의 소위 '북방 삼각관계'는 붕괴하고 북·중관계가 강화되었다. 천안문 사건의 여파로 중국의 미국 및 서방 관계가 악화되면서 북·중관계는 사회주의 이념을 공유하는 혈맹으로 더욱 부각되었다. 비대칭적 관계의 특징으로서, 이 시기 북한의 대중국 안보의존도는 매우 높았다.
- 북한이 미국과의 관계 개선을 시도했음에도 불구하고 북·미관계는 별다른 전전이 없었다. 미국은 핵사찰 수용을 포함하여 관계개선에 필요한 조건을 제시했을 뿐, 관계개선에 선뜻 나서지는 않았다.
- 미국이 북한을 대화상대로 인정하지 않고 북미직접대화가 이루어지지 않고 있었다는 의미에서 북·미·중 관계는 전략적 삼각관계로 진화하기 전 단계에 머물고 있었다.

---

[24] 설명의 편의를 위하여 디트머가 분류한 삼각관계의 유형에서 관련국가들이 선호하는 삼각관계 내 위치에 우선순위를 부여하자면 다음과 같다: (1)낭만적 삼각관계 속에서 양쪽 모두와 관계가 좋은 중추적 국가(pivot), (2)3자 동거, (3)안정적 결혼의 부부 중 하나, (4)낭만적 삼각관계의 한쪽 날개, (5)3자 모두 부정적 관계, (6)안정적 결혼에서 따돌림을 받는 국가.

〈1991년 1월 - 1993년 2월〉

- 중국은 천안문사건의 후유증을 탈피하여 개혁개방정책을 가속화하고 서방과의 관계개선에 나섰으며, 1992년 8월 남한과도 국교를 수립했다. 이 과정에서 북한은 '하나의 조선' 원칙을 포기하고 남·북한의 유엔동시가입을 수용해야 했다. 중국이 남한과 수교함으로써 북한은 동맹국인 중국으로부터 사실상 방기되는 상황에 이르렀다.
- 북·미관계는 북한이 IAEA 사찰과 남·북상호사찰 문제를 해결하지 못함으로써 여전히 진전을 보지 못하고 있었다. 1991년 1월 김용순-캔터 접촉에서 북한이 주한미군의 철수를 요구하는 입장에 신축성을 보일 수 있다고 했으나 이것이 북한에 대한 미국의 입장을 바꾸는 데 이르지는 못했다.
- 북·미관계에 진전이 없고 북·중동맹에서 방기됨으로써 북한의 입지는 매우 약화되었다. 북·미·중 관계는 여전히 전략적 삼각관계로 진화하지 않은 상태에 머물러 있었다.

〈1993년 3월 - 1994년 5월〉

- 1993년 3월 북한은 NPT 탈퇴를 선언했다. 국제사회의 반발로 한반도의 긴장이 고조되었다. 반면 북·중관계는 1993년 여름부터 점차 개선되기 시작했다. 7월부터 양국 최고위급에서 '전통적 우의'를 강조하는 언급이 나오기 시작했다. 핵문제를 둘러싸고 한반도의 긴장이 고조되던 1994년 1월 황장엽 노동당 국제담당비서가 중국을 방문했다. 긴장이 최고조에 달한 1994년 여름 최광 북한 인민군 총참모장이 중국을 방문했으며 장쩌민 총서기는 양국 간의 "피로써 맺어진" 유대를 재확인했다.
- 1993년 6월 북한은 미국과 고위급대화를 시작했지만 실질적인 문제해결에는 들어가지 못하고 있었다. 미국은 여전히 핵문제가 북한·

IAEA 및 남북대화를 통해 해결되어야 한다는 입장을 바꾸지 않고 있었다. 북한의 비협조로 핵문제 해결에 진전이 없자, 미국은 주한 미군 전력 강화 등으로 북한에 대한 압박을 더욱 강화했다.

– 북·중동맹과 북·미대립이 상호 작용하기 시작했으며, 이에 따라 북·미·중 3국관계는 '전략적 삼각관계'로 진화하기 시작했다. 삼각 관계에서 북한의 위치는 미·중 모두와 불편하던 관계에서 북·중동 맹이 회복되는 단계로 점차 개선되어 갔다.

〈1994년 6월 - 1994년 10월〉

– 북·중관계가 회복되는 가운데, 카터 전 대통령의 방북으로 한반도 위기에 전환점이 마련되고 1994년 10월 제네바합의가 타결되었다. 북·미관계가 크게 개선되었다. 북·중관계도 개선되었다.

– 북·미·중 삼각관계에서 북한의 위치는 미·중 모두와 관계가 양호한 상태로 개선되었으며, 북한을 두고 미국과 중국이 서로 전략적인 견 제를 하는 상황으로 바뀌었다.

탈냉전기에 미국으로부터 핵사찰 압박을 받고 중국에 대한 안보의 존도가 급상승하던 북한은 NPT 탈퇴 선언을 계기로 미국과의 직접대 화를 이끌어 내고 제네바합의에 이름으로써 북·미·중 전략적 삼각관 계를 성립시키는 동시에 삼각관계 내의 위치를 극적으로 개선하는 데 성공했다.

5.2. 북·미·중 전략적 삼각관계의 작동

북한이 탈냉전기의 절대적인 열세를 넘어 미국 및 중국과 전략적 삼 각관계를 구축하고 그 속에서 자신의 위상을 극적으로 개선할 수 있었던 것은 첫째, 냉전 후 미국이 주창하는 신국제질서의 주요 의제인 핵확산 문제를 야기함으로써 미국이 직접대화에 나서지 않을 수 없도록 했다는 점과 둘째, 그 과정에서 한반도의 긴장이 고조되면서 북한의 지정학적 가치가 부각되고 이에 따라 중국이 북·중동맹을 재확인하도록 만들었던 덕분이다. 미국은 핵확산을 방치할 수 없어 북한에 대해 직접 관여하지 않을 수 없었고 중국은 북한이 갖는 지정학적 중요성 때문에 북한을 감싸고 보호하지 않을 수 없었다. 과거 중·소 간의 삼각외교가 북한에게 정치적 자율과 군사·경제적 실리를 준 것과 마찬가지로, 새로운 미·중관계의 맥락이 탈냉전기 북한 대외전략의 핵심이 된 것이다.

냉전 종식의 전환기, 특히 1993-1994년 기간이 중요한 것은 북한 핵문제가 지금처럼 난제로 되는 국제정치적 맥락이 이때 결정적으로 형성되었다는 사실이다. 당시의 상황을 정리해 보면 다음과 같다.

- 북한은 핵사찰 문제에 관한 미국의 요구를 거부한다.
- 미국이 북한에 대한 압박을 강화하면서 한반도 긴장이 고조된다.
- 중국은 연루를 우려하여 북한의 협력을 종용하지만, 한·중수교 이후 북·중 간의 전략적 협력이 중단된 이후 이를 압박할 지렛대가 없다.
- 북한에 대한 국제사회의 압박이 더욱 가중되면서, 중국은 북·중동맹을 포함한 북한과의 관계를 고려하여 북한에 대한 지지를 강화하거나 압박의 완화를 모색하지 않을 수 없다.
- 북한은 중국의 지지와 지원을 배경으로 하여 미국과 협상한다.
- 협상이 지지부진할 때 북한은 추가 도발을 하고 위기를 증폭한다.
- 북한은 관계개선에 관한 미국의 모든 요구를 다 수용하기는 어렵다. 그것은 체제 변화, 흡수통일 또는 자율성 상실을 의미하기 때문이다.

이러한 상황에서 중국은 북한을 압박하기도, 옹호하기도 어려운 딜레마에 직면한다.

- 북한의 핵무기 개발, 이로 인한 안보상황 악화와 한반도 전쟁 발발 가능성 증대는 중국의 연루 가능성을 높인다. 이 단계에서 중국의 국익은 한반도 비핵화에 있다.
- 그러나 북한에 대한 제재 강화와 이로 인한 북한의 붕괴 또는 남한 주도의 통일 가능성은 중국이 북한을 잃거나 북한이 중국을 포기할 가능성이 높아지는 것을 의미한다. 이 상태에서 중국의 국익은 북한을 지지하고 보호하는 데 있다.
- 따라서 중국은 (1)한반도 비핵화와 (2)대북제재 반대를 모두 추구할 수밖에 없다. 평상시에는 비핵화를 강조하다가도 위기 상황에서는 안정을 더욱 중시한다.
- 중국은 북한이 스스로 비핵화를 원하지 않는 상황에서 이를 강제할 수단이 없으며 북한이 중국을 포기하지 않도록 오히려 유인을 제공해야 하는 입장이다.

선택의 딜레마에 직면하는 것은 미국도 마찬가지다.

- 북한의 핵무기 개발은 미국의 동아시아전략의 근간을 흔드는 것으로서 수용할 수 없으며, 직접 나서서라도 이를 해결해야 한다.
- 무력에 의한 해결은 북한의 반발과 중국의 개입을 포함한 위험부담 때문에 채택할 수 없으며 결국 대화를 통한 해결을 모색한다.
- 대화를 하지만, 북한이 원하는 보장 및 보상과 미국이 제공할 수 있는 반대급부의 범위와 한계를 조화시키는 일이 쉽지 않다.

이 책은 냉전 종식의 전환기에서 북한이 NPT 탈퇴라는 위기를 조성함으로써 결과적으로 중국과 미국이 북한 및 한반도에 대해 갖고 있는 전략적 이해 차이를 부각시키고 북·미·중 전략적 삼각관계를 성립시켜 중국의 동맹 방기 위험을 피하는 동시에 미국의 압박에 성공적으로 대응한 이야기를 역사적으로 추적한다.

1993-1994년 이후의 북한 핵문제 전개 과정은 당시 형성된 북·미·중 전략적 삼각관계가 이후에도 지속적으로 작동해 왔을 수 있다는 가능성까지 제시해 주고 있다.

II

다가오는 위기
(1989-1992)

제3장
북·중동맹의 약화(1989-1992)

1. 북한의 소련 상실

1.1. 중·소관계 정상화와 북·중·소 삼각관계의 붕괴

1986년 2월 제26차 소련 공산당대회에서 고르바초프 서기장이 페레스트로이카perestroika를 주창한 순간부터 소련은 걷잡을 수 없는 변화의 소용돌이 속으로 빨려 들어갔다. 대외정책에서도 획기적인 변화가 일어났다. 고르바초프는 1986년 7월 블라디보스토크에서 중·소국경에 배치한 병력을 일방적으로 감축할 용의가 있다고 선언했다.[25] 중·소분쟁의 해묵은 원인 가운데 하나를 해소하는 제안이었다.[26] 1988년 서울올림픽 개막을 하루 앞둔 9월 16일 고르바초프는 시베리아 크라스노야르스크에서 「아·태지역안전보장을 위한 7개항 제의」

---

[25] "EXCERPTS FROM GORBACHEV SPEECH", *The New York Times*, July 29, 1986.
[26] 1979년 12월 소련의 아프가니스탄 침공 후 덩샤오핑은 중·소관계 개선을 위해서는 (1)중·소국경과 몽고지역에 있는 소련군 철수 (2)베트남의 캄보디아 점령에 대한 지원 중단 (3)아프가니스탄 점령 중단 등 3가지 장애물을 제거해야 한다고 요구했다.

라는 또 하나의 기념비적인 연설을 했다. 아·태지역에서 미·소 해군력 경쟁을 완화하고 역내의 핵무기 배치를 제한하자고 제의하면서, 빠른 시일 내 중국과 정상회담을 개최하고 남한과도 경제관계를 발전시켜 나갈 용의가 있다고 천명했다.[27]

1989년 5월 15-18일간 고르바초프가 역사적인 중국 방문을 했다. 5월 16일 고르바초프와 덩샤오핑鄧小平의 정상회담에서 양측은 당 대 당 및 국가 대 국가 관계를 완전히 정상화하고 평화공존 5원칙에 따라 관계를 발전시켜 나간다는 데 합의했다. 한반도 문제와 관련하여, 고르바초프는 5월 17일 인민대회당 연설에서 북한의 통일정책에 대한 지지를 선언하면서 "소련 극동군의 감축은 명백하게 한반도의 긴장완화와 주한미군의 철수를 요구하고 있다"고 주장했다.[28]

1950년대 후반부터 중·소 간의 갈등을 이용하여 균형외교를 전개해 온 북한의 입장에서 보면 중·소관계 정상화가 반가워할 일은 아니었다. 고르바초프의 중국 방문이 끝나고 며칠이 지난 5월 19일 노동신문은 이 방문에 대해 처음으로 보도하면서, 고르바초프가 "조선통일 문제에 대한 쏘련의 입장을 재확인했으며, 남조선으로부터 미군의 철거를 요구했다"는 사실만 특정하여 짧게 언급하는 데 그쳤다.[29] 고르바초프 중국 방문의 의미를 헤아리는 데 시간이 필요했을 것이다.

---

27 "Gorbachev Offers Disputed Radar for Peaceful Exploration of Space", *The New York Times*, September 17, 1988; "소, 한국과 경제교류 희망", 『매일경제』, 1988년 9월 17일.

28 "고르바초프 남북대화 촉구", 『경향신문』, 1989년 5월 18일.

29 "나라의 평화적 통일을 위한 조선민주주의인민공화국의 노력을 변함없이 지지한다", 『로동신문』, 1989년 5월 19일 6면.

1.2. 한·소관계 개선과 북한의 대응

1989년 여름까지도 소련은 남한과의 관계를 비공식적인 접촉에 한정하고 있었다. 1989년 9월 4일 소련 외무성 대변인은 "우리는 한국과 외교관계를 수립할 의사가 없으며, 대부분 경제교류를 통한 비공식적 관계를 계속 유지해 나갈 것"이라 하고, 소련은 남·북한 사이의 대화를 촉진하기를 희망한다고 말했다.[30] 북한이라는 동맹국의 존재를 무시할 수 없는 동시에 경제발전을 위해 평화와 협력의 국제질서를 바란다는 것이었다.

소련의 이러한 입장은 개혁개방 요구가 동유럽 전체를 휩쓰는 1989년 가을에 들어오면서 바뀌어 갔다. 1989년 가을 제44차 유엔총회 기조연설에서 소련은 과거와 달리 한반도 문제를 언급하지 않다.[31] 10월 19일 모스크바 방송은 소련이 유엔가입에 관한 북한 입장에 연대성을 표시하지만 많은 유엔회원국들이 남·북 동시가입을 주장하는 등 상황이 단순하지 않다고 하고, "이런 상황에서 조선 측은 호상접수할 수 있는 결정을 이룩해야 할 것"이라고 했다.[32] 북한이 민감하게 생각하는 남·북한의 유엔동시가입 문제에 대해 북한의 입장을 정면으로 거스르는 논평을 내보낸 것이다. 10월 24일 소련 세계경제국제문제연구소 IMEMO와 한국 민주당이 공동주최한 세미나에서 쿠나제Georgy Kunadze 일본사회경제연구실장은 "한반도에는 국제법상 두 개의 주권국가가 존재한다는 사실을 거부할 수 없다"는 견해를 피력했다.[33]

북한에게 있어 1989년은 어려운 한 해였다. 2월 1일 헝가리, 11월

---

30 "한국과 수교 의사 없다", 『한겨레신문』, 1989년 9월 5일.
31 "한국, 유엔가입 기반 다졌다", 『동아일보』, 1989년 10월 2일.
32 "남북한 유엔동시가입, 소련 방송서 긍정 반응", 『동아일보』, 1989년 10월 20일.
33 "「한반도 2개 주권국가 존재」, 민주당-IMEMO 합동세미나 요지", 『한겨레신문』, 1989년 10월 25일.

1일 폴란드가 각각 남한과 국교를 수립했다. 12월 8일 소련이 한국과 영사관계를 수립했고, 12월 23일 루마니아의 차우세스쿠 정권이 붕괴했다. 12월 28일 유고슬라비아가 남한과 수교했다. 이러한 추세는 1990년에 들어와서도 이어졌다. 특히 김일성과 각별한 사이였던 차우세스쿠 대통령이 처형된 다음 세계의 관심은 '이제 북한의 차례인가'라는 데로 쏠리고 있었다.[34]

  1990년 1월 1일 김일성은 신년사에서 남·북한 자유왕래와 전면개방을 거론했다. 자유왕래의 전제조건으로서 실재하지 않는 '휴전선 남쪽의 콘크리트 장벽을 제거하라'고 요구한 것이 특이했다.[35] 1월 3일 소련은 김일성 신년사에 대한 지지를 표명했다.[36] 노동신문은 2월 5일 소련과 북한 간 과학기술협력협정 체결 35주년을 맞은 논평에서 "오늘날 소련 인민들은 사회주의 재건과 사회주의 경제 발전을 고양하기 위한 페레스트로이카 정책을 뿌리내리려는 노력에 있어 성공을 거두고 있다"고 하면서 소련의 개혁개방 정책에 대한 지지 입장을 표명했다.[37] 2월 5-7일간 소련 공산당 중앙위 전체회의가 개최되어 공산당의 권력독점 포기를 골자로 한 새로운 강령을 채택했다. 1917년 볼셰비키혁명 이후 72년간 지속된 공산당 일당독재를 끝내고 다당제를 수용하는 엄청난 결정이었다.[38] 북한은 소련의 당 중앙위 전체회의가 폐막되고 나서 이틀이 지난 2월 9일 노동신문이 "회의에서는 강령 초안과 보고에 대한 토론이 진행되었다"라고만 짧게 보도했을 뿐, 여기에서

---

34 "독재 붕괴, 다음 차례는 북한일까: 佛 르몽드紙 사설", 『동아일보』, 1990년 1월 3일.
35 "신년사 김일성", 『로동신문』, 1990년 1월 1일 2면.
36 "소련, 김주석 신년사 지지", 『한겨레신문』, 1990년 1월 5일.
37 "조쏘친선의 중요한 계기", 『로동신문』, 1990년 2월 5일 6면.
38 "UPHEAVAL IN THE EAST: SOVIET UNION; SOVIET LEADERS AGREE TO SURRENDER COMMUNIST PARTY MONOPOLY ON POWER", *The New York Times*, February 8, 1990.

소련공산당이 일당독재를 포기하고 다당제를 수용하기로 했다는 내용은 언급하지 않았다.[39]

1990년 3월 21일 김영삼 민자당 최고위원은 야코블레프Alexander Yakovlev 소련 공산당 국제담당정치국원과 회담하고, 노태우–고르바초프 정상회담을 가까운 시일에 가질 것을 제의했다. 야코블레프는 "양국 관계의 원활화를 전망하는 데 있어 못 넘을 걸림돌은 없다"고 화답했다.[40] 4월 6일 노동신문은 소련이 남한과 관계를 개선하는 데 대한 불만을 공개적으로 토로했다. "만일 쏘련이 남조선과《외교관계》를 수립하는 데로 나간다면 그것은 조선에《두개 국가》가 존재한다는 것을 법적으로 승인하고 조선반도의 분단 상태를 더욱 고착화시키는 것"으로 되며 "두 개 조선의 합법화로 조선의 분열을 고착시키는 그 어떠한 행동도 허용될 수 없다"는 논평을 게재했다.[41] 또한, "원래 쏘련은 조선민주주의인민공화국을 조선민족의 유일한 합법적 국가로 인정한 첫 나라이며 우리 두 나라는 우호협조 및 호상원조에 관한 동맹조약에 의하여 밀접히 결합"되어 있다면서, "정상적인 궤도에서는 쏘련이 근본원칙을 어기고 남조선을《인정》함으로써《두개 조선》정책에 가담하게 되리라고는 생각할 수 없다"고 주장했다.

1990년 4월 4–6일간의 워싱턴 미·소외무장관회담에서 한반도문제가 지역문제의 하나로 논의되었다. 회담 결과를 소개하면서 소련 측은 "남·북한 모두와 관계를 맺고 있기 때문에 한반도 문제를 중재할 수 있다고 생각한다"고 말했다.[42] 소련이 남·북 사이에서 스스로의 위치를 중립으로 정하고 있었다는 의미다. 한반도에 대한 소련의 정책은

---

39 "쏘련 공산당 중앙위원회 전원회의 진행", 『로동신문』, 1990년 2월 9일 6면.

40 "한·소정상회담 제의", 『동아일보』, 1990년 3월 22일.

41 "김영삼 모스크바 행각을 론함", 『로동신문』, 1990년 4월 6일 5면.

42 "미-소 외무회담 한반도 관련 내용 〈요약〉", 『한겨레신문』, 1990년 4월 7일.

1989년 9월까지 북한에 우호적인 입장에서 1990년 4월경에는 적어도 남·북 사이의 균형을 맞추는 데로 바뀌었다고 볼 수 있다.

1990년 6월 들어 한·소관계는 급진전을 시작했다. 1990년 6월 4일 샌프란시스코에서 노태우 대통령과 고르바초프 대통령 사이에 정상회담이 열렸다. 외교관계가 없는 국가 사이에서 개최된 이례적인 정상회담이었다. 소련의 변화는 고르바초프 대통령도 통제하지 못하는 속도로 진행되고 있었다. 1989년 2월 한·소영사관계 수립부터 1990년 6월 정상회담, 그리고 같은 해 9월 30일 국교정상화에 이르는 과정은 북한이 저지할 수 있는 것이 아니었다. 북한으로서는 선택을 해야 했다. 한·소관계 정상화를 불가피한 것으로 수용하느냐, 아니면 거부하고 그 결과를 감내하느냐.

7·7 선언 이후 본격화된 노태우 정부의 북방정책은 세계적인 차원의 동서화해 추세와 맞물려 이미 성과를 거두고 있었다. 이 정도 상황에서는 북한도 소련이 머지않아 남한과 수교할 것을 예상했을 것이며, 앞으로 대응방안을 두고 전략적인 고민을 많이 할 수밖에 없었을 것이다.

1990년 5월 24일 김일성이 최고인민회의 제9기 제1차 회의에서 시정연설을 했다.[43] 연설내용을 보면 이 시기에 북한이 전반적인 정세변화를 염두에 두고 몇 가지 전략적인 결단을 내렸을 가능성을 제시한다.

첫째, 김일성은 '주체사상을 구현한 사람중심의 사회주의로서 그 무엇보다 우월한 우리식 사회주의를 고수해 나갈 것'이며, 지금 겪고 있는 사회주의의 위기는 일시적인 현상이라고 주장했다.[44]

---

[43] "우리나라 사회주의의 우월성을 더욱 높이 발양시키자: 조선민주주의인민공화국 최고인민회의 제9기 제1차회의에서 하신 김일성 동지의 시정연설", 『로동신문』, 1990년 5월 25일 2 및 3면. 김일성, "우리나라 사회주의의 우월성을 더욱 높이 발양시키자: 조선민주주의인민공화국 최고인민회의 제9기 제1차회의에서 한 시정연설(1990년 5월 24일)", 『김일성 저작집 42권(1989.6-1990.12)』(평양: 조선로동당출판사, 1995), p. 320.

지금 제국주의자들은 힘의 정책을 견지하면서 사회주의를 와해시키기 위한 이른바 평화적 이행 전략에 매달리고 있습니다. (중략) 제국주의자들은 ≪사회주의 위기≫에 대하여 떠들면서 환성을 올리고 있지만 이것은 가소로운 일입니다.

이러한 시각에서 보면 소련을 비롯한 사회주의권의 변혁은 사회주의 원칙을 제대로 실천하지 않았기 때문에 생긴 잘못된 결과이다. 북한은 소련의 변화와 한·소수교를 수용할 수 없다는 입장을 재차 확인했다. 5월 31일 북한 외교부 대변인은 조선중앙통신 인터뷰에서 아직 소련으로부터 한·소정상회담에 관해 아무런 통보를 받지 못했으나 만약 회담이 실현된다면 "이것은 한반도의 분열을 고착화시키는 문제와 관련되는 심각한 정치적 문제로 발전할 것"이라 하고, "우리 동맹국 소련의 대통령은 분열을 추구하는 노 대통령과의 회담이 가져올 심각한 정치적 결과를 충분히 판단할 수 있을 것으로 본다"고 말했다.[45] 6월 6일에는 노동신문이 "두개 조선을 조작하려는 미제의 음모책동을 절대로 허용하지 말아야 한다. 남조선의 《유엔가입》, 《교차승인》의 책동을 비롯한 모든 형태의 《두개 조선》 조작 놀음은 그 구실 여하를 막론하고 조선의 영구 분열을 추구하는 것이며 종당에는 미제의 전쟁로선에 복무하는 것"이라고 주장했다.[46] 이 신문은 다음날 고르바초프의

---

44   김일성의 시정연설이 있고 나서 일주일이 지난 5월 30일, 이번에는 김정일이 노동당중앙위 전체회의에서 '우리식 사회주의의 우월성'을 특별히 강조하는 연설을 했다. 김정일, "사회주의의 사상적 시초에 관한 몇 가지 문제에 대하여: 조선로동당 중앙위원회 책임일꾼들앞에서 한 연설(1990년 5월 30일)", 『김정일 선집 13권(1989.6-1990.10)』(평양: 조선로동당출판사, 2012), pp. 251-278.

45   "Summit in Washington; Seoul and Tokyo See Major Shift In Coming Gorbachev-Roh Talks", *The New York Times,* June 1, 1990. "북한, 정상회담 반대, 「한반도 분단 고착화」", 『경향신문』, 1990년 6월 1일.

46   "《두개 조선》 조작책동은 세계평화를 위협하는 범죄행위", 『로동신문』, 1990년 6월 6일 6면.

미국 방문 소식을 전하면서 샌프란시스코 한·소정상회담에 대해서는 일체 언급하지 않았다.[47]

둘째, 김일성은 주한미군 철수 문제에 대해 이전보다 신축적인 태도를 보였다. 북·미평화협정 체결을 주장하는 맥락에서 "미국이 남조선 주둔 미군을 한꺼번에 완전히 철수할 수 없다면 단계별로 나누어 철수할 수도 있을 것"이라고 했다.

셋째, 남·북관계에 대해 김일성은 "북과 남에 서로 다른 사상과 제도가 존재하는 조건에서 누가 누구를 먹거나 먹히우지 않고 공정하게 나라의 통일을 자주적으로, 평화적으로 실현할 수 있게 하는 가장 정당하고 현실적인 통일방안"이라면서 연방제 통일방안에 입각한 대화에 나설 것을 촉구했다. 이어서 5월 31일에는 중앙인민위원회, 최고인민회의 상설회의, 정무원 연합회의를 개최하여, "조선반도에서의 군축을 위한 회담은 원래 우리와 미국, 남조선 사이에 진행되어야 한다. 그러나 미국이 아직도 3자회담에 응하려 하지 않는 조건에서 그것이 실현될 때까지 무한정 군축문제 토의를 미룰 수 없다"고 하면서, 우선 남·북 사이에라도 불가침선언을 채택하고, 외군 철수와 합동군사훈련 중지, 비무장지대의 평화지대화, 고위군당국 간 직통전화 설치 등 신뢰구축과 단계적 무력감축을 논의하자고 했다.[48] 6월 20일 북한은 "대화와 통일문제에 있어 귀측의 근본 입장과 자세에 아직도 문제가

---

47   "쏘미수뇌자들의 상봉", 『로동신문』, 1990년 6월 7일 6면.
48   "조선민주주의인민공화국 중앙인민위원회, 최고인민회의 상설회의, 정무원 련합회의 진행", "조선반도에서 긴장상태를 완화하고 조국통일을 위한 평화적 환경을 마련할 데 대하여", 『로동신문』, 1990년 6월 2일 3면. 이때 북한이 제의한 군축방안의 요지는 다음과 같다: (북남신뢰조성)군사훈련과 군사연습 제한, 군사분계선 비무장지대의 평화지대 전환, 우발적 충돌과 그 확대를 막기 위한 안전조치; (북남무력감축)무력의 단계적 감축으로 궁극적으로 10만명 수준으로 병력 유지, 군사장비의 질적 갱신의 중지, 군축정형을 호상통보하며 검증을 실시; (외국무력의 철수)조선반도 비핵지대화, 조선반도에서 외국군을 철수시키기 위해 공동노력; (군축과 그 후의 평화보장 조치)남북불가침선언 채택 및 대폭적인 군축에 합의함.

있지만 대화를 통해 나라의 평화와 통일문제를 시급히 해결하려는 진지한 염원"에서 대화를 재개키로 했다면서 남·북총리회담 예비회담 재개를 제의했다.[49] 북한은 남한의 공세적 북방외교와 급속한 상황변화에 직면하여 어떤 형태로든 남한과 공존의 방식을 확보해야 한다고 느꼈던 듯하다. 7월 3일 예비회담에서 본회담 개최에 관한 합의가 이루어졌다.

넷째, 유엔가입과 관련하여, "만일 조선의 통일이 실현되기 전에 북과 남이 유엔에 들어가는 경우에는 두 개의 의석으로 제각기 들어갈 것이 아니라 하나의 의석을 가지고 공동으로 들어가야 할 것"이라고 했다. 유엔동시가입을 거부하는 입장은 바꾸지 않았지만, '통일 이전에라도 가입할 수 있는 경우'를 상정한 것이 특이했다. 북한이 남북대화에 적극적으로 나온 데는 현실화되고 있는 유엔동시가입을 막아야 한다는 목적이 작용했을 수 있다. 즉 유엔가입문제를 남·북이 직접 논의함으로써 이것이 일방적으로 유엔에 상정되어 남한단독가입으로 가는 것을 막을 수 있다고 보았을 것이다.

다섯째, 북한은 일본과의 관계개선 가능성을 적극 모색하기 시작했다. 7월 19-24일간 일본 사회당대표단이 북한을 방문하여 일본 정당 대표단의 방북 문제를 협의하고 돌아왔다. 그해 9월 24-29일간 가네마루 신金丸信 전 부총리를 단장으로 하는 자민사회당공동대표단의 방북이 이루어졌고 「3당 공동선언문 8개항」이 발표되었으며, 이것을 기초로 하여 북·일국교정상화 교섭이 뒤따랐다.

한·소수교가 가시화되는 이 시기에 북한은 대략 4개 방향으로 대외전략을 추진했다. 즉, 한·소수교를 기정사실로 보고, 소련 상실을 보충하는 차원에서 일본과의 국교정상화 교섭, 흡수통일 가능성을 견제

---

49 "북한, 고위급회담 재개 제의", 『경향신문』, 1990년 6월 20일.

하기 위한 남북대화 재개, 핵문제 논의를 포함한 미국과의 관개개선, 그리고 이러한 노력의 배경으로서 중국과의 우호협력 관계를 강화한 다는 것이었다.

1.3. 한·소수교와 북·소동맹의 파탄

1990년 9월 2-3일간 셰바르드나제Eduard Shevardnadze 소련 외무장 관이 샌프란시스코 한·소정상회담 후 3개월 만에 북한을 방문했다. 김영남 외교부장은 8월 30일 『이즈베스챠』 회견에서 "(소·북 간의) 양호한 동지적 관계는 오랜 기간에 걸쳐 복잡화되고 있다"고 하고, "소련 외무장관의 방북 때 이 '복잡한 문제들'에 대해 전면적으로 토의하고 싶다"고 했다.[50] 셰바르드나제 외상은 북한 방문에 앞서 9월 1일 선양 瀋陽에서 치엔치첸錢其琛 외교부장을 만났다. 양측은 "한반도 문제의 해결 없이는 동북아의 안정을 얻을 수 없으며, 남북고위급회담이 남북 화해를 위한 중요한 단계가 되어야 한다"는 요지의 공동성명을 발표 했다.[51] 소련과 중국이 함께 북한을 남북대화 방향으로 몰고 있는 모양 새였다. 북한이 중·소 사이에서 줄타기외교를 할 수 있던 상황은 끝난 것이 분명했다.

'복잡한 문제'에 대해 전면적인 토의를 하겠다는 생각을 밝혔음에 도 불구하고 셰바르드나제 방문 직후에는 회담결과에 대한 설명이 나 오지 않았다. 2주일이 지난 9월 19일 북한 정무원 기관지 『민주조선』 은 북한이 소련에게 6개항의 비망록을 전달했다면서 그 전말을 공개 했다. 공개된 내용에 따르면, 회담에서 소련 외무장관은 한·소수교에

---

50 "대소 관계 냉각 김영남 첫 시인, 소지(蘇紙)와 회견", 『동아일보』, 1990년 9월 1일.
51 "북한-소련 외무 두 차례 회담", 『한겨레신문』, 1990년 9월 4일. 중·소외무장관회담에서 언급한 남북고위급회담은 9월 4일 개최되었으며, 이날의 제1차 회의에 참석하기 위하여 연 형묵 북한 정무원 총리가 이끄는 90명의 대표단이 육로로 서울에 도착했다.

대한 북한의 견해를 물었고, 북 측은 그것이 "통일에 결정적으로 방해되기 때문에 허용할 수 없다"고 했다. 소련 측은 다시 "쏘련이 남조선과 《외교관계》를 설정하면 그것이 왜 조선의 통일에 방해되는가"라고 물었으며, 북한 측은 회담에서 답변한 다음 그 내용을 나중에 비망록으로 만들어 전달했다. 비망록의 요지는 한·소수교가 남·북 분열의 현상을 고착하고, 북한을 고립시키고 교차승인을 이루려는 북방정책의 목적을 실현시켜 주며, 소련과의 동맹조약이 유명무실해짐으로써 북한은 이때까지 동맹관계에 의지했던 일부 무기들도 자체적으로 마련하는 대책을 세우지 않을 수 없게 되고, 남한·미·소 3국의 결탁으로 남한의 흡수통일 기도를 부추기게 된다는 것 등이었다.[52]

북한이 비망록을 공개한 이유는 분명하지 않다. 앞서 『민주조선』은 소련의 어느 언론이 '한·소수교가 소련의 이익에서 출발한 것으로서 누구의 승인을 받을 문제가 아니다'고 보도했다고 하면서 이 글이 "하도

---

[52] "조선의 통일에 방해되는 일", 『민주조선』, 1990년 9월 19일 4면. 6개항 해당 부분을 인용하면 다음과 같다: "비망기에는 대략 다음과 같은 내용이 지적되여 있다고 한다.
첫째로, 쏘련이 남조선과 《외교관계》를 설정하면 조선의 분렬된 《현실》을 그대로 인정하는 것으로서 분렬상태자체를 고착시키는 것으로 되며 《두개 조선》의 존재를 국제적으로 합법화하는 것이 된다. (중략)
둘째로, 쏘련이 남조선과 《외교관계》를 가지는 것은 다른 나라들이 남조선과 《외교관계》를 가지는 것과 근본적으로 다르다. 쏘련은 제2차세계대전 이후 미국과 함께 조선을 분렬시킨데 책임있는 나라이다. 또한 쏘련은 조선민주주의인민공화국이 창건되였을 때 맨 선참으로 우리 공화국을 조선민족의 유일한 합법적 정부로 인정한 나라이다. (중략)
셋째로, 쏘련이 남조선과 《외교관계》를 설정하는 것은 남조선 당국자들의 《북방정책》을 실현시켜 주는 것으로 된다. 《북방정책》의 본질은 남조선이 쏘련을 비롯한 사회주의 나라들과 《외교관계》를 맺음으로써 우리를 국제적으로 《고립》시킬 뿐 아니라 미국의 전략대로 《교차승인》을 실현시켜 조선을 영원히 《두개 조선》으로 분렬시키려는 것이다. (중략)
넷째로, 쏘련이 남조선과 《외교관계》를 설정하면 우리나라에서의 사회주의 제도를 뒤집어엎으려는 미국과 남조선의 공동음모에 가담하여 삼각결탁관계를 형성하는 것으로 된다. 이렇게 되면 남조선당국자들은 쏘련이 저들의 편에 가담한 것을 코에 걸고 더욱 우쭐하고 교만해져서 우리를 독일식으로 흡수통일하려 할 것이다.
다섯째로, 쏘련이 남조선과 《외교관계》를 맺으면 조쏘동맹조약을 스스로 유명무실한 것으로 되게 할 것이다. 그렇게 되면 우리는 이때까지 동맹관계에 의거했던 일부 무기들도 자체로 마련하는 대책을 세우지 않을 수가 없게 된다. (중략)
여섯째로, 전체 조선인민들, 특히는 남조선인민들의 통일의지를 막는 것으로 된다."

고약하기에" 관련 사정을 보도하지 않을 수 없게 되었다고 주장했다. 북한으로서는 한·소수교를 기정사실로 보고 그에 대한 불만과 배신감을 이런 식으로 표시했을 수 있다. 아니면 이렇게 하는 것이 한·소관계 정상화 과정에 영향을 미칠 수 있다고 생각했을 수도 있다. 아니면, 소련의 변혁이 일시적인 현상이라는 판단에서 고르바초프 이후의 소련을 염두에 두고 한 행동이었을 수도 있다. 어느 쪽이 사실이든, 김영남의 비망록 공개가 한·소수교를 늦추거나 그 과정에 부정적으로 작용했다는 근거는 발견되지 않는다.

한·소 양국은 1990년 9월 30일 유엔총회 계기에 개최된 외교장관 회담에서 국교정상화에 합의했다. "양국은 이 조치가 한반도의 안정과 평화정착에 기여할 것이며 각자의 제3국 관계에 영향을 미치지 않을 것이라는 전제하에 이를 추진한다"고 밝혔다. 북한은 격렬하게 반발했다. 10월 5일 노동신문은 "오늘에 와서 쏘련이 이 엄연한 공약들을 다 휴지통에 집어던지고 남조선과《외교관계》를 맺기로 했으니 이것을 배신이라는 말 이외에 무슨 말로 표현할 수 있겠는가"고 묻고, "쏘련은 사회주의 대국으로서의 존엄과 체면, 동맹국의 리익과 신의를 23억 달러에 팔아먹은 것"이라고 비난했다.[53]

1990년 12월 13-16일간 노태우 대통령이 소련을 방문했다. 1991년 4월 19-20일간에는 고르바초프 대통령이 제주도를 방문했다. 남·북한의 유엔가입과 관련하여, 고르바초프는 "중국과 이미 대화를 나누고 있다. 중국도 북한이 제의한 단일의석 가입은 비합리적이라고 본다"고 하고, "한국의 가입문제가 유엔안보리에 회부될 경우 소련이 거부권을 행사하는 일은 없을 것"이라고 했다.[54]

---

53   "딸라로 팔고 사는《외교관계》",『로동신문』, 1990년 10월 5일 2면.
54   이상옥,『전환기의 한국외교』(서울: 삶과 꿈, 2002), pp. 68-69.

1991년 8월 19일 소련에 공산주의 쿠데타가 일어났다. 다음날 노동신문이 이 소식을 대대적으로 보도했다.[55] 신문의 논설은 "혁명이 전진하는 행정에 일시 진통은 겪을 수도 있지만, 력사는 온갖 암초를 제거해 버리며 오직 앞으로만 전진한다. (중략) 사회주의가 승리하고 자본주의가 멸망하는 것은 움직일 수 없는 법칙"이라고 주장했다.[56] 그러나 공산주의 쿠데타는 3일천하로 끝나고 말았다. 조선중앙통신은 김영남 외교부장이 8월 22일 주북한소련대사를 만나 고르바초프 대통령에 대한 지지를 표명했다고 보도했다.[57] 고르바초프는 1991년 12월 25일 소련 대통령직에서 물러났다. 12월 26일 소련은 공식적으로 해체되었다.

한·소수교와 함께 북·소동맹은 파탄에 이르렀다. 소련을 승계한 러시아는 스스로 경제위기 극복에 급급하면서 북한에게 원조를 중단하고 경화결제를 요구했다. 1992년 1월 17-21일간 러시아 외무부의 로가초프Igor Rogachev 대사가 평양을 방문했다. 1월 24일 노동신문은 양국 관계를 "자주성과 호상존중, 내정불간섭의 원칙에 따라 두 나라 인민들의 리해관계에 맞게 좋게 발전시켜 나갈 데 대한 쌍방의 립장이 확인"되었다고 발표했다. 러시아가 과거 소련이 체결한 북한과의 우호협력조약을 현실에 맞게 수정, 유사 시 자동개입을 의무화한 제1조를 폐기키로 한 것으로 이해되었다.[58] 1992년 3월 17-19일간 서울을 방문한 코지레프Andrei Kozyrev 러시아 외무장관도 북·소조약의 제1조를

---

55 "쏘련에서 고르바초프가 대통령 전권을 이관, 비상사태 선포, 쏘련 국가비상사태위원회 구성", "쏘련국가비상사태위원회가 쏘련인민에게 보내는 호소문을 발표", 『로동신문』, 1991년 8월 20일 6면.

56 "자주의 기치 따라 사회주의 길로 나아가는 것은 력사의 흐름이다", 『로동신문』, 1991년 8월 20일 2면.

57 "북, '고르비 지지', 김영남 밝혀", 『동아일보』, 1991년 8월 23일.

58 "조선민주주의인민공화국 외교부 보도국 일군이 기자 질문에 대답", 『로동신문』, 1991년 1월 24일 4면; "구 소·북「전쟁 자동개입」 폐기", 『동아일보』, 1992년 1월 28일.

현실에 맞도록 재조정할 것이라고 재확인했다.[59] 남한을 방문하는 동안 북·소조약의 상호원조의무를 삭제할 것이라고 발표하는 것은 북한의 상처에 소금을 뿌리는 것에 다름 아니었을 것이다.

북한은 소련의 변화를 어떻게 받아들였을까? 앞서 본 바와 같이 한·소수교가 전망되고 있던 1990년 5월 24일 '우리식 사회주의'의 우수성을 강조하는 김일성의 최고인민회의 시정연설이 있었고, 이어 5월 30일에는 김정일이 당중앙위 전체회의에서 비슷한 내용으로 연설했다. 9월 19일에는 김영남이 셰바르드나제 외상에게 '한·소수교가 왜 통일을 방해하는가'에 답하는 비망록을 전달하고 이를 공개했다. 한·소수교가 발표된 직후 10월 5일, 노동신문은 소련이 사회주의 대국으로서의 존엄과 체면, 동맹국의 이익과 신의를 23억 달러에 팔아먹었다고 격렬하게 비난했다. 1991년 8월 공산주의 쿠데타가 일어났을 때 노동신문은 "인류가 사회주의를 따라가는 것은 역사발전의 법칙"이라고 주장하는 논설을 게재했다. 북한은 소련과 동유럽을 휩쓸던 전환기적 위기를 일시적인 현상으로 인식하여 이 고비를 잘 넘기면 다시 사회주의의 승리가 올 수 있다는 확신을 가지고 있었던 듯하다. 그것이 아니라면, 김일성-김정일 권력승계를 포함한 정권의 안정성과 계속성에 대한 고려 때문에 변화를 수용할 여지가 없었다고 보아야 할 것이다. 어느 경우든, 북한은 소련을 잃었고 그 결과도 감내해야만 했다.

북한이 정권수립 후 40년 동안 결정적으로 의지해 온 동맹이 사라졌다. 북한의 핵우산이 없어졌으며, 북한의 위협인식 수준은 크게 높아질 수밖에 없었다.[60] 북한이 중·소분쟁의 와중에서 줄타기외교를 했다지만 냉전기의 양극체제에서 소련이 차지하고 있던 위상은 탈냉전기

---

59   "한-러 기본조약 체결합의, 9월 옐친 방한때 서명키로", 『한겨레신문』, 1992년 3월 19일.
60   Yongho Kim, *North Korean Foreign Policy: Security Dilemma and Succession*, (Lanham, Md.: Lexington Books, 2011), p. 81.

의 중국이 대체할 수 있는 것이 아니었다. 9월 19일자 김영남의 비망록에는 특별히 주목되는 내용이 있었다. "소련이 남조선과 외교관계를 맺으면 조-소 동맹조약은 스스로 유명무실한 것으로 되게 할 것"이며 "그렇게 되면 우리는 동맹관계에 의거했던 일부 무기들도 자체로 마련하는 대책을 세우지 않을 수가 없게 된다"고 한 부분이다. 북한이 핵무기 개발에 나선 동기와 관련하여 곱씹어 볼 수 있는 대목이다.

또 하나, 지금 시점에서 되돌아볼 때 특별히 의미심장한 장면이 하나 있었다. 1990년 6월 4일 워싱턴타임스는 미국 중앙정보부CIA 소식통을 인용하여, 한·소정상회담이 개최되기 바로 전 주일 평양 북동쪽 65마일 지점에 있는 「노동지명」에서 북한이 독자적으로 개발한 탄도미사일이 촬영되었으며, SCUD-B 개량형으로 믿어지는 이 미사일은 310마일 이상의 사거리와 이동식 발사대를 갖추고 있다고 보도했다.[61] 오늘날 우리가 알고 있는 노동미사일이 등장하는 순간이었다.

소련이 사라진 다음, 북한은 중국에 기댈 수밖에 없었다. 북한의 대중국안보의존도가 급격하게 높아졌다.

2. 천안문 사건과 북·중동맹의 재확인

소련과 동유럽의 변혁을 보면서 북한은 이제 중국과의 관계를 긴밀하게 유지하여 위기를 극복한다는 구상을 기본으로 할 수밖에 없었을 것이다. 한·소관계가 급진전되고 북·소동맹이 와해되는 1989-1991년 사이 북한은 중국과 매년 2회의 정상회담을 가지면서 긴밀한 협의와

---

[61]   "North Korea's ballistic missiles have U.S. worried", *The Washington Times*, June 4, 1990.

협력을 유지했다.[62] 그러나, 북한의 노력이 효과를 발휘하기 어렵게 만드는 두 가지 제약 요인이 있었다. 첫째, 중국도 소련과 마찬가지로 개혁개방을 추진하고 대외정책의 우선순위를 재조정하면서 한국과의 관계개선을 필요로 했다. 한·중 양국은 늘어나는 교류협력을 관리하기 위해 제도적 장치를 갖출 필요가 있었다. 1989년 3월 민간무역사무소 설치 교섭을 시작했다. 한·중관계가 제도화될수록 북·중관계는 그만큼 부담을 더 느낄 수밖에 없는 구조였다.

둘째, 중·소분쟁의 종식과 중·소관계 정상화는 북한 외교의 운신의 폭을 크게 좁혔다.[63] 소련과 중국 사이에서 줄타기외교를 할 공간이 없어지는 상황에서 중국에 대한 북한의 협상력은 약화될 수밖에 없었다.

1989년 4월 24-29일간 자오쯔양趙紫陽 총서기가 북한을 방문했다. 4월 24일 환영연회에서 김일성은 중국이 "중국의 특색을 가진 사회주의를 건설하기 위한 투쟁에서 커다란 성과를 거두고 있다"고 하면서, 남한에 대해 "로태우 대통령을 포함한 남조선의 여러 민주인사들도 우리의 초청에 응하여 우리와 속히 만날 것을 희망"하고 미국에 대해서는 "《두개 조선》 정책을 버리고 조선의 통일에 방해되는 일을 하지 말아야 할 것"이라고 강조했다. 자오쯔양 총서기는 북한이 내놓은 "조국통일을 추진하기 위한 포괄적인 평화보장과 여러 가지 합리적인 발기들"

---

[62] 냉전 종식의 전환기 동안 북·중정상회담 개최 현황: 1989년 4월 24-29일간 자오쯔양 총리 방북(평양), 11월 5-7일간 김일성 방중(베이징), 1990년 3월 14-17일간 장쩌민 총서기 방북(평양), 9월 11-13일간 김일성 방중(선양), 1991년 5월 3-6일간 리펑 총리 방북(평양), 10월 4-13일간 김일성 방중(베이징, 난징), 1992년 4월 13-17일간 양상쿤 주석 방북(평양).

[63] 자고리아(Donald Zagoria) 교수는 1989년 기고문에서 "중·소 화해는 소련의 아시아지역 동맹국들에게 가장 큰 영향을 미칠 것이다. 북한과 베트남은 러시아를 상대로 중국 카드를 쓰기가 더 어려워질 것이다. 그 결과 북한에게는 남한과의 관계개선이, 베트남에게는 중국 및 ASEAN과의 관계를 개선하라는 압력이 커질 것이다"고 내다보았는 데, 당시 상황을 정확하게 분석한 것으로 평가된다. Donald Zagoria, "Soviet Policy in East Asia: A New Beginning?", *Foreign Affairs-America and the World*, Vol. 68, No. 1(1988/89), p. 125.

을 지지하고, 주한미군 철수와 한미합동군사훈련의 중단을 촉구했다. 그리고는 "대결로부터 대화에로 전환하고 긴장으로부터 완화에로 전환하는 것은 이미 세계적 범위에서 억센 흐름으로 되고 있다"고 하고 중국이 추진하고 있는 개혁개방 노선이 "정확한 로선"이라는 것은 실천에 의하여 확증되었다고 부연했다.[64] 북한에게 일정한 메시지를 보낸 것으로 볼 수 있었다. 노동신문은 4월 30일 사설에서 자오쯔양의 이번 방문이 "두 당, 두 나라, 두 인민들을 련결시키고 있는 형제적 친선의 유대의 공고성에 대한 뚜렷한 시위"이며 "조중친선은 영원불멸할 것"이라 하고, 특별히 자오쯔양이 "조선문제의 해결을 위하여 우리의 3자회담 제안이 실현되어야 하며 남조선으로부터 미국 군대가 철거해야 한다고 주장"했다고 언급했다.[65] 한편, 자오쯔양–김일성 회담에서 중국 측은 헝가리 등 동유럽국가들과 달리 한국을 승인하지 않을 것이라 했다는 4월 30일자 홍콩 언론보도가 있었다.[66] 보도의 사실 여부는 확인되지 않았다. 다만, 자오쯔양 방북이 끝난 후, 5월 12일 중국 우쉐치엔吳學謙 부총리는 일본 요미우리讀書신문 회견에서 한·중관계는 비정부 무역관계에 국한되며, 무역이 늘어나면 무역대표부를 설치할 수 있지만 이것은 어디까지나 민간차원에서 이루어지는 것이며, 정부 차원의 교류는 생각할 수 없다고 언급했다.[67] 자오쯔양 방북 시 양측이 논의

---

64 "우리 당과 인민은 평화와 사회주의 위업의 승리를 이룩하기 위한 공동투쟁에서 중국 공산당과 중국인민과 어깨 걸고 함께 나아갈 것이다", "중국공산당과 중국 정부는 조국의 자주적 평화통일을 달성하기 위한 조선인민의 정의의 위업을 시종일관하게 지지하고 있다", 『로동신문』, 1989년 4월 25일 2면.

65 "사설: 형제적 친선의 뉴대와 전투적 우의의 시위", 『로동신문』, 1989년 4월 30일 2면. 사실 중국의 입장에서는 3자회담 제의가 달갑지 않을 수 있다. 어떠한 형태로 진행되든, 3자회담은 중국의 참여 없이 진행되는 방식이다. 중국의 이익이 충분히 고려된다는 보장이 없다. 그럼에도 불구하고 1984년 이래 중국이 이 제안을 중개하고 공개적인 지지를 표명한 것은 북한에 대한 배려라고 볼 수 있다.

66 "한국과 수교 안할 것", 『매일경제』, 1989년 4월 26일.

67 "한-중 비정부 관계 국한", 『동아일보』, 1989년 5월 12일.

한 내용을 미루어 짐작할 수 있다. 중국은 여전히 「하나의 조선」 원칙에 입각하여 북한의 입장을 지지하고 있었다.

1989년 5월 고르바초프 중국 방문에서 북한의 관심사항이 중·소관계 정상화만은 아니었을 것이다. 정상회담장 밖에서는 학생시위가 벌어지고 있었다. 5월 20일 계엄령이 선포되었다. 6월 4일 탱크를 앞세우고 군대가 투입되어 시위를 진압했다. 사상자가 다수 발생했고 사건은 세계로 전파되었다. 미국을 비롯한 서방국가들은 중국 정부를 비난하면서 각종 제재조치를 취하기 시작했다.

북한은 중국의 시위와 유혈진압에 대해 일주일간 함구했다. 6월 11일 노동신문이 최초로 침묵을 깼다. 중국정부의 무력진압은 언급하지 않은 채, "중국의 내부문제와 관련한 미국 대통령 부쉬의 최근 언행은 (중략) 중국에 대한 로골적 내정간섭행위"라고 비난했다.[68] 7월 1일 중국 공산당 창당 68주년을 맞아 노동신문은 논평을 게재, "중국인민은 중국 공산당의 령도 밑에 최근 반혁명 폭란을 성과적으로 분쇄했다"고 하면서, 천안문 시위를 무력진압한 중국정부의 조치에 공식적인 지지를 표명했다.[69] 천안문 시위는 북한으로 하여금 섣부른 개혁개방이 체제 도전으로 연결될 수 있으며, 따라서 '우리식 사회주의'를 고수하는 것이 올바른 노선이라는 확신을 주었을 것으로 보인다.

천안문 사건은 북·중관계와 한·중관계의 변화 속도를 일정한 정도 늦추는 효과를 가져왔다. 모든 서방국가들이 중국에게 비난과 제재를 가하고 있을 때, 북한은 중국정부의 조치가 정당했다고 공개적인 지지를 지속적으로 표명했다. 국제적으로 고립된 상황에서 중국으로서는 북한이 보여 주는 유대와 일체감이 소중했을 것이다. 이 시기 북·중관

---

68   "파렴치한 내정간섭행위", 『로동신문』, 1989년 6월 11일 6면.
69   "중국 공산당 창건 68돐", 『로동신문』, 1989년 7월 1일 6면.

계는 양측이 모두 고립된 가운데 상호 유대를 강조하는 상황에 있었으며, 양측의 이해가 일치하는 범위에서 양국관계는 우호적으로 관리될 수 있었다. 중국은 북한의 통일정책에 대한 지지를 수시 표명했고, 양국 간의 「혈맹관계」를 강조했다. 1989년 8월 11일 장쩌민江澤民 총서기는 중국을 방문한 김용순 노동당 국제부장을 접견하고, "중국은 늘 그랬듯이 김일성 주석의 영도 아래 이루어지는 조선인민의 자주평화통일 노력을 지지할 것"이라고 말했다.[70] 8월 25일에는 츠하오티엔遲浩田 중국 인민해방군 총참모장의 초청으로 최광 북한 인민군 총참모장을 단장으로 하는 군사대표단이 일주일간 중국을 방문했다.[71] 9월 6일 중국 전인대 상무위원회 시중쉰習仲勳 부위원장은 손성필 최고인민회의 부의장이 이끄는 북한 대표단을 위한 연회에서 천안문사건 당시 중국정부의 조치를 지지해 준 데 감사를 표시하고, 중국 정부와 인민은 "조선반도 사태를 완화하려는 조선인민들의 정당한 투쟁과 그들의 조국을 자주적이고 평화적으로 통일하려는 노력을 단호히 지지한다"고 했다. 9월 19일 장쩌민 총서기도 이들을 만나 "피로써 맺어진 전투적 친선관계는 깨뜨릴 수 없으며 중국은 이를 소중하게 간직하고 있다"고 하고 북한의 통일방안에 대해 "시종일관되게 지지한다"고 말했다.[72]

1989년 11월 5-7일간 김일성 주석이 비밀리에 중국을 방문했다.[73] 연초 헝가리가 한국과 수교한 데 이어 11월 1일 폴란드가 수교에 합의했다. 중국도 소련의 뒤를 따라가는 모양새를 취하고는 있었지만, 연초부터 한국과 중앙 차원의 민간무역사무소 개설 문제를 논의하기 시작

70 "중국 김일성 통일방안 지지", 『동아일보』, 1989년 8월 12일.
71 "북한 군사대표단 방중", 『경향신문』, 1989년 8월 26일.
72 "중국 북한 통일방안 지지, 혈맹관계 지속 다짐", 『한겨레신문』, 1989년 9월 21일.
73 "김일성 돌연 중국 방문, 일본 언론 보도", 『동아일보』, 1989년 11월 6일. 이때 김일성의 비밀 중국 방문은 11월 13일 북한의 중앙통신과 중국의 신화통신에 의해 확인되었다.

했다. 미국에서는 8월 의회가 '넌-워너Nunn-Werner' 수정안을 채택하고 주한미군을 포함한 서태평양 주둔 군사력 감축 논의를 제기했다. 11월 8일 베를린 장벽이 무너졌다. 12월 2-3일간 몰타에서 미·소정상회담이 개최되었다. 김일성의 중국 방문은 국제정세가 이처럼 유동적인 상황에서 이루어졌다. 1989년 11월 13일 북·중 양국 언론은 김일성의 중국 방문을 공식 확인하면서, "전통적인 조중친선을 더욱 공고발전시킬 데 대한 문제와 국제정세 등 호상관심사로 되는 문제들에 대한 의견이 교환되었으며 토의된 모든 문제들에서 완전한 견해의 일치를 보았다"고 하고, "피로써 이겨낸 전통적인 조중친선을 대를 이어 끊임없이 공고발전시켜 나갈 데 대한 확고한 의지를 표명"했다고 보도했다.[74]

김일성이 북경역에 도착할 때 덩샤오핑, 장쩌민 및 리펑李鵬 총리가 모두 출영을 나갔으며, 귀국할 때도 장쩌민과 리펑 총리가 환송을 나가는 등 극진한 예우를 제공했다. 양측은 김일성 방중의 배경이나 이유에 대해 아무런 공식 발표를 하지 않았으나, 당연히 한반도문제가 가장 중요한 의제로 논의되었을 것이다. 천안문 사건 이후 고립된 상황이나 그 후 상황전개를 보면 당시 중국이 남한과의 관계발전에 일정한 제한을 두겠다는 것을 북 측에 약속했다고 보는 것이 타당할 것이다.

1990년 3월 14-17일간 장쩌민 총서기의 북한 방문은 천안문사건 이후 더욱 긴밀해진 북·중관계를 재확인하는 계기가 되었다. 3월 14일 노동신문은 환영 사설에서 "강택민 동지의 이번 우리나라 방문은 조중친선의 력사에 또 하나의 빛나는 장을 기록하게 될 뜻깊은 사변"이라고 했다.[75] 같은 날 저녁 환영 연회에서 김일성은 "그 어떤 복잡하고

---

[74] "위대한 수령 김일성 동지께서 중화인민공화국을 비공식 방문하시였다", 『로동신문』, 1989년 11월 14일 1면.

[75] "사설-형제적 중국인민의 친선의 사절을 뜨겁게 맞이한다", 『로동신문』, 1990년 3월 14일 2면.

준엄한 환경 속에서도 추호의 동요 없이 혁명의 기치, 사회주의의 기치를 높이 들고 전진할 것이며, 제국주의를 반대하고 사회주의를 건설하기 위한 공동위업 수행 과정에서 중국 인민들과 어깨 걸고 함께 싸워나갈 것"임을 강조했다. 장쩌민은 "개혁과 대외개방정책을 견지하면서 추호의 동요 없이 사회주의의 길을 따라 나갈 것"이라 하고, 미국에 대해 주한미군 철수와 3자회담 호응을 촉구하면서 북한의 통일방안에 대한 지지를 표명했다. 장쩌민 방북이 끝난 다음 3월 20일 리펑 총리는 전인대 제3차 회의 시정연설에서 중국의 대외관계에 언급하면서, "특히 북한과의 우호관계는 과거 그 어느 때보다도 견고하다"고 했다. 또한, "사회주의만이 중국을 구할 수 있다"고 하고, 중국이 자본주의로 돌아서게 되면 "필연적으로 계급간의 분극화를 초래, 절대다수의 인민들이 가난 속으로 빠져들게 될 뿐 아니라, 앞으로 오랫동안 사회적 불안이 확산되고 계급착취 사회의 전유물인 사기와 퇴폐 및 범죄가 판을 치게 될 것"이라고 언급했다.[76] 리펑의 발언이 있는 이 시기를 전후하여 북한에서도 자본주의를 비판하고 사회주의 고수를 주장하는 움직임이 대대적으로 전개되고 있었다.[77]

---

[76] "중국, 공산통치 고수", 『동아일보』, 1990년 3월 21일.

[77] 1990년 5월 5일 김정일은 노동당책임일꾼들과 한 담화 "사회주의의 사상적 기초에 관한 몇 가지 문제에 대하여"에서 "반사회주의적 사조는 일부 나라들에서 사회주의 제도를 침식하고 사회를 자본주의화하는 엄중한 후과를 빚어내고 있습니다. 이러한 사태는 주로 지난날 맑스-레닌주의를 지도적 지침으로 한다고 하면서도 로동계급의 혁명적 원칙을 견지하지 못하고 로선과 정책을 변화된 현실에 맞게 창조적으로 세워 나가지 못하던 나라들에서 조성되고 있습니다. 자주적으로 나아가는 나라들은 오늘도 변함없이 로동계급의 혁명적 원칙을 지키고 사회주의의 길로 나아가고 있습니다. 이런 나라들은 맑스-레닌주의를 적용하는 경우에도 자기 나라의 실정에 맞게 창조적으로 적용했으며 남이 어떻게 하든 그것을 맹목적으로 따라 가지 않았습니다"라고 했다. 김정일, "사회주의의 사상적기초에 관한 몇가지 문제에 대하여: 조선로동당 중앙위원회 책임일군들 앞에서 한 연설(1990년 5월 30일)", 『김정일 선집 10권』(평양: 조선로동당출판사, 1997), p. 88. 이러한 사상 특히 주체사상과 우리식 사회주의에 대한 강조는 1991년 5월 5일자 김정일이 노동당 중앙위 간부들과 한 담화에서 총체적으로 강조되었다. 김정일은 "자본주의사회에서는 집단의 리익과 개인의 리익이 대립되고 집단의 리익 위에 개인의 리익을 올려놓는 개인주의가 지배합니다. 개인주의는 필연적으로 사회적 불평등과 부익부, 빈익빈을 낳고 사람들 사이의 대립관계를 가져옵니다. 개인

3. 북·중동맹의 약화와 한·중수교

3.1. 중국의 대한반도 정책 변화

　남한에 대한 중국의 정책은 경제협력 강화를 가장 큰 요인으로 하여 추진되었다.[78] 남·북한의 대중국교역은 비교가 되지 않을 만큼 격차가 벌어지고 있었다. 당시 한반도에서 힘의 균형이 남한에 유리하게 이동하고 있다는 것은 누구에게나 명백해 보였다. 1990년대 초 북한의 GDP는 남한의 1/10 정도로 추정되었다.[79] 한·중 경제교류도 괄목할 만하게 증대하고 있었다.[80] 중국으로서는 확대일로에 있는 한국과의 경제협력을 인정하지 않을 수 없었다. 1990년 한국의 경상 GDP는 2,793억 불로서 외형으로 볼 때 중국 3,608억 불의 3/4에 달하는 수준이었다.[81] 중국에게는 한국이 새로운 기술, 특히 미국, 일본과는 다른

주의는 사회적 존재로서의 사람의 본성적 요구에 배치됩니다"고 주장했다. 김정일, "인민대중 중심의 우리 식 사회주의는 필승불패이다: 조선로동당 중앙위원회 책임일군들과 한 담화(1991년 5월 5일)", 『김정일 선집 14권(1990.10-1991.5)』(평양: 조선로동당출판사, 2012), p. 260.

[78]　중국이 경제협력을 목적으로 남한에 대한 접근을 할 수 있었던 것은 닉슨 방중과 미·중화해라는 국제적 구도를 배경으로 한 것이었다. 서태평양 지역에서 미국의 존재, 특히 주한미군에 대한 시각이 신축적으로 바뀌면서, 한반도 문제를 대미관계의 연장선에서 보는 진영논리가 아니라 "한반도 내의 경쟁적 정치세력 간의 분규"로 보게 되었다. 정재호, 『중국의 부상과 한반도의 미래』(서울: 서울대출판문화원, 2011), p. 49 참조.

[79]　양문수, 『북한경제의 구조: 경제개발과 침체의 메카니즘』(서울: 서울대학교 출판부, 2001), pp. 26-27. 표 2-2 "북한의 GDP 공식통계와 각 기관의 GNP 추정치" 참조. 북한은 1998년 UNDP에 1992-96년간 GDP 통계치(1992년 208.3억 불, 1993년 209.3억 불, 1994년 14.2억 불, 1995년 128.0억 불, 1996년 105.9억 불)를 제공한 이외에는 일체 GDP 통계를 발표하지 않고 있으며, 다양한 외부기관에 의한 추정치만 있을 뿐이다. 더구나, 이 추정치도 환율적용방식의 차이, 군사비 추정치의 차이 등에 따라 큰 편차를 보이고 있으며, 현재로서는 북한의 경제활동에 대한 신뢰성 있는 자료가 없는 실정이다. 한국은행이 추정하고 한국 정부가 발표한 1990년 북한 GDP는 231억 불이며, 이것은 당시 남한의 GDP 2,638억 불의 대략 1/10이라고 볼 수 있다.

[80]　1979년 1,900만 불에 불과하던 한·중 교역액이 1987년에는 16억 7,900만 불로 늘어났다. 1990년 북·중교역이 5억 불 수준에 머물고 있을 때 한·중교역은 이미 38억 불을 넘고 있었다. 정재호, 『중국의 부상과 한반도의 미래』(서울: 서울대학교 출판문화원, 2011), pp. 102-103 및 p. 213. 표 「7-3 북-중 및 한-중 교역 통계, 1980-1992」 참조.

중간단계의 기술과 자본의 공급처로서 대서방 교류와 교역의 한계를 극복할 수 있는 유력한 카드로 부상하고 있었다.

중국은 한국과의 관계개선에서 소련을 뒤따르는 모양새를 취하고 있었다. 1988년 12월 소련이 남한과 무역사무소 설치에 합의했다. 1989년 3월 중국은 한국과 중앙정부 차원의 민간무역사무소 설치에 대한 논의를 시작했다.

돌이켜 보면 북·중관계는 천안문 사건에서부터 1990년 3월 장쩌민 총서기 방북을 전후한 시기에 최고조에 이르고 있었다. 이 시기를 지나면서 중국의 한반도 정책에 미묘한 변화가 나타나기 시작했다. 1990년 3월 28일 치엔치첸 외교부장은 독일 통일과 중국 및 남·북통일의 방식에 관한 질문에 답하면서 '남·북한과 중국·타이완의 통일이 같은 방식으로 진행되지는 않을 것'이라 했다. 중국의 고위책임자가 처음으로 남·북한과 중국의 통일방식이 다를 수 있다고 언급했다는 점에서 관심을 끌었고, 중국이 한반도 통일문제와 관련하여 북한의 「하나의 조선」 원칙을 지지하는 입장을 바꿀 수 있다는 신호로 해석되었다.[82]

이 당시 남·북관계의 핵심은 남한이 현상을 인정하는 바탕위에서 교류와 협력을 확대하고 나아가 한반도 교차승인과 통일방안 합의를 추진한 반면, 북한은 명목상으로 「하나의 조선」 원칙을 고수하면서 교차승인과 같은 현상 인정을 거부하는 데 있었다. 1990년 6월 4일 샌프란시스코 한·소정상회담은 북한이 한반도의 현상을 인정하고 수용해 나가는 데 있어 하나의 전환점을 마련할 수도 있었다. 국내언론에서는 소련의 한국 승인이 교차승인의 길을 터줄 것이라는 전망이 나왔다.[83]

---

81 세계은행(World Bank) 공식 자료에서 인용함.

82 "중국, 「하나의 한국」 정책 변화 조짐", 『동아일보』, 1990년 3월 29일.

83 "한·소정상회담을 보고 좌담, 강대국 남·북한 교차승인 길 텄다", 『동아일보』, 1990년 6월 6일.

그러나 북한은 이것을 받아들이지 않았다. 북한은 김일성–김정일 권력승계를 포함한 체제안정을 도모하면서, 「하나의 조선」 원칙을 견지하고 연방제통일방안을 관철하기 위해 애를 썼다. 남·북한의 단일 국호에 의한 유엔가입을 주장하다가 나중에는 「단일의석 공동가입」이라는 비현실적인 방안을 제의한 것도 결국 「하나의 조선」 정책의 논리적 연장선에서 나올 수 있는 것이었다.

1990년 9월 4-7일간 서울에서 제1차 남북고위급회담이 열렸다. 기조연설에서 남 측이 상호체제 인정을 바탕으로 교류협력을 증진시키자고 한 데 대해, 북 측은 남·북의 국가실체를 인정하는 것은 분단을 고착하는 것으로서 수용할 수 없으며 정치군사적 대결상태를 종식시키는 일이 우선되어야 한다고 주장했다. 뿐만 아니라, 북 측은 유엔가입문제, 구속인사 석방, 팀스피리트T/S 한미합동군사훈련 중지 등 세 가지를 긴급과제로 제시하고, 제1차 회담에서 우선적으로 협의 해결하자고 제의했다.[84] 북한이 남북대화에 응한 것은 유엔동시가입을 저지하는 데 주목적이 있는 것으로 보였다.

이러한 북한의 정책을 추진하는 데 있어 관건은 중국과 소련의 후원이었다. 그런데, 1990년 후반에 들면서 이 부분이 결정적으로 위협받고 있었다. 소련 쪽은 이미 흔들리고 있었다. 1990년 6월의 한·소정상회담 이후 양국이 수교로 가는 것은 시간문제일 뿐이었다.

북한은 천안문 사건 이후 중국과의 유대강화에 의존하여 어려운 상황을 극복하려고 했다. 북·중동맹의 결속을 강화하는 움직임이었다. 1990년 4월 23일 중국 인민해방군 친선방문단을 접견한 자리에서 김일성은 중국정부의 천안문 진압을 격찬했다고 신화통신이 보도했다.[85] 북·중관계가 최고조에 달해 있는 모습을 보이고 있었다. 그러나

『남북대화 제51호』(서울: 국토통일원 남북대화사무국, 1990), pp. 45-52.

물밑에서는 변화가 일어나고 있었다.

이 시기 중국의 한반도정책은 직접당사자 간 협의, 즉 남북대화를 통한 긴장완화를 기조로 했다. 1990년 6월의 샌프란시스코 한·소정상회담과 그에 따른 수교전망은 중국이 남한과 관계를 개선하는 데 좋은 구실을 제공해 주고 있었다. 9월 1일 치엔치첸 외교부장이 방북길에 있는 셰바르드나제 소련 외상을 션양에서 만나 남북대화의 중요성을 확인했다. 9월 11-13일간 김일성이 션양을 비밀리에 방문하여 장쩌민을 비롯한 중국 최고수뇌부와 회동했다. 김일성이 직접 나섰지만 성과는 불분명했다. 오히려 중국이 한·중무역사무소 설치에 대한 김일성의 동의를 얻어냈다고 한다.[86] 북경 아시안게임 기간 이종옥 부주석이 방중하여 양상쿤楊尙昆 주석과 장쩌민 총서기를 면담했다. 이러한 노력에도 불구하고, 1990년 9월 28일 치엔치첸 외교부장은 유엔총회 기조연설에서 "남·북 분단 후 최초의 총리회담 성사는 남·북 관계개선에 매우 중요한 사건"이며, "우리는 남·북한이 이 회담을 시발점으로 궁극적으로 평화통일을 염두에 두고 대화를 통해 적대심과 오해를 제거하기 바란다"고 말했다.[87] 1989년 총회에서 중국이 북한과의 전통적 우호협력을 언급한 것에 비해서는 상당히 중립적인 방향

---

[85] "위대한 수령 김일성 동지께서 중국인민해방군 친선참관단을 접견하시였다", 『로동신문』, 1990년 4월 24일 1면. "김일성 밝혀, 천안문 유혈진압 지지", 『동아일보』, 1990년 4월 24일.

[86] 김일성의 1990년 9월 션양 방문은 당시 여러 정황보도가 있었음에도 불구하고 상당 기간 공식 확인되지 않은 채 비밀에 부쳐져 있었다. "김일성 극비 방중", 『경향신문』, 1990년 9월 12일; "김일성 주석 방중설, 일지 북경발로 보도", 『동아일보』, 1990년 9월 13일; "김일성 13일 북경 도착, DPA", 『매일경제』, 1990년 9월 14일; "김일성 주석 평양 귀환", 『한겨레신문』, 1990년 9월 15일. 그러던 중 2004년 치엔치첸 전 외교부장이 회고록에서 김일성 비밀방중 사실과 이 방중에서 한·중무역사무소 설치에 양해했다는 것을 확인했다. 치엔치첸, 유상철 옮김, 『열가지 외교이야기』(서울: 랜덤하우스중앙, 2004), p.158. 2012년 장팅옌 초대주한중국대사도 김일성방중과 한·중무역사무소 설치에 대해 같은 내용의 증언을 한 바 있다. 장팅옌, "역사의 선택 : 장팅옌(張庭延)초대 주한 중국대사가 말하는 중한수교 전말", 월간 잡지 『中國』, Vol. 55(2012년 8월), p. 23.

[87] "중국, 남북대화 적극 지지", 『경향신문』, 1990년 9월 29일.

으로 선회한 것이었다. 앞서 셰바르드나제 외무장관 회동에서와 마찬가지로, 치엔치첸은 여기에서도 북한에게 남북대화에 나서도록 압력을 넣고 있었다. 북·중동맹에서 북한의 발언권이 약화되고 있다는 것은 명백했다.

9월 30일 제45차 유엔총회가 개최되는 가운데, 소련이 남한과 국교수립에 합의했다. 미국은 북한에게 핵안전조치협정에 서명하고 남북대화를 재개해야 관계개선이 가능하다는 입장을 시종일관 분명히 하고 있었다. 일본도 남북대화를 종용하기는 마찬가지였다. 한국정부는 북한이 대화의 장으로 나오도록 미국과 일본, 소련과 중국을 통해 압박을 계속했다. 유엔단독가입 카드를 제시함으로써 북한이 대화에 나오지 않을 수 없도록 몰아갔다. 한·소국교정상화가 이루어지던 무렵, 북한은 남북고위급회담과 북·일 국교정상화 교섭을 시작했다.

북한으로서는 등을 떠밀리면서 대응해 나가는 형국이었다. 당시 북한의 상황인식은 1990년 10월 2일 주창준 주중북한대사가 국내 언론과 한 회견에서 잘 나타나 있다.[88]

– 남쪽의 노력은 기본적으로 「두 개 조선」을 국제적으로 합법화하려는 것으로 본다. 중국 정부는 공화국 정부에 남조선과의 수교는 있을 수 없다고 천명한 바 있다.
– 북·미 간에 참사관급 외교관이 접촉해 왔다. 우리는 더 높은 당국자 차원의 접촉을 원하고 있는 데 미국이 완강히 문을 닫고 있다. 주요 의제는 정전협정을 종전협정으로 하는 등 정치군사적인 것이다.

---

[88]   "주중북한대사 주창준, 미국과의 접촉 당국자 간 격상 희망, 남한 핵무기 있는 한 안전조치협정 무리", 『한겨레신문』, 1990년 10월 5일.

– 남조선에 미국의 핵무기가 있는 상태에서 핵안전조치협정에 가입하
 라고 요구하고 있으니 얼토당토않은 주장이다. 우리는 핵무기를 생
 산할 의사도 없고 도입할 생각도 없다.
– 과거 45년 동안 미국의 정책에 따라 대조선정책을 펴 온 일본의 변화
 를 환영하고 있다. 앞으로 일본이 합의한 내용을 실천하는 것이 중요
 하다고 본다.

  유엔가입, 한·중수교, 북·미접촉 격상, 북·미평화협정 체결, 핵사
찰 수용, 북·일국교정상화 교섭 등 당시 북한의 핵심과제가 망라되
어 있었다. 그중에서도 당장 시급한 과제는 유엔가입과 한·중수교였
을 것이다. 소련이 남한과 국교를 정상화하기로 한데 더하여, 중국도
10월 20일 남한과 민간무역대표부 개설에 합의했다. 대한무역진흥공
사와 중국국제상회가 서울과 북경에 각각 대표부를 교환키로 한 것이
다. 경제협력을 촉진하는 외에 사증발급 등 정부가 위임하는 업무도
취급할 수 있게 했다.
  1990년 11월 10일 김광진 인민무력부장이 이끄는 북한 군사대표
단이 중국을 방문했다. 김광진 대장은 남북고위급회담 차석대표이기
도 했다. 이어 11월 23-28일간 연형묵 총리가 중국을 방문했다. 11월
24일 면담에서 양상쿤 주석은 "두 나라 관계는 보통 관계가 아니라 형
제적인 관계"라고 했다.[89] 연형묵 총리는 리펑 총리와 회담하고 11월
26일 경제특구 설립 10주년 기념 차 선전深川을 방문하고 있는 장쩌민
총서기를 찾아가 면담했다. 정확한 면담 내용은 발표되지 않았으나
연형묵 총리가 북한의 경제사회문제를 책임지는 위치에 있었던 만큼

[89] "중화인민공화국 양상곤 주석이 우리나라 정무원 연형묵 총리와 만났다", 『로동신문』,
    1990년 11월 25일 1면.

개혁개방을 포함하여 경제협력 문제가 집중적으로 논의되었을 것으로 추측할 수 있다. 연형묵 총리는 11월 27일 북경으로 돌아와 리펑 총리와 함께 경제협력협정에 서명했다는 보도가 있었다.[90]

1990년 10월 3일 동서독이 통일했다. 11월 29일 유엔안보리는 찬성 12, 반대 2로 이라크에 대한 무력 제재를 결의했다. 1991년 1월 15일까지 쿠웨이트에서 무조건 철수하지 않을 경우 '필요한 모든 수단'을 강구한다는 내용이었다. 쿠바와 예멘이 반대했고, 중국은 기권했다. 12월 14일에는 노태우 대통령이 소련을 공식 방문했다. 북한으로서는 두 가지 모두 듣고 싶지 않은 소식이었을 것이다. 이라크가 무조건 철수를 거부함에 따라 1991년 1월 17일 미국을 비롯한 연합군은 이라크에 대한 총공세를 시작했다. 한편, 1991년도 팀스피리트T/S 훈련이 1월 25일 개시되었다.

1991년 초부터 중국은 천안문 사건의 여파를 벗어나고 있었다. 1990년 12월 25-27일간 제13기 당중앙위 전체회의가 끝난 직후 12월 27일 덩샤오핑이 중난하이中南海 투표소에 나타나 지방인민대표회의 대의원 선거에 참여했다. 덩샤오핑은 1989년 11월 7-9일간 제5차 전체회의에서 장쩌민에게 중앙군사위 주석 자리를 물려주고 은퇴했다. 1년여 만에 다시 모습을 드러낸 덩샤오핑은 공산당과 주요 조직에 친필 휘호를 하사하면서 존재감을 드러냈다. 당 간부들에게 "이념 문제로 다투면 안 된다"고 하고, "중요한 것은 경제를 발전시킬 방법을 찾는 일이다. 시장경제가 반드시 자본주의는 아니며, 계획경제가 반드시 사회주의도 아니다"고 역설했다.[91] 3월 8일자 홍콩 시사월간지 징빠오鏡報는

---

90   "북-중 경협 서명, 연형묵-이붕 총리", 『동아일보』, 1990년 11월 28일; "북한 식량난 극심, 중국에 원조 요청", 『경향 신문』, 1990년 12월 6일; "중국 북한 측에 석유공급 늘려", 『동아일보』, 1990년 12월 11일.

91   "A Year Later, Signs that Deng Guides China", *The New York Times*, January 29, 1991.

덩샤오핑이 증권시장 등 서방과 같은 금융시장을 설립하라고 하고, 상하이 인근 푸동浦東지역 개발을 촉구했다고 보도했다.[92] 3월 10일 인민일보는 실천과 실용을 강조하는 덩샤오핑의 1961년 12월 연설을 게재했다.[93] 이념투쟁보다 경제에 관심을 가지라는 덩샤오핑의 뜻이 담겨 있었다. 4월 8일 전국인민대표회의는 개혁파로 알려진 주룽지周鎔基 상하이시장을 부총리로 임명했다.

3.2. 남·북한 유엔동시가입

한·소수교 이후 남·북한의 유엔가입 문제가 초미의 관심사가 되었다. 1991년에 들면서 상황은 교차승인을 촉진하는 방향으로 움직이고 있었다. 리펑 총리는 4월 6일 중국을 방문한 나까야마 타로中山太郎 일본 외상을 만나, "일본이 더욱 적극적으로 행동해 국교를 정상화해 주기 바란다"고 하면서, 그렇게 되면 "북한도 고립으로부터 탈피할 수 있다"고 했다.[94] 리펑의 언급은 교차승인을 염두에 둔 것으로 이해된다. 남북대화를 통해 남·북관계가 개선되고 북일대화에도 진전이 있으면 중국이 한·중관계를 발전시켜 나갈 수 있는 공간도 넓어진다.

1991년 4월 7일 한국은 유엔가입을 신청하겠다는 의사를 유엔안보리에 통보했다. 올해 안에라도 남·북이 유엔에 동시가입하기를 바라지만 여의치 않을 경우 한국 단독이라도 가입에 필요한 조치를 취할 것이라고 했다.[95] 중국은 반대 입장을 제시하지 않았다.

1991년 5월 3-6일간 리펑 총리가 북한을 방문했다. 중국이 개혁

---

92   "중국 증시 도입 등소평 촉구", 『동아일보』, 1991년 3월 8일.
93   "China Issues '61 Deng Speech Stressing Shift from Ideology", *The New York Times*, March 11, 1991.
94   "일에 대북 수교 촉구", 『경향신문』, 1991년 4월 8일.
95   "유엔가입신청 안보리 통보", 『경향신문』, 1991년 4월 8일.

개방 전략을 재확인한 시기에 방북이 이루어진 만큼, 리펑은 전반적으로 정세를 안정시키는 방향으로 이야기를 많이 했을 것으로 추측된다. 리펑 방북이 이루어진 다음 북한은 두 가지 외교 사안에 대해 변화된 입장을 표시했다. 첫째, 1991년 5월 27일 북한 외교부는 "남조선 당국자들의 분열주의적 책동으로 말미암아 조성된 정세에 대처하여 불가피하게 취하게 되는 조치"로서 남·북한의 유엔동시가입에 찬성키로 했다고 성명을 발표했다.[96] 둘째, 5월 28일 북한은 IAEA측에게 안전조치협정 체결 교섭을 시작하겠다는 공한을 송부했다.

두 가지가 모두 당시 북한 외교에서 핵심적인 중요성을 지닌 사안이었다. 유엔가입문제는 리펑 방북 기회에 양측이 논의했다. 연형묵 총리와 회담하는 자리에서 리펑 총리는 "올해도 유엔총회 기간 한국이 다시 유엔가입을 신청하면 중국은 더 이상 반대 태도를 유지하기 어렵다. 그리고 한국이 단독가입에 성공하면 북한이 이후 가입하려 해도 어려움이 따를 것"이라고 했으며, 리펑 총리를 접견한 김일성은 "중국과 협조적으로 협력해 나갈 것"이라고 말했다.[97] 리펑 방북 시 양측이 핵문제를 논의했는지에 대해서는 밝혀진 자료가 없다. 중국 스스로 NPT에 가입하지 않았으면서 북한에게 NPT 의무 이행을 적극적으로 권고하기는 쉽지 않았을 것이다. 다만, 북한이 5월 27일에 유엔에 가입하겠다는 의사를 표명하고 이어서 5월 28일에 IAEA에 공한을 보낸 것을 보면 북한이 한·소수교 이후 국제사회와의 전반적인 관계개선의 일환으로 핵심 외교사안에 대한 입장을 현실적으로 조정하고 있었

---

96 "조선민주주의인민공화국 정부가 유엔에 가입하는 길을 택하게 된 것은 남조선당국자들에 의하여 조성된 일시적 난국을 타개하기 위한 조치이다: 조선민주주의인민공화국 외교부 성명", 『로동신문』, 1991년 5월 29일 3면; 이상옥, 『전환기의 한국외교』(서울: 삶과 꿈, 2002), p. 85; "North Korea Reluctantly Seeks U.N. Seat", *The New York Times*, May 29, 1991.

97 첸치천, 유상철 옮김, 『열가지 외교이야기』(서울: 랜덤하우스중앙, 2004), p. 158.

으며, 리펑 총리 방북은 그 과정에서 양측이 전략적인 협력을 확인하는 계기가 되었을 것이다. 전략적인 협력이라지만 사실은 중국이 변화를 종용하고 북한이 이를 불가피하게 수용하는 모양새였을 것이다.

이와 관련하여 한 가지 특기할 사항은 리펑 방북 때 중국 측이 경화결제 방침을 통보했을 가능성이 크다는 점이다. 중국의 경화결제 방침 통보는 리펑 총리 방북을 수행한 직후 일본에 온 리란칭李嵐淸 대외경제무역부장이 나까야마 외상을 만난 자리에서 확인했다고 한다.[98]

북한의 유엔가입문제는 6월 17-20일간 치엔치첸 외교부장 북한 방문 때 다시 한 번 논의되었다. 6월 17일 환영연회에서 치엔치첸 부장은 최근 북한이 유엔가입을 결정한 것과 관련하여 "이 중대하고 긍정적인 조치는 세계 여러 나라들의 광범위한 환영을 받고 있다"고 하고 북한이 "나라의 자주적 평화통일을 위하여 취한 모든 조치를 전적으로 지지할 것"이라고 했다.[99] 6월 19일 치엔치첸을 접견한 김일성은 "남·북유엔가입문제는 상황이 어떻건 한꺼번에 처리해야 한다", "만일 이를 나눠 토론하게 되면 미국은 반드시 핵사찰 문제를 내세워 부결권을 행사할 것이고 그렇게 되면 북한의 입장은 매우 어렵게 된다", "유엔문제에 있어 북한은 중국에 부담을 주지 않을 것이며 중국 또한 북한을 어려운 입장으로 만들지 않기를 바란다"고 당부했다. 김영남도 치엔치첸과 회담하면서 "한국의 유엔단독가입을 북한은 방치만 하고 있지는 않겠다"고 했으며, 남·북한의 가입신청을 한 데 묶어 처리함으로써

---

[98] "북한-중국 교역 달러 결제", 『매일경제』, 1992년 5월 16일. 중국이 북한에게 경화결제 방침을 통보한 정확한 시점은 확인되지 않고 있으나 1991년 10월 김일성 방중 시 경화결제 연기를 요청했다는 언급이 있는 것을 보면 리펑 총리 방북 시 이 문제에 대해 양측 간 의견교환이 있었던 것은 사실로 보인다.

[99] "사회주의 강대국을 건설하기 위한 중국인민의 투쟁에서 보다 큰 성과가 있을 것을 축원한다: 김영남 외교부장의 연설", "중국정부는 조선인민이 나라의 자주적 평화통일 위업을 위하여 취한 모든 조치들을 전적으로 지지할 것이다: 전기침 외교부장의 연설", 『로동신문』, 1991년 6월 18일 3면.

북한의 가입이 부결되고 남한만 단독 가입하는 최악의 사태가 일어나지 않도록, 필요한 경우 중국이 거부권을 행사해 줄 것을 요청했다.[100]

1991년 중반 북한은 대외관계에서 변화를 보이고 있었고 국제사회는 북한이 보다 개방적인 자세로 나올 것을 기대하고 있었다. 먼저 북·미관계가 개선되고 있었다. 미국은 그동안 북한 측에 핵사찰 수용, 남북대화, 대미 비방 중지, 미군유해 송환, 테러 포기 등을 관계개선의 조건으로 제시해 두었다. 북한은 이들 조건을 충족하는 방향으로 조금씩 접근하고 있었다. 최대 현안인 핵사찰 문제와 관련하여 IAEA와 안전조치협정에 서명하고 협정 체결 협상을 시작하겠다고 약속했다. 마지못한 것이지만, 남북고위급회담을 진행하고 남·북 유엔동시가입도 수용했다. 미군 유해송환에도 성의를 보이고 있었다. 미국과 중국이 수교할 때와 마찬가지로 북한과 미국이 수교에 이르는 데는 시간과 노력이 더 필요한 것이지만, 적어도 이 시기 양국관계가 정상화의 방향으로 움직이고 있던 것은 틀림없어 보인다. 일본도 북한과의 관계개선에 적극성을 보이고 있었고, 조기 수교 가능성에 대한 낙관적인 분위기가 있었다. 이상옥 외무장관은 1991년 7월 18일 방송기자클럽 오찬간담회에서 남·북한과 주변 4강의 수교는 북한·일본, 한국·중국, 그리고 북한·미국의 순으로 이루어질 것이라고 예상했다.[101]

중국은 한반도의 현상을 공고히 하는 방향으로 상황을 몰아가고 있었다. 8월 2일 홍콩의 시사월간지 정밍爭鳴은 중국이 한반도에서 미국의 영향력이 갈수록 커지는 것을 보고 북쪽이라도 사회주의를 유지하기를 바라며, 이를 위해 북한이 「2국2제2國2制 통일방식」을 받아들여 남한과 같이 유엔에 가입하도록 강력히 설득했다고 주장했다.[102] 보도의

---

100   첸치천, 유상철 옮김, 『열가지 외교이야기』, p. 159.
101   "북한-일 수교 한-중 앞서, 이상옥 외무", 『한겨레신문』, 1991년 7월 19일.

진위를 확인할 방법은 없지만, 북한이 유엔동시가입을 '남한의 단독 가입방지'라는 고육지책으로서 뿐만 아니라 남북의 「공존」을 염두에 두고 결정했을 가능성도 있다. 북한 평화군축연구소 김병홍 부소장은 6월 20-23일간 방북한 스틸웰Richard G. Stilwell 전 주한미군사령관을 비롯한 미국 안보전문가들과의 협의에서 "중국은 마카오와 홍콩에 「공존」 체제를 갖고 있으며 타이완은 중국에게 자본주의를 강요하지 않고 중국은 타이완에게 공산주의를 강요하지 않고 있다"고 언급했다.[103]

1991년 9월 8일 중국 측은, 북한 정권 창건 기념일을 맞아, 장쩌민 총서기, 양상쿤 주석, 완리萬里 전인대 상임위원장 및 리펑 총리 공동명의로, "국제정세가 어떻게 급변한다 해도 중국은 지난날과 마찬가지로 전통적인 중조친선협조관계를 발전시켜 나가기 위하여 모든 노력을 다할 것"이라는 축전을 김일성 주석과 연형묵 총리에게 보냈다.[104] 9월 30일 김일성은 중국 건국 기념일을 맞아, 장쩌민, 양상쿤, 완리 앞 축전을 통해 조중친선이 "공동의 목적과 리상을 실현하기 위한 투쟁을 통해 피로서 맺어지고 온갖 시련 속에서 공고화된 불패의 친선"이라 하고, "현 국제정세가 복잡할수록 전통적인 조중친선은 더욱 강화될 것이며, 우리 두 나라 인민들은 평화와 사회주의 위업의 승리를 위하여 언제나 어깨 걸고 함께 나갈 것"이라 했다.[105]

1991년 8월 소련 공산주의 쿠데타가 3일천하로 끝났을 때 북한과 중국은 함께 실망했을 것이다. 쿠데타가 3일천하로 끝나고 만 것은 공산주의가 더 이상 대세가 될 수 없다는 것을 재확인해 준 의미도 있었다.

---

[102] "중국, 북한에 2國2制案 권고", 『동아일보』, 1991년 8월 3일.
[103] "북한 중국식 「공존」 희망", 『경향신문』, 1991년 9월 10일.
[104] 『로동신문』, 1991년 9월 9일 1면.
[105] 『로동신문』, 1991년 10월 1일 1면.

쿠데타 실패를 계기로 북한은 중국과의 관계가 불가결하다는 것을 재삼 인식했을 것이며, 중국도 사회주의 동맹국으로서 북한과의 관계를 지속할 필요성을 재확인했을 것이다. 8월 24일 김영남 외교부장이 북경을 방문, 치엔치첸과 회담했다.[106] 소련 사태에 대한 평가와 유엔가입문제를 포함한 향후 대응을 협의하는 데 목적이 있었을 것이다.

1991년 9월 17일 북한이 「두 개 조선 조작 책동」이라면서 반대하던 남·북한의 유엔동시가입이 결정되었다. 이것은 상징성이 큰 사건이었다. 한반도에 두 개의 정치적 실체가 존재한다는 것을 국제사회가 확인한 것이다. 북한은 남한의 단독가입을 방지하기 위해 불가피했다고 말했지만, 일단 동시가입이 이루어진 다음에는 긍정적인 측면을 부각하려고 애썼다. 9월 19일 유엔총회에 참석한 강석주 외교부 부부장은 "유엔가입으로 조미관계 개선의 조건이 유리해졌다"고 하고, 한·중수교와 관련하여 "우리는 이론적으로 교차승인을 반대하지만, 조선반도를 위해 우리와 미국이 관계를 맺을 수도 있고 남조선과 중국의 문제는 또 그것대로 나아가는 것"이라고 말했다.[107] 한·중수교와 북·미관계를 연계시키지 않는다는 입장을 표시한 것으로 해석된다.

3.3. 한·중수교

1991년 10월 2일 유엔에서 최초의 한·중외무장관회담이 개최되었다. 유엔가입 후 남·북한관계, 제3차 아·태각료회의APEC 서울 개최 문제, 북한 핵문제, 국교수립을 포함한 양국관계 발전 등 폭넓은 의제가 논의되었다. 수교와 관련하여, 한국 측이 "한·중수교는 두 나라의 상호이익에 부합할 뿐만 아니라 북한의 대일본 및 대미국 관계 정상화

---

106 "북 김영남 돌연 방중", 『경향신문』, 1991년 8월 25일.
107 "북한 한-중수교 수용 시사", 『경향신문』, 1991년 9월 21일.

와 개선에도 도움이 될 것"이라고 강조한 데 대해 중국 측은 "양국이 과도기적인 관계를 유지하는 가운데 조용히 실질적인 관계를 발전시켜 나가는 것이 중요"하다고 대응했다.[108] 한국 측은 이 회담을 통해 "양국 국교정상화를 향한 하나의 이정표roadmap를 상정하는 것이 가능해졌다"고 평가했다.[109]

남·북한의 유엔동시가입이 이루어진 직후, 10월 4-13일간 김일성이 중국을 방문했다. 유엔에서 한·중외무장관회담이 열리고, 북·소 관계 악화와 소련의 경제난으로 북한이 중국의 경제, 군사적 지원을 절실히 필요로 하는 상황에서 이루어졌다. 김일성 생애 39번째가 되는 방문에서 중국 측은 장쩌민 총서기, 양상쿤 주석, 리펑 총리가 출영하는 등 극진한 환대를 제공했다. 그러나 표면적인 환대에 버금가는 수준으로 중국 측이 김일성의 기대나 희망을 충족시켜 줄 수 있었는지는 의문이다. 한·중수교와 관련하여, 김일성은 장쩌민 등 중국 수뇌부를 만나 한국과 공식관계를 수립하지 말 것을 요청하여 중국 측은 "남한과의 관계로 북한을 해치지 않도록 할 것이며 남한과의 공식관계 수립은 시기와 방법을 심사숙고하여 정할 것"이라는 입장을 설명했다고 한다. 덩샤오핑 면담에서는 "북한이 미국과 수교할 때까지 중국이 한국과 수교하는 일이 없기를 요청했으며 덩샤오핑이 이에 사실상 동의했다."[110]

김일성과 중국 지도자들 간의 면담에서 중국 측은 기본적으로 4가지 사항을 김일성에게 언급했다. 첫째, 북한도 중국처럼 공산당 일당독제체제를 유지하면서 개혁개방을 할 수 있으니 개혁개방에 나서라. 둘째, 북한이 경제발전을 하려면 한반도 평화가 절대적으로 필요하다.

---

108   이상옥, 『전환기의 한국외교』, pp. 134-138.
109   이상옥, 『전환기의 한국외교』, p. 138.
110   이상옥, 『전환기의 한국외교』, p. 140.

지금 남북고위급회담을 하고 있는데, 조속히 성공시켜서 남·북관계를 개선해야 한다. 셋째, 아시아의 안정과 번영을 위해서는 미국, 일본과 관계를 개선해야 하며 이를 위해서는 핵문제 해결이 필요하다. 넷째, 미국과의 관계 정상화를 위해 핵무기개발 의혹해소와 북·미관계 정상화를 연계하라는 것이었다고 한다.[111]

김일성의 방문을 맞아 중국 측은 개혁개방의 필요성을 집중적으로 강조한 것으로 보이며, 핵문제는 미국, 일본과의 관계개선을 말하는 과정에서 자연스럽게 거론되었을 것이다. 핵문제와 관련하여 중국은 연내에 NPT에 가입할 예정임을 설명했다. 또한 한반도 비핵지대화에 대한 지지를 표명했고 모든 문제를 당사자 간 협의를 통해 해결하기를 희망했다. 북 측은 주한미군 핵무기가 철수되면 핵안전조치협정 체결에 도움이 될 것이라고 했다. 국제정세와 관련하여, 중국 측은 현재 "하나의 초강대국만 존재하고 있지만 향후 미국, 유럽공동체EC, 일본, 새로운 소연방, 중국 등 주요 국가 간의 다극화 방향으로 나아가는 것이 필연적인 추세"라 하고, 중국 측은 동남아 국가들과 관계를 강화해 나갈 생각이라면서 북한에 대해서도 가능한 많은 국가와 우호관계를 유지할 것을 권고했다고 한다.[112]

김일성 방중에 관한 언론보도에서 중국이 북한의 통일방안을 지지했다는 언급은 나타나지 않았다. 오히려, 장쩌민은 김일성 방중 기간인 10월 8일 중국을 방문한 일본 공명당의 이시다 코시로石田幸四郎를

---

111 임동원 전 장관은 당시 중국 지도층이 이러한 4가지 조언을 김일성에게 제시했고, 이것이 김일성으로 하여금 대내외정책에서 '전략적인 전환'을 하도록 했다고 증언했다. 또한 김일성은 이 조언을 받아들여 (1)나진·선봉지역을 개방했고, (2)12월 중순에 노동당 정치국회의에서 남북기본합의서 채택을 결정했으며, (3)한반도 비핵화 공동선언을 채택하기로 결정했고, (4)핵개발의혹해소와 북·미관계개선을 연계하는 '전략적 결정'을 내렸다고 주장했다. 신욱희·조동준 면담·편집, 『구술사료선집 7: 고위관료들, '북핵위기'를 말하다』(과천: 국사편찬위원회, 2009), pp. 157-158.
112 이상옥, 『전환기의 한국외교』, p. 141.

만나서는 "과거 함께 싸운 동지이고 강한 유대로 맺어져 있지만, 중조는 동맹국은 아니다. 한반도의 통일문제는 자신들이 해결할 문제이고, 기본적으로 평화공존 5원칙에 기초하여 노력해 나가야 한다"고 언급했다고 한다.[113] 장쩌민 총서기의 발언은 한반도에 두 개 국가가 공존하고 있다는 명백한 인식에서 나올 수 있는 것이었다. 따라서 10월 방중에서 김일성이 극진한 환대는 받았지만, 실질 문제에서 원하는 언질을 확보하지는 못했다고 보는 것이 타당하다.

한편, 치엔치첸은 부시 대통령이 전술핵무기 철수를 선언한 직후, 10월 4일 비엔나 방문에서 "중국은 남·북한 어느 쪽도 핵무기를 보유하는 것을 원치 않는다", "한반도에서 핵무기가 개발되는 것은 한반도뿐만 아니라 중국에도 바람직스럽지 않다", "북한 핵시설에 대한 국제사찰과 한국에 배치된 미국 핵무기 철수는 별개의 사안"이라고 언급한 바 있다.[114] 북한의 핵무기 개발에 대한 반대의 뜻을 분명히 표명한 것이다. 북한 핵사찰과 주한미군 핵무기가 별개 사안이라는 말은 두 가지를 연계하는 북한의 입장과 명백히 다르다. 다만, 중국은 북한의 핵개발에 찬성하지 않지만 그것을 저지하기 위해 압력을 행사하는 데도 찬성하지 않았다. 11월 14일 APEC 계기 한·중외무장관회담에서 치엔치첸 부장은 "한반도의 어느 쪽도 핵무기를 보유하는 데 반대한다는 입장을 평양에 전달한 바 있으며 핵사찰도 수락하는 것이 좋겠다고 권고한 바 있다"고 하면서, 그러나 "핵사찰 문제를 일본과의 수교, 미국과의 관계개선 문제와 연계시킬 경우 북한으로서는 이를 받아들이기 어렵다는 입장이라고 하고 그래서 조용히 일을 진행시키는 것이 필요하다"고 말했다고 한다.[115]

---

[113] 히라이와 순지, 이종국 옮김, 『북한·중국관계 60년: 순치관계의 구조와 변용』(서울: 선인, 2010), p. 313.
[114] "중국, 북한 핵개발 반대", 『동아일보』, 1991년 10월 5일.

전반적인 여건이 무르익은 가운데 한국 정부는 수교를 적극 밀고 나갔다. 한·소수교가 이루어진 후 한국 외교의 다음 목표는 당연히 한·중수교가 되어 있었다. 1991년 11월 12일 노태우 대통령은 APEC 각료회의 참석차 서울에 온 치엔치첸 외교부장을 따로 불러, 한·중수교에 대한 희망을 중국 최고지도부에 전해달라고 했다. 이때 노대통령은 양국이 상고 이래 5,000년 동안 다른 어느 나라보다 긴밀한 관계를 가져왔으며, 두 나라가 지난 반세기의 관계 단절을 극복하여 국교를 수립하는 것은 역사적인 사명이라 하고, 400년 전 임진왜란 시 일본의 '정명가도征明假道', 즉 명나라 정벌을 위해 조선에게 길을 열어 달라고 했을 때 조선은 중국과의 의리 때문에 이에 반대해 큰 인적, 물적 희생을 겪었던 일을 상기시켰다고 한다.[116]

이러는 가운데 남·북관계에서도 가시적인 변화가 일어났다. 1991년 12월 남북한은 화해협력과 불가침에 관한 기본합의서를 채택했다. 기본합의서가 남·북관계를 국가와 국가 관계가 아니라 통일을 전제로 하는 잠정적이고 특수한 관계로 정의했지만, 유엔동시가입과 기본합의서 채택을 통해 남·북관계가 안정되는 모양새를 취함으로써 일단 남북직접당사자들 사이에서 한반도 분단의 현상 유지에 관한 합의가 성립된 것으로 볼 수 있다. 북한이 고수해 온 「하나의 조선」 원칙은 현실에서 「두 개 조선」으로 바뀌었다. 앞서 장쩌민 총서기가 남·북관계는

115   이상옥, 『전환기의 한국외교』, p. 147.
116   이상옥, 『전환기의 한국외교』, p. 144. 당시 노태우 전 대통령이 언급한 임진왜란의 사례는 결국 한국이 중국의 방패역할을 했다는 것이며, 이것은 바로 북·중 관계에서 말하는 '순치'의 뜻이다. 중국을 두고 남과 북이 각각 '순치'의 관계를 강조하고 있다는 사실이 흥미롭다. 노태우 대통령의 이 말이 당시 중국 측에게 어떻게 받아들여졌는지, 또한 이것이 한·중수교를 촉진하는 데 얼마만큼 기여했는지는 알려진 바 없다. 다만, 노태우 전 대통령은 이 말을 들은 치엔치첸 부장이 "상당히 감동하는 표정"이었고 나중에 "양상쿤 국가주석을 만나 확인해 보니, 치엔치첸씨가 그대로 전했다"라고 회고했다. 조갑제, 『노태우 육성회고록-전환기 대전략』(서울: 조갑제닷컴, 2007), pp. 102-103.

평화공존 5원칙에 따라 결정될 문제라고 한 시각에서 본다면 북·중관계와 한·중관계도 평화공존 5원칙에 따르는 통상적인 국가관계라고 보는 것이 당연하다. 중국으로서는 남한과 국교를 정상화할 수 있는 명분을 확보해 가고 있었다.

1992년 1월 26일 북한은 중국과 경화결제를 포함한 무역협정을 체결했다. 1월 27일자 아사히신문이 평양발 신화통신을 인용하여 보도한 바에 따르면, 북한 한수길 무역부 부부장과 중국 대외경제무역부 왕원동王文東 부부장 간에 서명된 협정에서 양국은 (1)지금까지의 구상무역을 현금결제로 바꾸고, (2)자유로이 태환할 수 있는 화폐로 지불 및 결제를 하며, (3)상품가격은 국제시장가격을 참작해 결정하기로 합의했다.[117] 당시 중국 측 통계에 따르면, 1990년 중국의 대북한 수출은 3.6억 불, 수입은 1.2억 불로 집계되었다.

한·중국교정상화 과정은 마무리 수순에 들어갔다. 중국에서는 1992년 1월 18일부터 2월 21일까지 덩샤오핑이 개방의 최전선인 선전深川, 주하이朱海, 상하이上海 등을 순회하면서 당 전체에 대해 시장화와 개방을 촉구하는 격문을 보낸 소위 남순강화南巡講話가 있었고, 이에 힘입어 개혁개방과 시장화는 더욱 가속화되어 갔다. 4월 5-13일간의 제5차 전인대에서 덩샤오핑의 개혁노선이 공식적으로 재확인되었다. 이 시기를 고비로 하여 중국에 대한 해외직접투자가 폭발적으로 증가하기 시작했다.

---

[117] 중국은 1991년 5월 리펑 총리 방북 시 경화결제방식을 요구한 바 있으나, 김일성이 11월 방중 때 이의 실시를 연기해 달라고 했다고 한다. "북한-중국 새 무역협정 체결, 현금결제방식 도입", 『매일경제』, 1992년 1월 27일. 또한, 1992년 1월 26일자 협정에서 양측이 경화결제에 합의했다고 하나, (1)언제부터 경화결제를 실시하는지, (2)시장가격을 "참작해 결정한다"는 말의 의미가 무엇인지는 분명하지 않다. 중국은 경화결제를 실시하기에 앞서 1991년 단동시를 중심으로 현금결제방식을 시험적으로 실시한 바 있다고 교토통신이 홍콩의 중국계 新晩報를 인용 보도한 바 있다. "'중-북한 현금 결제 작년에 시험 실시", 『동아일보』, 1992년 2월 1일. 1992년 12월 29일 리란칭 중국 대외경제부장은 중국을 방문한 강정모 북한 대외경제위원회 부위원장에게 1993년부터 현금결제를 요구할 방침임을 통보했다고 한다. "중, 대북현금결제 요구", 『경향신문』, 1992년 12월 31일.

한·중관계 개선에 대한 중국 측의 수요도 계속 커지고 있었다. 제5차 전인대가 덩샤오핑의 개혁노선을 재확인하고 끝난 1992년 4월 13일, 치엔치첸 외교부장은 이상옥 외무장관에게 수교를 위한 비밀 교섭을 제의했다.[118]

1992년 4월 13-17일간 양상쿤 주석이 김일성 80회 생일을 축하하기 위해 평양을 방문했다. 치엔치첸 전 외교부장은 이때 양상쿤 주석이 김일성을 만나 '당중앙의 위탁'에 따라 한·중수교 교섭 방침을 전했다고 회고했다.[119] "국제정세와 우리의 대외관계를 분석할 때 중국은 한국과의 수교를 고려하지 않을 수 없다. 그러나 북한의 통일 사업은 예전과 같이 지지한다"고 했고, 김일성은 "현재 한반도가 미묘한 시기로 북한은 중국이 중·한관계와 북·미관계를 조화시켜 처리해 주기를 바라며 중국이 좀 더 깊이 생각해 줄 것을 희망"했다고 한다. 장팅옌 전 주한대사도 이에 관해 회고하면서 "당시 북한 측이 다른 의견을 제시하면서 중국이 한국과의 수교를 1년만 잠정 연기해 줄 것을 희망했지만 우리 중앙이 이미 방침을 확정했기 때문에 이에 대해 아무런 언질도 주지 않았다"고 기술했다.[120] 단, 이 당시 북·중 간에는 한·중수교가 이미 기정사실로 되어 있었다고 보는 것이 맞을 듯하다. 양상쿤 주석 방북 이전인 3월 상순 북한 노동당 중앙위원 1명이 김일성의 특사로 중국을 방문하여 장쩌민, 양상쿤 등 중국 지도부를 면담하고 "한·중수교를 주한미군 철수 및 일본과 북한 간 수교 후로 연기하는 것을 비롯하여 석유공급, 농산물 및 경공업 제품 도입을 위한 차관 제공, 최신 해군

118 이상옥, 『전환기의 한국외교』, p. 168.
119 첸치천, 유상철 옮김, 『열가지 외교이야기』, pp. 162-163.
120 장팅옌, "역사의 선택: 장팅옌(張庭延) 초대 주한중국대사가 말하는 중한수교 전말", 월간 잡지 『中國』, Vol. 55(2012년 8월), p. 25; 김하중 구술·김한권 면담, 『한국 외교와 외교관: 김하중 전 통일부 장관: 한·중수교와 청와대 시기』(서울: 국립외교원 외교안보연구소 외교사연구센터, 2018), p. 115.

함정 및 대공무기 제공, 일본과 북한 간 수교 지원 등 다섯 가지 요청사항을 제시"했으며 중국 측은 경제협력 및 북·일수교교섭 지원은 약속했으나 군사장비 제공에는 난색을 표했으며 한·중수교는 이미 당과 국무원에서 결정한 사항임을 설명했다고 한다.[121] 양상쿤 주석의 4월 방문은 이미 알려진 내용을 김일성에게 직접 전달하는 데 목적이 있었다고 볼 수 있다. 방북이 끝난 다음날 4월 18일 인민일보는 최근 남북한 관계가 개선되어 평화통일이 조기에 실현될 가능성이 높아졌다고 강조하는 사설을 게재했다.[122] 중국이 남한과 수교를 하는 데 있어, 그것이 중국의 이익에 부합할 뿐 아니라 한반도 정세를 안정시키는 데 기여할 수 있다고 설명하는 것이 중요하며, 이러한 명분을 확보하는 데 있어 남·북관계 개선은 핵심적인 요소가 된다. 따라서 중국이 이 시점에 굳이 남·북관계 개선을 언급한 것은 한·중수교를 정당화하려는 노력의 일환이었다.

1992년 5월 13-14일간 제1차 예비회담을 시작으로 한·중수교회담이 비밀리에 시작되었다. 중국 측은 남북한 관계와 관련하여 "평화공존 5원칙을 적용할 것"이라 하고 "한반도의 남북 인민들이 통일을 갈망하는 마음을 이해하고 이를 지지한다"고 말했다. 핵문제와 관련하여 중국 측은 "남북한 어느 쪽도 핵무기를 보유하는 데 반대하며 한반도의 비핵화를 지지한다"고 하고, "남북한이 진지한 협상을 통하여 핵사찰 문제를 해결하기를 요망"했다.[123]

6월 6일자 북경방송은 「어느 정도 개선되고 있는 북·미관계에 대해서」

---

121 이상옥, 『전환기의 한국외교』, p. 236.

122 "김일성 한·중수교 양해", 『경향신문』, 1992년 4월 21일.

123 이상옥, 『전환기의 한국외교』, pp. 210-211. 한·중수교회담에서는 한·타이완 관계와 중국의 한국전쟁 참전 문제에 관한 논의가 가장 어려웠던 부분이었으나 이는 주제와 연관성이 적어 여기에서는 논하지 않는다.

라는 논평을 게재, '1월 22일 김용순-캔터 회담 개최, 4월 12일 김일성이 워싱턴타임스 회견에서 북·미관계 개선을 희망한 사실, 5월 13일과 5월 28일 북한이 미군유해 30구를 송환한 사실' 등을 '사람들의 주목을 끈 환영할 만한 사태진전'이라 평가하고, 최근 미국·북한 간 교류와 접촉이 늘어남에 따라 '실질적인 양국관계 개선'이 반드시 이루어질 것이라고 보도했다.[124] 중국 언론의 이러한 보도는 한·중수교를 염두에 두고 그에 상응하는 북·미관계의 개선을 찾으려는 의도적인 노력의 일환이었다. 7월 20일 북경방송은 7월 19–25일간 김달현 대외경제협력부장의 남한 방문을 보도하면서, "지난 반세기 동안 경제를 주관하는 남북 최고위급 각료들 사이의 첫 상봉"이며, "쌍방 관계가 실질적 협조와 교류단계에 들어가고 있다는 것을 보여 주는 것"이라고 평가했다.[125] 중국은 한·중수교가 남북교류가 활성화되는 시기에 이루어지는 것임을 보여 주고자 한 듯하다.

1992년 8월 24일 한국과 중국은 반세기에 걸친 적대관계를 청산하고 국교를 정상화하는 협정에 서명했다. 한국이 1974년 6월 23일 특별선언을 통해 추구한 목표가 바로 한반도 주변 4강, 즉 미국, 일본, 소련, 중국과 남북한의 수교와 유엔가입이었다.[126] 남한의 입장에서 볼 때 한·중 국교정상화는 18년 전 시작한 외교적 대장정을 마무리하는 의미가 있었으며, 노태우 대통령으로서는 북방외교의 대단원에 들어서는 셈이었다. 한·미, 한·일관계의 안정, 한·소수교와 남북대화 진전 등 한반도 정세의 안정 추세가 좋은 여건으로 작용했다. 단, 의도했건 의도하지 않았건, 한·소 및 한·중관계가 정상화되는 동안 북·미 및

---

124 "북경방송 보도, 북·미 관계개선 전망", 『매일경제』, 1992년 6월 6일.
125 "김달현 부총리 서울 방문, 중국 '실질적 교류' 논평", 『한겨레신문』, 1992년 7월 22일.
126 이상옥, 『전환기의 한국외교』, pp. 150-151.

북·일 관계의 고리가 풀리지 않은 사실은 1970년대 남한이 설정한 교차수교 목표와도 다른 결과였다. 이것이 앞으로 한반도 정세 전개에 어떠한 영향을 미칠 것인지는 아직 드러나지 않았다.

한·중수교가 이루어진 다음 9월 27–30일간 노태우 대통령이 중국을 국빈 방문했다. 회담 후 양측은 8개항의 공동언론발표를 했다. 한반도 문제와 관련하여, "양국 지도자들은 한반도에 있어서의 긴장완화가 전체 한국민들의 이익에 부합될 뿐 아니라, 동북아 및 아시아지역 전체의 평화와 안정에 유익하며, 이 같은 완화추세가 계속 발전돼 나가야한다는 데 합의"했고, "중국 지도자들은 한반도에서의 남북대화가 진전을 이룩하고 있는 것을 높이 평가하고 한반도비핵화공동선언의 목표가 하루 속히 실현되기를 희망"했으며, "남북한 쌍방이 한반도의 자주평화통일을 조속히 실현하는 것을 지지함을 재확인"한다고 했다.[127]

3.4. 중국의 북한 방기

북한은 한·중수교를 어떻게 받아들였던가? 중국이 남한과의 관계를 발전시키면서 북·중관계를 감안하지 않은 것은 아니었다. 조약을 통한 동맹국이라는 대의가 있었고, 전략적 완충이라는 지정학적 고려가 있었다. 또한, 적어도 김일성이 사망할 때까지는 양국의 혁명 1세대 사이에 이어져 내려오는 인적 유대가 남아 있었다.[128] 이러한 고려와

---

127 "비핵화-경협 확대 합의", 『동아일보』, 1992년 9월 30일; "한반도 조속 통일 지지", 『경향신문』, 1992년 10월 1일.

128 정재호, 『중국의 부상과 한반도의 미래』(서울: 서울대학교출판문화원, 2011), pp. 71-75. 정재호 교수는 냉전기 북·중관계를 형성한 핵심 요인 6가지를 아래 요지와 같이 정리했다: 첫째, 오랜 항일투쟁 과정에서 생긴 협력과 유교적 인식 등 양측이 공유하고 있는 역사/문화적 요인; 둘째, 냉전기 해양세력과 대륙세력의 대치에서 나타난 전략적 및 체제적 요인; 셋째, 미국 중심의 시장경제체제에서 배제된 북한에게 중국과 소련과의 경제협력은 생존 차원에서 중요; 넷째, 공산주의 이념과 체제의 동질성이 양국 간 유대감을 강화; 다섯째, 중국의 한국

유대는 중국이 한·중관계를 발전시키면서도 나름대로 북한에 대해 상당한 배려를 하는 것으로 나타났다. 치엔치첸의 회고에 따르면, 중국의 시각에서 한·중관계 발전의 어려움은 "전통적인 우의관계에 있는 북한에 어떻게 이 같은 중국의 외교정책상의 조정을 이해시키고 받아들이게 하는가"에 있었다.[129]

중국은 한국과의 관계를 발전시키고, 나아가 수교를 결정하는 과정에서 북한의 반발을 최소화하기 위해 노력했다. 첫째, 한·중관계 개선과 관련하여 북한과 가급적 긴밀한 소통을 유지했다. 1989-1991년 연 2회 정상 차원의 접촉을 계속했다. 중국은 한·중 무역사무소 설치 문제가 대두되었을 때 북한과 의논했다. 중국은 1989년 11월 김일성의 비밀 방중, 1990년 3월 장쩌민 총서기 방북, 그해 가을 김일성의 션양 비밀방문 등을 통해 한·중 무역사무소 설치에 관해 북한의 양해를 구해냈다.[130] 무역사무소 설치에 이어 국교수립 문제가 대두했다. 이것은 무역사무소 설치와는 차원이 다른 문제였다. 한반도 냉전 구도에 근본적인 변화를 가져오는 것이었고, 북한이 고수해 온 「하나의 조선」 원칙이 현실에서 무너지는 것을 의미했다. 첨예한 논의가 있는 것이 당연했다. 또한 중국은 한·중관계를 발전시키는 과정에서 김일성에게

전 참전이라는 특수한 상황적 요인; 끝으로, 중국에서의 항일운동에서 생긴 인적인 유대와 1950년대 종파사건 등 국내정치적 사건이 북·중관계를 규정하는 또 다른 요인으로 작용. 그러나 이러한 요인들은 시간이 지남에 따라 약화되거나 변화되어 갔다. 항일투쟁에서 형성된 인적인 유대와 사적 친밀도는 1956년 종파사건과 연안파 숙청으로 일차 약화되었다. 한국전 참전으로 형성된 혈맹관계도 기억이 흐려지고 있었다. 미·중접근은 해양세력 vs 대륙세력이라는 동북아 대치구도를 바꾸어 놓았고, 중국에 대한 북한의 안보적 가치를 줄였다. 1980년대 후반 중·소분쟁의 종결로 북한의 전략적 가치는 더욱 하락했다. 중국의 개혁개방 정책이 가속화되면서 이념적 유대도 약화되어 갔다. 뿐만 아니라 누적된 비효율성으로 북한 경제가 점차 내적인 동력을 상실하고 정체하기 시작한 것도 북한의 위상 약화를 가져오는 원인의 하나였다.

129 첸치천, 유상철 옮김, 『열가지 외교이야기』, p. 154.
130 첸치천, 유상철 옮김, 『열가지 외교이야기』, p. 158; 장팅옌, "역사의 선택: 장팅옌(張庭延) 초대 주한 중국대사가 말하는 중한 수교 전말", 『中國』, Vol. 55(2012년 8월), p. 23.

최상의 예우를 제공했다. 김일성의 중국 방문 때마다 중국은 최고지도자들이 총출동하여 환대하는 성의를 보였다.

둘째, 중국은 북한을 자극하지 않으면서 북한에게 남한과 대화할 것을 권고 했으며 북·미 및 북·일 관계 개선을 위해서도 측면지원을 계속했다. 노태우 전 대통령도 이 시기에 중국 측이 한·중수교를 북·일 및 북·미관계 진전과 연계하는 "확고한 입장"을 가지고 있었다고 증언한다.[131] 그럼에도 불구하고, 중국의 측면지원이 얼마만큼 효과가 있었느냐의 문제는 남아 있다. 이에 대한 답은 그리 긍정적이지 않다. 당시 북한은 중국의 권고에 부응하여 남북대화와 핵문제 해결에 전향적인 자세를 보이려고 애쓰는 모습도 보였다. 피할 수 없었던 것이지만, 남북한의 유엔동시가입에 응했고, 1991년 12월 남북기본합의서와 비핵화공동선언에 합의했다. 1991년 5월 IAEA와 안전조치협정 협의를 시작하여 1992년 1월 30일 협정에 서명했다. 북한은 여기에서 한 걸음 더 나아갔다. 중국은 1991년 11월 15-17일간 북경을 방문한 베이커 James Baker III 미 국무장관에게 한반도 교차승인 방안을 직접 제의했다. 북한과 사전교감을 하지 않았을 리 없다. 1970-1980년대 한국과 미국이 교차승인을 제의할 때 북한이 반대한 사실에 비추어보면 놀라운 변화라고 할 수 있다. 그러나 1970년대 초와 1990년대 초는 20년 사이를 두고 상황이 바뀌었다. 한국 정부는 중국과 수교를 추진하면서 북·미, 북·일 관계개선도 바란다는 입장을 갖고 있었다. 그러나 미국은 이미 교차승인에 흥미를 잃었고, 한·중수교와 북·일 및 북·미관계 개선을 별개 사안으로 보고 있었다.[132] 북한 핵문제, 즉 북한과 IAEA 사이의 안전조치협정 체결과 핵사찰 수용이 더 큰 현안으로 되어 있었다. 중국이

---

131   조갑제, 『노태우 육성회고록-전환기의 대전략』, p. 103.
132   이상옥, 『전환기의 한국외교』, p. 151.

남북교차승인을 제의한 데 대해 베이커 장관은 북한의 핵개발 포기와 IAEA 사찰 수용이 선결조건이라는 입장을 분명하게 제시했다.[133]

뿐만 아니라, 이 시기에 중국이 한·중수교와 북·미수교를 얼마나 강력하게 연계시켰는지에 대해서도 의문의 여지가 없지 않다. 앞서 본 바와 같이 1991년 10월 8일 장쩌민 총서기가 일본 공명당의 이시다 코시로에게 "한반도 통일문제는 평화공존 5원칙에 기초하여 노력해 나가야 한다"고 한 것은 한반도의 두 개 국가를 실체로 인정하는 바탕에서 양측과 각각 관계를 발전시켜 나간다는 의사 표시였다. 따라서 이 당시 중국이 교차승인 방안을 미 측에게 제의한 것은 다분히 북한을 의식한 행동이었다고 볼 수 있다. 중국은 이미 한·중수교라는 목표를 정해놓고 있었으며, 그 목표를 달성하는 과정에서 북한과의 관계를 차질 없이 조정하는 데 주안점을 두고 있었다.

치엔치첸은 회고록에서 1992년 4월 13~17일간 양상쿤이 방북하여 김일성에게 한·중수교가 불가피하다고 통보한 시점이 "중한 양국이 접촉하기 전"이라 했다.[134] 그러나 4월 13일에 치엔치첸은 이미 방콕 아·태경제사회이사회ESCAP 총회 계기에 이상옥 장관과 단독회담을 요청하고, '상부의 위임'에 따라 수교회담을 비밀리에 실시할 것을 제의하고 있었다.[135]

셋째, 중국은 한·중수교에 이르는 수순을 정확히 함으로써 북한이 반발할 수 있는 여지를 최소화했다. 소련의 몰락은 중·소 갈등 구조에서 북한이 누려온 전략적 가치를 하락시켰다. 소련이 먼저 한·소수교를 단행하고 남한의 유엔가입에 대한 반대입장을 철회함에 따라, 중국도

133 이상옥, 『전환기의 한국외교』, pp. 148-151.
134 첸치천, 유상철 옮김, 『열가지 외교이야기』, p. 162.
135 이상옥, 『전환기의 한국외교』, pp. 167-168.

한국의 유엔가입에 거부권을 행사하지 않아도 되는 명분을 찾을 수 있었다. 중국의 거부권 행사 전망이 사라지자 북한은 남북유엔동시가입을 받아들이지 않을 수 없었다. 유엔동시가입으로 한반도에 두 개 국가가 공존한다는 현실을 인정함으로써 북한이 한·중수교를 반대할 논리가 약화되었다. 결과적으로 한·중수교에 이르기까지 중국은 잃었다고 할 만한 것이 없었다.

마지막으로, 중국은 한·중수교를 결정한 다음 마지막 단계 수순을 과감하게 단행했다. 중국 측이 한·중수교 교섭을 비밀리에 제의한 직후, 인민일보는 최근 남·북관계가 개선되어 평화통일이 조기에 달성될 가능성이 높다고 강조하는 사설을 게재했고, 비밀수교교섭이 시작된 직후인 6월 6일 북경방송은 한반도 주변정세에 '환영할 만한 사태진전'이 있으며 북·미관계 개선 전망도 밝다는 보도를 내보냈다. 수교라는 목표를 정해놓은 상황에서 주변상황을 그에 맞는 방향에서 보려고 하는 기색이 내비치는 대목이다.

중국은 한국과의 국교정상화를 서두른 것인가? 북한이 원하는 대로 북·미수교가 이루어질 때까지 기다릴 수는 없었는가? 북한이 기다려달라고 했음에도 불구하고 수교를 단행한 것을 보면 서둘렀다고 해야 할 것이다. 나아가 수교를 추진하는 과정에서 한국 측도 노대통령 임기 만료 이전에 타결한다는 방침에서 밀어붙인 면이 있지만, 중국도 비슷한 정황이 있었다. 1992년 상반기 중국 언론은 남·북관계가 개선되고, 북·미관계도 좋아지고 있으며, 핵사찰문제에도 진전이 있다는 등 북한을 둘러싼 대외적 환경이 개선되고 있다는 보도를 여러 차례 내보냈다. 이것은 한국과의 수교를 정당화하려는 중국 정부의 의도가 작용한 것으로 볼 수 있다.[136] 그러나 당시 상황을 전체적으로 보면 반드시

136　중국의 수교 결단과 관련하여, 치엔치첸 전 외교부장은 그의 회고록에서 다음과 같이 중국

중국이 서둘렀다고만 볼 수도 없다. 일단 한·소수교가 이루어진 다음에는 중국도 올림픽을 개최한 중요한 산업국가인 한국과의 관계 수립을 거부하고 있을 수는 없었다. 한국과의 수교는 중국의 국가이익에 부합하는 것이었다. 북한의 입장을 감안하여 마냥 미룰 일이 아니었다. 이와 관련하여, 노태우 전 대통령의 다음 언급은 당시 중국의 입장과 상황을 잘 요약하고 있다.

> 중국과의 수교는 우리 정부 입장에서 꾸준히 외교적인 노력을 경주해 온 결과 얻어진 것이다. 게다가 우리 기업들의 중국진출이 상당한 촉매작용을 했다. 특히 서울올림픽은 우리와의 관계개선에 있어 중국 측이 보다 적극적이고 능동적인 자세로 전환하는 계기를 만들어 주었다. (중략) 중국은 당시 경제적으로나 정치적으로 한국을 외면할 수 없는 입장이었을 것이다. 한미관계와 한일관계 모두 순조로운 데다가 한·소 양국이 가까워지고 남북회담까지 진행되고 있는 상황이었기 때문이다. 동북아의 장래를 내다볼 때 전세계가 승인하고 있는 한국과 관계를 맺지 않으면 서로가 불편하게 되어 있었다.[137]

측의 생각을 적고 있다: "당시 노태우 대통령의 임기는 불과 1년이 남은 시점으로 그가 취임 초 제시했던 북방정책 목표달성을 위해선 중국과의 수교가 다급한 상황이었다. 그 당시 한반도 정세를 보면 남북 쌍방은 유엔에 동시 가입했고 또 국제회의와 스포츠경기에도 함께 참가하곤 했다. 국제적으로도 남북한과 동시 수교한 나라도 이미 100개를 넘어섰다. 중국과 한국의 수교 시기가 무르익은 것이다." 첸치천, 유상철 옮김, 『열가지 외교이야기』, p. 160. 치엔치첸이 노 대통령의 임기를 언급한 부분에 대하여 김하중 전 주중대사도 "노태우 대통령이 북방정책을 추진하면서 중국과의 관계개선을 간절히 원하고 있고, 새로운 한국 대통령이 중국에 대하여 반드시 우호적이라고 단정할 수도 없으며 경우에 따라서는 다음 정부로 넘어가 수교가 늦어질 가능성도 있기 때문에 차라리 노대통령 재임 시에 수교하는 것이 적절하다고 판단했을 가능성이 높습니다"고 하고, 당시 중국 측으로서는 "한반도 상황이 언제든지 급변할 수 있는 데, 마침 남·북 간에 남북기본합의서와 한반도비핵화공동선언까지 발표되는 기회에 한·중수교를 기정사실화 해야지, 그렇지 않고 시기를 놓쳐 남·북관계가 다시 긴장될 경우, 북한이 강력히 반대하는 상황에서 한·중수교를 강행하기가 어려울 것이기 때문입니다"고 기술하고 있다. 그밖에도 김 전 장관은 중국의 대한수교 결정 배경으로서, 한·중수교를 통해 타이완에게 결정적인 타격을 주고자 하는 의도, 서방의 경제제재가 있는 상황에서 한국과의 경제협력 가속화, 일본의 군국주의 부활 가능성 견제 등을 들고 있다. 김하중 구술·김한권 면담, 『한국 외교와 외교관: 김하중 전 통일부 장관: 한·중수교와 청와대 시기』, pp. 107-108.

중국이 한국과 수교 교섭을 진행하는 동안 전반적인 주변 상황은 비교적 긍정적인 방향으로 움직이고 있었고, 특별히 중국의 우려를 불러일으킬 만한 사항은 없었다. 첫째, 가장 큰 현안이 되어 있는 핵문제와 관련, 남북 상호사찰 문제가 미결이기는 했지만 IAEA 사찰이 상당한 수준으로 진행되었고 그 결과 북한 핵위협이 당초 우려했던 만큼 심각하지 않다는 평가가 나오고 있었다. IAEA 사찰로 핵문제의 심각성이 완화되면 남북 상호사찰 문제도 자연스럽게 해결될 것이라는 낙관적인 기대가 가능할 수 있었다. 둘째, 남북고위급회담도 적어도 제7차 회담까지는 이행합의서가 채택되는 등 진전을 이루고 있는 것처럼 보였다. 셋째, 북·일국교정상화교섭도 남·북관계와 핵문제가 해결되면 자연히 장애가 해소될 것으로 보였을 것이다. 북·미관계에 대해서도, 중국이 스스로 겪어 본 바와 같이 하나하나 현안을 해결하면서 진전시킬 수밖에 없는 문제라고 보았을 것이다. 일단 유엔가입이 이루어진 이상 교차승인은 시간이 해결할 문제라고 보았을 수 있다.

북한은 중국이 이러한 주변 상황이 더 명확해질 때까지 한·중관계를 북·미수교에 맞추어 추진해 주기 바랐고, 중국 측에게 그렇게 요청도 했다. 김일성의 수차례 중국 방문의 초점이 바로 거기에 있었다. 그러나 중국은 기다려주지 않았다. 불확실한 미래에 대한 우려를 남겨둔 채, 중국은 한국과의 수교를 결행했다.

한·중수교가 임박함에 따라, 치엔치첸 외교부장이 방북하여 김일성을 만났다. 국제정세 변화와 한·중 간의 경제협력 증대로 수교를 더 이상 연기하기 어렵게 되었으며 한·중수교는 한반도 평화정착 등으로 북한에게도 유리하게 작용할 것이라고 설득했다. 치엔치첸은 또한 수교가 불가피한 이유로서 "타이완이 매수외교를 전개하고 있는 데 이를

137　조갑제, 『노태우 육성회고록(1)-한·중수교(6)』, p. 106.

저지하기 위해 중국이 한국과 수교하는 것이 가장 효과적인 방법의 하나"라고 밝히면서, "지난 수십년간 중국이 항상 북한 입장을 지지해 온 만큼 이번에는 북한이 중국 입장을 이해해줄 것을 요청"했다고 한다.[138]

치엔치첸은 회고록에서 7월 15일 김일성을 만나 대화한 장면을 다음과 같이 길게 기술하고 있다.

> 나는 먼저 김 주석이 바쁜 가운데 회견에 응해줘 감사하다는 인사를 표하고 장쩌민 총서기의 안부를 전했다. 그리고 이어 장 총서기의 구두 메시지를 전달했다. "나는 덩샤오핑 동지와 중국 당 중앙의 동지들을 대표해 김일성 주석에게 숭고한 경의와 축원을 드린다. 나는 중국과 북한의 양당兩黨, 양국 관계가 앞을 향해 발전 중으로 중국은 이에 매우 기쁘고 만족을 표한다. 현재 국제정세는 극히 불안정, 언제고 중대한 변화가 발생할 수 있다. 이 같은 상황하에서 우리는 기회를 잘 포착, 유리한 국제정세를 조성해 자기를 발전시키고 국력을 증강시켜야 한다. 중국과 북한의 양당, 양국이 상호 존중하고 이해, 우호협력관계를 부단히 증진시키는 것은 중요한 의의를 지닌다. 중국과 한국과의 관계에 대해선 최근 국제정세와 한반도의 정세변화를 볼 때 우리는 중국과 한국이 수교협상을 진행해야 할 시기가 무르익었다고 생각한다. 우리의 고려와 결정이 당신의 이해와 지지를 얻을 것으로 믿는다. 우리는 과거에도 그랬던 것처럼 중국과 북한의 양당, 양국이 장기간의 대외투쟁 속에서 쌓아올린 전통적 우의를 발전시키기 위해 노력할 것이다. 또 북한의 사회주의 건설과 자주적인 평화통일을 지지하며 한반도 정세를 한층 더 완화시키고 북·미, 북·일 관계 개선과 발전에 힘쓸 것이다."
> 김일성 주석은 이를 듣고 잠시 깊은 생각에 빠지더니 이윽고 장쩌민 총서기의 구두 메시지를 잘 들었다고 말했다. "우리는 중국이 독립적으로 자주적이며 또 평등한 입장에서 자신의 외교정책을 결정하는

---

138 이상옥, 『전환기의 한국외교』, p. 237.

것을 이해한다. 우리는 앞으로도 계속 중국과의 우호관계 증진을 위해 노력할 것이다. 우리는 일체의 어려움을 극복, 계속해 자주적으로 사회주의를 견지하고 또 사회주의를 건설해 나갈 것이다." 김 주석은 또 내게 귀국하면 덩샤오핑과 기타 당 중앙의 동지들에게 그의 안부를 전해달라고 부탁했다.[139]

언젠가 올 것을 예상하고 있었다고 하더라도 막상 치엔치첸으로부터 남한과의 수교 결정을 통보받는 상황은 김일성에게 많은 생각을 하게 했을 것이다. 치엔치첸은 회고록에서 다음과 같이 계속 적고 있다.

김 주석은 우리가 가져간 선물, 즉 옥으로 된 아홉 마리 용이 구슬을 희롱하는 모습을 새긴 조각품과 신선한 여치荔枝를 보고 또 본 뒤 우리와 작별을 고했다. 내 기억 중에 이 회견은 역대 중국대표단과 회견한 것 중 가장 짧았다. 또 회견 뒤엔 관례처럼 따르던 연회도 없었다.[140]

당시 치엔치첸 부장을 수행했던 장팅옌張庭延 초대 주한중국대사도 비슷한 내용을 기록하고 있다.

김일성 주석은 이 말을 다 듣고 깊은 생각 끝에 중국 측의 통보에 감사를 표시했다. 그리고 중국이 그렇게 결정했다면 그렇게 해도 좋다고 말했다. 조선은 여전히 사회주의를 고수하고 어려움이 생기면 스스로 극복할 것이라 밝혔다. 말을 마치고 그는 일어나 손님을 보냈다. 나는 김일성 주석의 회견에 수차례 참석했지만, 이렇게 시간이 짧고, 김일성 주석이 이렇게 말을 적게 한 적은 처음 봤다.[141]

---

139 첸치천, 유상철 옮김, 『열가지 외교이야기』, pp. 164-165.
140 첸치천, 유상철 옮김, 『열가지 외교이야기』, p. 165.
141 장팅옌, "역사의 선택: 장팅옌(張庭延) 초대 주한중국대사가 말하는 중한수교 전말", 『中國』, Vol. 55(2012년 8월), p. 25.

한·중수교가 임박했음을 통보받고 나서 치엔치첸이 가져온 선물을 "보고 또 본 뒤" 작별을 고할 때, 김일성의 심정이 어떠했을지 짐작해 볼 수 있는 대목이다. 비대칭동맹의 현실이 적나라하게 드러나는 장면 이었다. 중국과의 동맹문제에서 자신의 목소리를 반영시킬 아무런 방법도 없다는 사실에 좌절감과 배신감을 느꼈을 것이다.

북·중동맹은 기초가 바뀌었다. '혈맹'과 '순치관계'가 상정하는 상대가 불분명해졌다. 중국, 소련 등 사회주의권을 배경으로 미국과 담판하여 한반도의 현상을 변경하려고 했던 북한의 전략은 총체적으로 실패했다. 1989년에 나온 미 국방수권법안 '넌-워너Nunn-Warner' 수정안이 주한미군의 단계적 철수를 상정했지만, 1991년 말까지 7,000명을 철수한 다음 추가 철수는 보류되었다. 소련에 이어 중국도 남한과 수교한 것은 이들 두 나라가 주한미군을 포함하여 한반도의 현상 유지를 수용했다는 것을 의미했다. 소련과 중국이 교차승인이 아니라 개별적으로 남한과 수교한 것은 이들이 한반도의 현상을 인정하는 바탕 위에서 북한과는 관계없는 독립변수로서 남한과의 관계를 발전시키기로 했다는 것을 의미했다. 국공내전과 한국전쟁을 통해 형성되었던 북·중 군사동맹은 명분과 대상이 불분명해졌다. 사실상의 동맹 파탄이었다.

한국과 중국이 수교함으로써 한반도 상황은 20년 전에 비하여 근본적으로 바뀌었다. 20년 전 미국의 아시아 철수가 대세를 이루는 가운데, 한국과 미국은 한반도 정세 안정화 차원에서 남북한 유엔동시가입과 한반도 교차승인 방안을 제의했다. 그러나 북한은 이에 반대했고, 그것을 저지할 능력도 갖고 있었다. 자주, 평화, 민족대단결이라는 7·4 공동성명의 3원칙은 사실상 남한이 북한의 요구를 수용한 결과였다. 그러나 1992년에 이르러 남한은 소련 및 중국과 수교했고 남북한 유엔동시가입도 이루었다. 그러나 북한이 미국 및 일본과 수교하는 문제는 여전히 미결로 남아 있었다. 남북기본합의서와 비핵화공동선언은 사실상 북한이 남한의 요구를 수용한 결과였다.[142]

남한으로서는 20년만의 대역전극을 만든 셈이었고, 북한에게는 3대 혁명역량의 모든 부문에서 역전당한 상황을 어떻게 수습해 나갈 것인가가 과제로 남게 되었다.

4. 소결론 : 혈맹보다 중요한 이익

1989년 5월 중·소정상회담으로 중·소관계는 완전하게 정상화되었고 북한이 북·중·소 삼각관계에서 줄타기외교로 누려오던 이점은 사라졌다. 소련의 변혁에 따라 한·소관계는 급속하게 가까워졌다. 1989년 12월 영사관계 수립, 1990년 6월 샌프란시스코 정상회담, 같은 해 9월 국교정상화와 12월 노태우 대통령의 소련 방문 등 북한이 대응할 수 없는 속도로 변화했다.

소련은 북한 정권이 탄생한 이래 북한의 외교안보정책에서 상수를 이루어온 존재였다. 한·소관계의 급진전은 북한에게 전략적인 결단을 강요했다. 1990년 5월경 북한은 소련의 변화와 동맹이탈을 피할 수 없다고 보고, 그 대신 북·중관계 강화, 북·일국교정상화, 남·북한 공존체제 수립, 북·미관계 개선 등으로 새로운 대응전략을 수립했다. 그럼에도

---

[142] 1992년 남·북관계에서 힘의 균형은 20년 전인 1972년과 비교하여 정반대의 상황에 있었다고 할 수 있다. 하영선은 1972년 당시 박정희 대통령이 7.4 공동성명에서 자주, 평화, 민족대단결의 조국통일 3원칙을 모두 받아들인 것은 "언뜻 보면 북한에게 백기를 든 것이었다"고 하고, "주한미군이 감축되기 시작하고 경우에 따라서는 모두 철수할지도 모른다는 절박한 안보상황에서 박정희 대통령은 3중 생존전략의 일환으로 남북 데탕트를 추진하기 위해 북한의 제안을 받아들일 수밖에 없었다"고 본다. 하영선, "남북한 평화개념의 분단사", 하영선·손열 공편, 『대한민국역사박물관 한국현대사 연구총서 21: 냉전기 한국 사회과학 개념사』(서울: 대한민국역사박물관, 2018), p. 299.

불구하고 1990년 9월 소련이 남한과 수교한 것은 북한의 국제혁명역량에 대한 심대한 타격을 의미했다. 냉전기 동안 북한 안보에 대한 궁극적인 보장자였던 소련을 잃는다는 것은 북한 정권 출범 후 가장 큰 대외적 위협으로 다가올 수밖에 없었다. 이 즈음 김영남 외교부장은 소련 외무장관을 앞에 두고 핵무기개발을 암시하는 발언도 했다.

이러한 상황에서 북한은 중국과의 동맹을 대외정책의 기초로 할 수밖에 없었다. 1970년 이래 미·중 접근과 중국의 개혁개방 노선으로 양국 사이에 전략적 균열이 생기고 있었지만, 천안문사건이 이것을 수면 아래로 가라앉혔다. 천안문사건은 중·소관계 정상화에 따라 북한의 전략적인 위상이 낮아진 측면도 일시적으로 가려줄 수 있었다. 천안문 사건으로 중국은 국제적 고립에 직면했으며, 내부적으로는 덩샤오핑의 개혁개방 노선에 대한 논란도 일어났다. 천안문사건은 변화를 거부한 채 「우리식 사회주의」를 고수하는 북한의 노선이 타당하다는 것을 입증하는 듯했다. 북한은 천안문사건을 강제진압한 중국정부의 조치를 공식적으로 지지했다. 냉전 후 전환기의 전반부에 해당하는 1989년부터 1991년까지 북한과 중국은 매년 2회 정상차원의 교차 방문을 포함하여 긴밀한 협력 및 협의 체제를 유지했다.

북·중동맹의 기조는 1991년에 들어오면서 변화하기 시작했다. 중국은 덩샤오핑이 다시 전면에 나타나 개혁개방의 정당성과 불가피성을 재확인하면서 천안문 사건의 후유증을 빠르게 벗어나기 시작했고 미국을 포함한 서방과의 관계개선을 적극 모색했다. 중국은 한·중관계에 대해서도 긍정적인 자세로 나왔다. 한·소관계 개선을 뒤따르는 모양새를 취하면서 남한과의 접촉과 교류를 확장해 나갔다. 동시에 북한에 대해서도 개혁개방을 설득하고 핵문제 해결을 통한 미국 등 서방과의 관계 개선, 유엔동시가입을 포함한 남·북관계 개선을 종용하고 있었다. 북한에 대해 노골적인 압박을 행사하지는 않더라도 북한의 대외정책에 대한 일종의 압박이 없었다고 할 수도 없다.

1991년 5월 리펑 총리 방북은 북한이 외부세계와 교류를 확대하고 제한된 범위에서 변화를 모색하는 과정에서 또 하나의 계기를 만든 것으로 보인다. 리펑 방북이 끝난 다음, 북한은 남북한의 유엔동시가입에 호응하는 입장을 발표했으며, IAEA와도 안전조치협정 체결을 위한 교섭을 시작했다. 이 두 사안은 이 시기 북한의 대외관계에서 결정적인 중요성을 지니는 것들이었다. 남북 유엔동시가입은 북한이 주장해 온 「하나의 조선」 원칙을 포기하는 동시에, 한반도에 두 개의 정치적 실체를 인정한다는 점에서 노태우 정부 북방외교의 중요한 목표를 실현하는 것이었다. IAEA 안전조치협정 체결은 NPT 회원국으로서 의무 이행의 길을 여는 것이자, 북·미관계 개선과 북·일국교정상화 교섭, 그리고 남·북관계 진전을 위해 반드시 넘어야 할 산이었다. 남·북관계 개선과 IAEA 사찰 수용은 소련과 중국의 정책방향에 부합하는 것이었고, 미국과 일본의 요구에 부응하는 조치들이었다.

그러나 돌이켜 보면 이 시기 북·중 간의 협의 양상은 북·중동맹의 운영 상황을 그대로 드러내주고 있었다. 북·중동맹은 중국이 주도하고 있었고 동맹 운영에 있어 북한의 발언권은 약화되고 있었다. 무엇보다 중국 스스로 「하나의 중국」 원칙을 고수하면서 북한에 대해서는 「하나의 조선」 원칙을 포기하고 남북한이 유엔에 동시가입할 것을 권고한 것이 당시 북·중동맹 운영의 실상을 보여 주는 것이었다.

리펑 총리 방북에 이어 남북유엔동시가입이 이루어진 다음 1991년 10월 김일성이 생애 39번째이자 마지막으로 북경을 방문했다. 중국 최고지도부가 총출동하는 극진한 환대를 받았지만 기울어져 가는 상황을 역전시키기에는 역부족이었다. 중국 측은 김일성에게 개혁개방과 미국, 일본과의 관계개선, 이를 위한 대외적 여건 조성으로서 핵문제 해결을 설득했다. 이듬해 4월 양상쿤 주석의 북한 방문은 한·중수교 문제에 대해 북 측과 협의하려는 것이 아니라 중국 측의 결정을 통보하는 데 목적이 있었다. 북·중동맹의 운영에서 북한의 발언권은 보이지 않았다.

1992년 8월의 한·중수교는 중국이 철저하게 국익을 추구한 사례에 속한다. 김일성이 직접 나서 한·중수교를 북·미수교와 연계해달라고 당부했지만, 중국은 수교를 결행했다. 한·중수교에 앞서 중국은 한반도를 둘러싼 국제환경이 화해와 안정의 방향으로 나가고 있다는 것을 몇 가지 사례를 들어 지적했다. 남북한이 기본합의서와 비핵화공동선언에 합의함으로써 남·북관계가 개선되고 있다는 점에 주목했다. 1992년 1월 김용순-캔터 회담으로 북·미관계가 개선되고 있다고 보았다. 북한이 IAEA 안전조치협정에 서명함으로써 핵문제 해결의 길이 열렸다는 평가도 공식화했다. 이러한 긍정적인 평가에는 한·중수교를 정당화하기 위한 중국 측의 의도가 담겨있었다고 볼 수 있다.

중국의 움직임은 두 가지 방향에서 해석이 가능하다. 첫째, 중국은 실제로 1991년 말부터 1992년 상반기까지의 한반도 상황을 긍정적인 시각에서 보고 있었을 수 있다. 중국이 남한과 먼저 수교하더라도 일정한 시차를 두고 북·미관계 개선이 순조롭게 진행될 것으로 낙관했을 가능성이 있다. 둘째, 지금 중국이 남한과 수교하더라도 소련이 없는 상황에서 북한으로서는 중국에 의존하는 이외 다른 선택의 여지가 없을 것이라고 판단했을 수 있다. 당시 남북한의 국력 차이는 누구도 부인하기 어려웠고, 특히 정치적 권력승계와 경제난이 겹쳐있는 북한의 장래는 누구도 낙관할 수 없는 상태였다. 중국의 입장에서 볼 때 한·중수교는 한반도의 상황이 급변할 경우에 대비하여 일종의 보험을 들어두는 의미가 있을 수 있었다. 혹은, 두 가지 가능성이 모두 중국 측 결정의 배경이 되었을 수 있다. 중국은 전체적인 변화 추세를 낙관하면서, 설사 상황이 기대한 방향으로 가지 않더라도 잃을 것이 없다고 판단했을 법하다.

1992년 8월 한·중수교는 전환기의 어려움에 처해있던 북한의 처지를 더욱 어렵게 만들었다. 중국은 북한이 반대하는 「두 개 조선」을 인정함으로써 남한에게 정치적 승리를 안겨주었다. 중국은 교차승인 등 북한의 안전을 보장하는 정치적 합의 없이 남한과 수교했고, 그 과정에서 주한미군의 존재를 수용했다. 북·중관계는 「혈맹」과 「순치관계」의 대상이 불분명해지는 대신 평화공존 5원칙에 따라 규정되는 통상적인 국가관계로 질적인 전환을 했다. 1989-1991년간 전환기의 전반부에서 보았던 북·중 간의 긴밀한 협력과 협의 체제는 이것으로 와해되었다. 중국은 「혈맹」을 버리는 대신 이익을 택했다.

한·중수교가 발표되기 하루 전인 1992년 8월 22일 노동신문은 "강한 자주정신을 지닌 인민의 존엄과 영예를 끝없이 빛내어 나가자"는 제목으로 '우리식 사회주의 고수'를 강조하는 사설을 게재했다.[143] 8월 25일 노동신문은, 한·중수교에 관한 일체 언급 없이, "조미관계를 개선하는 것은 조선반도에서 공고한 평화를 보장하는 데서 매우 중요하다"고 하고, "《랭전의 종식》과 《평화시대의 도래》에 대하여 선포한 미국이 낡은 대결관념을 가지고 대조선정책을 답습하는 것은 시대착오적"이라는 논설을 게재했다.[144]

소련이 떠난 후 중국에 의지할 수밖에 없고, 중국과 협의하고 중국의 권고에 따라 남북유엔동시가입을 포함하여 대외활동의 반경을 넓히려던 상황에서 한·중수교는 북한으로 하여금 전환기 대책을 근본적으로 재검토하게 만들었을 것이다.

---

[143] "강한 자주정신을 지닌 인민의 존엄과 영예를 끝없이 빛내어 나가자", 『로동신문』, 1992년 8월 22일 1면.
[144] "아세아와 세계 평화를 위한 관건적 고리", 『로동신문』, 1992년 8월 25일 6면.

제4장
북·미대립의 지속(1989-1992)

1. 북한의 대미관계개선 모색

1.1. 관계개선에 대한 양측의 기본입장

미국은 7·7선언이 나온 후 10월 31일 북한외교관접촉지침을 완화하고 1988년 12월 6일 북경에서 최초로 양국 대사관 사이에 참사관급 접촉을 시작했다.[145] 미국이 북경 접촉을 시작한 주된 목적은 북한의 핵개발 의혹에 대한 관심과 우려를 북 측에 전달하자는 데 있었다.[146]

---

[145] 북경에서의 북·미 참사관급 접촉은 1988년 12월 처음 시작된 후 2-3개월에 한 번 씩 만나면서 이어졌다. 최초에는 핵문제에 대한 미 측 입장을 전달하기 위해 시작되었으며, 점차 양국 간의 정치적 소통경로로서 대화의 주제를 넓혀갔다. 1991년 2월 제14차 접촉에서 미 측의 주요 요구사항은 IAEA 핵안전조치협정 체결과 사찰수용 외에, 남·북관계의 의미있는 진전, 한국전 사망 미군 유해 송환, 테러행위의 명시적 포기, 미국에 대한 비방·중상 중지, 비무장지대에서의 신뢰구축 조치 등 6개항이 있었으며, 북 측은 한국에 있는 미국의 핵무기 철거를 주장하고 이 문제에 대한 미국과의 직접 협의를 요구했다. 제14차 접촉 시 의제에 관해서는 이상옥, 『전환기의 한국외교』(서울: 삶과 꿈, 2002), p. 418 참조.

[146] 북한은 1956년 소련과 원자력협력협정을 체결한 후 매년 수십 명 씩 인력을 파견하여 훈련받게 했으며, 1962년에는 영변에 원자력연구소를 설치하고 1963년 6월 소련으로부터 소형 연구용 원자로(IR-2000형)를 도입했다. 북한은 1974년 국제원자력기구(IAEA)에 가입하고 1977년 IAEA와 부분핵안전조치협정을 체결하여 연구용 원자로에 대한 IAEA의 사찰을

북한은 미국과의 관계개선을 원하고 있었다. 북한은 한반도 평화 문제가 미국과 논의해야 할 사항이라고 주장하면서 미국과의 대화를 꾸준히 시도했다. 미국이 한반도 군사력 균형의 엄연한 실체이기도 하지만, 남한이 동구권, 특히 소련 및 중국과 교류협력을 강화하고 있는 상황에서 북한이 미국과의 관계에서 돌파구를 마련하려고 하는 것은 당연한 일이었다.

미국은 북한이 원하는 관계개선에 선뜻 나서지 않았다. 미국은 우선적으로 북한의 행동 변화를 촉구했다. 1989년 6월 12일 상원 인준청문회에서 그레그Donald Gregg 주한대사 내정자는 주한미군 철수에 필요한 선행조건을 제시했다. 북한이 (1)비무장지대DMZ 부근에 집중 배치한 병력을 철수하고, (2)고르바초프 서기장이 유럽지역에서 약속한 것과 같이 기습용 부대와 장비를 철거하며, (3)테러 지원을 중단하고, (4)NPT 당사국으로서 의무를 준수한다면, 미국은 주한미군 철수 논의에 응할 수 있을 것이라고 했다.[147] 한 마디로 미국은 북한에게 냉전 후의 새로운 국제질서를 받아들일 것을 요구하고 있었다.

냉전기의 미·소대립이 끝나면서 핵확산 방지는 미국의 외교정책에서 새로운 우선순위를 갖게 되었다.[148] 북한의 핵개발 의혹이 제기되고

받아 오고 있었다. 그러던 차, 1982년 4월 미국의 정찰위성은 북한이 영변 지역에 별도의 원자로 건설을 진행하고 있다는 단서를 포착했다. 1984년 3월 이곳에서 원자로, 냉각탑, 송전선 등이 촬영되었으며, 1950년대 영국과 프랑스가 만들었던 플루토늄 생산용 흑연감속로와 유사한 시설이라고 평가되었다. 1986년 3월 인근 강변에서 분화구 모양의 구덩이와 또 다른 지역에 건축 중인 축구장 두 배 크기의 장방형 시설물이 촬영되었으며, 각각 고폭실험 흔적과 플루토늄 분리시설로 평가되었다. 그리고 1988년 6월 또 하나의 대형 원자로가 건설 중에 있는 것이 촬영되었다. 전체적으로 볼 때 흑연감속로, 재처리 시설, 고폭실험장 등 대규모의 핵무기개발이 진행중에 있는 것이 분명해 보였다. 미국은 이 문제를 두고 북한 측과 직접 대화경로를 만들고자 한 것이다.

147 "미, 주한미군 철수 선행조건 제시", 『동아일보』, 1989년 6월 13일.

148 United States & Bush, G.(1990), National Security Strategy of the United States [Washington, D.C.], White House, p. 2. 1990년도 국가안보전략보고서는 원래 부시 행정부가 출범한 1989년에 발표될 예정이었으나 소련을 비롯한 동유럽의 급변 상황 때문에 발표가 늦어져 결국 1990년 보고서로 나오게 되었다.

IAEA 사찰 실시가 지연되자, 미국은 이 문제를 주변국들에게 설명하고 협력을 모색했다. 초점은 북한이 NPT 회원국의 의무로서 IAEA 안전조치협정을 체결하고 이행하도록 압력을 강화하는 데 있었다.[149] 1989년 5월 미국은 한국과 일본에 전문가팀을 파견하여 북한의 핵개발 상황에 대하여 처음으로 브리핑을 실시했다.[150] 위성사진을 곁들인 브리핑의 내용, 특히 북한이 1990년대 중반에 핵무기 제조능력을 보유할 것이라는 평가는 언론을 통해 금방 확산되었다. 북한 핵문제가 동아시아의 주요 안보 현안으로 등장했다.

국제사회가 안전조치협정을 체결하라고 압박하는 데 대하여 북한은 주한미군 핵무기를 철수하라는 요구로 대응했다. 북한의 핵개발 의혹이 국제적인 논란거리가 되자, 북한 조선중앙통신은 8월 4일 이러한 주장이 "전혀 근거없는 거짓말utterly groundless lie"이며 "세계 여론을 호도하려는 철면피한 선전shameless false propaganda to mislead world public" 이라고 반박했다.[151] 북한은 핵무기를 생산, 시험, 저장, 반입하지 않을

---

149 당시 미국이 북한에 요구한 IAEA 안전조치협정은 모든 NPT 가입 회원국들에게 요구되는 의무사항이다. 모든 회원국은 가입 후 18개월 이내에 IAEA와 안전조치협정을 체결하고 사찰을 받도록 되어 있다. 북한은 1985년 소련으로부터 4기의 경수로를 도입키로 합의하는 과정에서 소련 측의 요구에 따라 NPT에 가입했고, 자연히 안전조치협정 체결 의무가 발생했으나 1988년까지도 이 의무이행이 이루어지지 않고 있었다. 처음에는 IAEA 사무국이 잘못된 협정 양식을 보내는 바람에 18개월이 지나버렸고, 두 번째로 제대로 된 양식을 보냈지만, 북한은 1988년 12월 기한까지 아무런 조치를 취하지 않고 있었다. 그리고 이때는 이미 소련의 여러 가지 정치, 경제적 변화 때문에 북한에 대한 경수로 제공전망이 불투명하게 되었고, 북한으로서는 서둘러 IAEA와 안전조치협정을 체결할 필요를 느끼지 못하고 있었다.

150 Don Oberdorfer & Robert Carlin, *The Two Koreas-A Contemporary History* (N.Y.: Basic Books, 2014), p. 199. 미국은 한국과 일본에 대한 브리핑보다 3개월 먼저 소련과 중국 측에 브리핑을 제공했다고 한다. 동맹국에 대한 고려보다 핵보유국 간의 정보공유가 우선해 보이는 것이 흥미롭다. 오버도프에 따르면, 한국, 일본에 대한 브리핑은 북한 핵개발에 관한 정보가 이미 조금씩 퍼지고 있어 더 이상 늦추었다가는 미국에 대한 아시아 동맹국의 신뢰를 잃을까 하여 이루어졌다고 한다. 실제로 소련, 중국에 대한 브리핑이 있은 무렵인 2월 2일자 홍콩의 *Far Eastern Economic Review*가 북한의 핵재처리 가능성을 보도했으나 국내 언론들은 큰 무게를 두지 않은 듯했다. "북한 핵재처리 공장 현실성 의문", 『한겨레신문』, 1989년 2월 5일; "북한 핵물질 생산능력 있나", 『경향신문』, 1989년 2월 1일.

151 FBIS/CIA, Trends, August 9, 1989. North Korea and Nuclear Weapons: The Declassified U.S. Record, National Security Archive Electronic Briefing Book

것이며, 외국 핵무기의 배치나 통과도 허용하지 않는 입장이라고 강조했다. 핵문제에 대한 국제사회의 관심이 증폭되는 것과 비례하여 북한은 주한미군 핵무기 문제를 더욱 강하게 거론했다. 미 중앙정보부는 IAEA의 사찰 압력이 강화됨에 따라 북한이 한반도 전체의 비핵화 문제로서 남한내 핵무기 문제를 집요하게 거론할 것이라고 전망했다.[152]

11월 1일 제5차 북경 참사관급 접촉이 개최되었다. 미 측은 북한의 안전조치협정 가입과 사찰 수용, 미군유해 송환, 테러 지원포기 선언, DMZ 신뢰구축, 남북대화 진전, 대남 및 대미 비난방송 중지 등을 요구했고, 북 측은 평화협정 체결, 북·미 대화 격상, 남북 군비감축, T/S 훈련 중단 등을 주장했다.[153]

북한은 미국이 내세운 관계개선 조건을 충족하는 데 호응하지 않았다. 5월 19일 북한 군축평화연구소 최우진 부소장은 워싱턴 국제학술회의에 참석한 후 한국 기자들과 만나, "미국이 정전협정을 어기고 핵무기를 전개하고 있는데 어떻게 핵안전담보협정에 서명할 수 있느냐"고 반문했다. 또한, "북한은 미국과 수교를 원치 않으며 한국과 소련의 수교도 조국통일에 좋지 않은 영향을 주기 때문에 반대한다"고 했다.[154]

이 시기 북·미관계 개선에 관한 미국내 분위기는 비교적 호의적이었다. 1990년 6월 25일 뉴욕타임스는 「남북한이 냉전을 벗어나도록 돕자」는 사설을 게재했다. "미국과 소련이 중국, 일본과 함께 남북 양측에게 군사적 대치를 풀고 정치적으로 화해하도록 유도한다면 이번

No. 87, Edited by Robert A. Wampler, April 25, 2003.

[152] FBIS/CIA, Trends, August 9, 1989. North Korea and Nuclear Weapons: The Declassified U.S. Record, National Security Archive Electronic Briefing Book No. 87. Edited by Robert A. Wampler, April 25, 2003.

[153] "미-북한 북경채널 재가동", 『경향신문』, 1989년 11월 2일; "미국-북한 「대화 창구」 재가동", 『동아일보』, 1989년 11월 2일.

[154] "북한, 미국과 수교 불원", 『경향신문』, 1990년 5월 21일.

에는 크게 환영할만한 결과가 있을 것"이라 하고, 미국은 북한과 단순히 외교적인 접촉을 유지하는 단계를 넘어, 추가 철군과 군사훈련을 축소할 용의를 표명함으로써 남북대화를 고취해 나가야 한다고 촉구했다.[155]

7·7 선언 이후 약 1년 반 동안 북·미 양측은 실무급 접촉을 통해 관계개선을 모색했으나, 미국 측이 구체적인 현안의 해결과 북한의 태도 변화를 요구한 반면, 북한 측은 북·미대화의 격상과 주한미군 철수를 요구하는 등 양측 관심사항의 초점과 우선순위가 어긋나는 바람에 진전을 만들어 내지 못했다.

1.2. 주한미군 핵무기 철수와 한반도비핵화공동선언

가. 주한미군 핵무기 철수

'주한미군 핵무기가 있는 한 IAEA 사찰을 수용할 수 없다'는 북한의 주장은 나름대로 설득력을 갖고 있었다. 사찰 수용은 NPT 당사국의 의무로서 당연히 이행해야한다는 주장이 법적으로 맞지만, 현실적으로 주한미군 핵무기를 그대로 두고서는 북한핵개발에 반대하는 국제적인 연대구축이 쉽지 않았다.

1990년 하반기에 들어오면서 미 의회와 언론이 주한미군 핵무기 문제를 논의하기 시작했다.[156] 1990년 9월 11일 헤리티지재단이 주최한 세미나에서 솔라즈Stephen Solarz 하원의원은 북한이 안전조치협정을 수용하고 미국, 중국, 소련은 한반도에 핵무기를 배치하지 않도록 하자는 방안을 제기했다. 세미나에 참석하고 있던 국무부 한국과장은

---

155 "Help the Koreas In from the Cold", *The New York Times*, June 25, 1990.
156 당시 미 의회와 언론의 주한미군 핵무기 문제 논의에 관한 사항은 이상옥, 『전환기의 한국 외교』(서울: 삶과 꿈, 2002), pp. 422-427 참조.

북한이 조약상의 의무를 이행하는 데 미국이 한반도 비핵화와 같은 유인책을 사용하는 것이 적절하지 않다면서 원론적인 입장으로 반박했다. 1991년 2월 4일 뉴욕타임스는 "핵사찰에 반발하는 북한의 우려를 해소하기 위해 미국이 남한내 핵무기를 철수할 수 있으며, 역내 군사훈련도 축소할 수 있을 것"이라는 요지의 사설을 게재했다.[157] 스칼라피노Robert Scalapino 버클리대 교수와 김경원 전 주미대사가 공동 운영하는 한미관계위원회는 1991년 2월 11일 한국 정부가 한국내 '핵무기 부재'를 선언하는 것이 바람직하다는 의견을 제시했다. 1991년 3월 28일 테일러William Taylor 미 국제전략문제연구소CSIS 부소장은 한국프레스센터가 주최한 「걸프전의 교훈–한국의 고려사항」 간담회에서 '군사적인 측면에서 한반도에서 핵무기를 사용할 가능성이 희박하기 때문에 전쟁 억지력이 거의 없으며, 걸프전에서 미군 첨단무기의 우수성이 입증되었기 때문에 그것으로 억지력이 충분하다'고 주장했다. 1991년 봄, 크로우William Crowe 전 합참의장과 롬버그Alan Romberg 미 외교협회CFR 연구원은 "북한이 IAEA 안전조치를 수용할 의무가 있고 미군 배치는 한·미 양자 간의 문제"라는 것이 원론적으로 옳지만, 한국에 대한 핵우산을 제공하기 위해 반드시 한국에 핵무기를 배치할 필요는 없다면서, 북한의 안전조치 수용, 주한핵무기 철수, 북·미관계 개선을 묶어 타협하는 방안이 가능할 수 있다고 보았다.[158] 또한 북한이 한국을 침략하지 않고 핵무기를 개발하지 않는다는 조건에서 미국도 소련 및 중국과 같이 '핵선제불사용보장nuclear non-first use pledge'을 북한에 제공할 수 있을 것이며 남·북 간에도 군사훈련 축소를 포함하여

---

157   "Time to Thaw U.S. Policy in Korea", *The New York Times*, February 4, 1991. 이 사설은 당시 NYT 논설위원이었던 레온 시걸(Leon Sigal)이 작성한 것이라고 한다. 이상옥, 『전환기의 한국외교』, p. 423, 각주 146 참조.

158   William J. Crowe, Jr & Alan D. Romberg, "Rethinking Security in the Pacific", *Foreign Affairs*, Vol 70, No. 2(Spring 1991), pp. 133-135.

신뢰구축 문제를 논의할 수 있을 것이라고 했다.

국내에서도 비핵화 논의가 있었다. 1991년 4월 8일 조선일보는 "지금이 비핵화의 적기適期다"는 사설을 게재, "한·미 양국이 협의하여 먼저 한반도의 비핵화를 선언하는 대신 미국은 한반도 밖에서 핵우산 역할을 하면 될 것"이며, 그렇게 함으로써 "북한의 핵무기 보유의 구실을 빼앗아버리는 효과를 거둘 수 있을 것"이라고 주장했다. 4월 18일 한겨레신문은 "한반도 핵문제, 우리가 풀어야"라는 사설을 게재, 4월 한·소정상회담에서의 핵문제 논의와 국내의 핵무기 철수 주장 등 다양한 논의를 감안하여 정부가 적극적인 자세로 핵문제 해결에 나설 것을 촉구했다. 6월 12일 니혼게이자이日本經濟신문은 해상 핵전력의 발달로 지상핵의 효용성이 감소하고 있고 북한 핵사찰의 조기이행이 필요하다는 관점에서 미국이 조만간 주한미군 핵무기 철수 문제를 일본 및 한국과 협의할 예정이라고 보도했다.[159]

이런 제안들이 당장의 정책 변화로 나타나지는 않았다. '북한의 조약상 의무 이행을 보상할 수 없다'는 원론적인 입장이 유지되었다. 그럼에도 불구하고 전반적인 상황은 한미 양국이 보다 적극적으로 대응할 필요성을 느끼게 하는 데 충분했다. 한국으로서는 북한의 주한미군 핵무기 철수와 한반도 비핵지대화 공세에 대응할 정책수단이 필요했고, 미국은 북한의 NPT 의무 이행을 관철하는 것이 중요했다. 군사기술 발달로 전술핵무기를 지상에 배치해둘 필요성이 줄어들었다는 점이 새로운 정책을 검토할 수 있는 여유 공간을 만들어 주고 있었다. 미국으로서는 주한미군 핵무기 철수와 세계적 차원의 핵전략을 어떻게 조화시킬 것인가 하는 과제가 남았고, 한미 양국이 모두 핵무기 철수에 따를 수 있는 미국의 대한방위공약 약화 우려에 어떻게 대응할 것인가

---

159 "미, 주한미군 핵무기 철수 통보 한국 일본과 곧 협의 시작", 『한겨레신문』, 1991년 6월 13일.

라는 과제가 있었다. 특히 한국 측은 미국의 방위공약 약화 가능성에 대하여 강한 우려를 갖고 있었다.

주한핵무기 철수에 대해 미국은 좀 더 일찍부터 신축적인 고려를 한 것으로 보인다. 1991년 5월 2일 니혼게이자이신문은 소련 관리를 인용하여 미국과 소련이 북한 핵문제 해결차원에서 비밀리에 주한미군 핵무기 철수를 교섭하고 있다고 보도했다. 소콜로프 주한소련대사가 보도 내용을 부인했지만, 한 달 뒤인 6월 9일 이번에는 LA타임스가 미국 정부 관리를 인용하여 미국이 북한 핵문제 해결 차원에서 주한미군의 핵무기 철수를 검토하고 있다고 보도했다.[160] 남한내 핵무기를 철수할 것인지, 한다면 언제 할 것인지에 대해 미국이 이때 결론을 내고 있었던 것은 아니다. 북한 핵문제 해결 방안을 다각적으로 검토하는 과정에서 주한미군 핵무기 철수에도 신축적으로 대응할 수 있다는 기본입장을 갖고, 그 궁극적인 처리는 한미동맹 차원에서 검토한다는 것을 기본방침으로 하고 있었다.

미국은 북한이 안전조치협정을 체결하고 사찰을 이행하도록 주변국들과 함께 압력을 가하는 데 집중하고 있었다. 이에 따라 북한의 핵사찰을 촉구하는 국제사회의 압력은 전반적으로 강화되고 있었다. 핵사찰 문제는 이미 북·일국교정상화 교섭에서 회담을 진전시키기 위해 필요한 전제조건이 되어 있었다. 미국은 일본 뿐 아니라 서방의 다른 핵심 우방국들에게도 유사한 요청을 하고 있었다. 중국과 러시아에 대해서도 핵사찰 문제의 중요성을 강조하고 있었다. 소련은 북한이 핵사찰에 협조하지 않을 경우 북한에 대한 모든 핵 관련 협력을 중단할 것이라 했고, IAEA 이사회에서는 미국, 소련, 일본 등 주요국들이 결의안 채택을 위해 움직이고 있었다. 북한은 이 문제를 남·북관계와 유엔

---

160   이상옥, 『전환기의 한국외교』, pp. 440-441.

가입 차원에서도 고려해야 할 사정이었다. 1991년 5월 북한은 남한이 단독으로 유엔에 가입할 가능성을 배제할 수 없는 상황에서 남북동시가입을 결단했지만, 김일성 주석조차도 유엔에서의 논의과정에서 핵사찰 문제가 제기되어 북한의 가입이 부결되고 남한만 가입하는 결과가 나올 가능성을 염려하고 있었다.

북한은 남북한 유엔동시가입 의사를 발표한 다음날, 5월 28일 블릭스 Hans Blix IAEA 사무총장에게 안전조치협정 체결을 위해 교섭을 시작하겠다고 서한을 전달했다. 7월 16일 양측은 협정 문안에 합의했다. 합의된 문안은 9월 이사회에서 승인된 후 정식 서명절차를 거치며, 필요한 국내절차를 마친 후 발효하게 되어 있었다. 협정이 발효되고 사찰이 이루어질 때까지는 시차가 있었다.

북한은 남북한 사이의 핵문제 협의에도 전향적으로 나서기 시작했다. 1991년 7월 11일 북한은 그동안 미루어온 제4차 남북고위급회담을 8월 하순 평양에서 개최하자고 제의했다. 7월 30일 북한은 외교부 성명을 통해 남과 북이 한반도 비핵지대화에 관한 공동선언을 채택할 것을 제의했다. 주한미군 핵무기 철수가 핵심 요소였다.[161]

핵문제는 미국과만 협상할 수 있다던 북한이 남·북 간에 이 문제를 논의하겠다고 나선 것은 의미있는 변화였다. 미국이 대화에 응하지

---

[161] "조선반도의 비핵화는 핵전쟁위험을 근원적으로 제거하기 위한 현실적 방도", 『로동신문』, 1991년 7월 30일 2면.
〈외교부 성명 요지〉
- 조선의 북과 남은 조선반도에 비핵지대를 창설하는 데 합의하고 늦어도 1992년 말 이전에 법적 효력을 가지는 공동선언을 채택한다.
- 미국과 조선반도 주변의 핵무기 소유국인 쏘련과 중국은 조선반도가 비핵지대로 합의 선포되는 차제로 그 지위를 법적으로 담보하며 미국은 이와 관련 남한으로부터 핵무기를 철수하기 위한 조치를 취한다.
- 아세아 비핵국가들은 조선반도가 비핵지대로 되는 것을 지지하며 그 지위를 존중한다.
- 비핵지대를 창설하기 위한 문제를 협의하기 위하여 임의의 시각에 쌍무적 또는 다무적 협상을 진행할 용의가 있다.

않는 상황에서 어쩔 수 없이 방향을 바꾸었을 수도 있고, 중국이 종용한 결과였을 수도 있다. 두 가지 요인이 모두 작용했을 가능성도 크다. 북한도 전반적인 대외여건이 북한에게 불리해지고 있다는 것을 모르지 않았을 것이다. 배경이 무엇이든, 남한은 이를 북한의 태도 변화로 보고 협의에 응하기로 했다. 8월 1일 한국 외교부는 북한의 핵사찰 수용이 NPT 회원국의 의무라고 하면서도 "핵확산 방지를 포함하여 남·북 간 군사 등 제반 문제가 남북당국자 간에 논의될 수 있을 것"이라는 입장을 표명했다.[162]

남북 사이의 핵문제 협의를 앞두고, 한·미 간에 조율이 필요했다. 조율은 1991년 7월 2일의 한·미정상회담을 전후하여 이루어졌다. 정상회담에서 논의한 내용에 대하여, 김종휘 전 외교안보보좌관은 한국 측이 '준비해간 의견'을 설명했다고 하고, 정상회담 직후 월포위츠Paul Wolfowitz 국방차관을 별도로 만난 다음 노태우 대통령에게 "주한미군의 핵무기 철수 발표가 임박"한 것으로 보고했다고 회고했다.[163] 이상옥 전 외무장관은 7월 2일 정상회담에서 "미국이 직접 북한과 협상하는 것은 적절하지 않으므로 한국이 주도적으로 북한과 한반도 비핵화 문제를 협상하는 것이 바람직하다는 데 인식을 같이 하고 이에 관하여 양국 고위관리들이 협의"키로 했다고 썼다.[164]

정상 차원의 합의에 따라, 1991년 8월 6-7일간 하와이에서 김종휘

---

162 이상옥, 『전환기의 한국외교』, p. 450. 한편, 당시 한국정부는 한반도 문제 논의의 당사자가 누가 되느냐에 대하여 특별히 관심이 컸고, 이와 관련하여 미 측에게도 한국이 주도하는 모습을 보일 수 있도록 해야 한다는 점을 강조했다. 핵문제 협의와 관련하여 노태우 대통령도 1991년 7월 한·미정상회담에서 "북한의 핵개발 저지 및 주한미군 철수 등 한반도의 문제는 한국 정부의 주도로 이루어져야 한다"는 원칙을 천명한 바 있다고 회고하고 있다. 노태우, 『노태우 회고록(하권) - 전환기의 대전략』(서울: 조선뉴스프레스, 2011), p. 373.

163 신욱희·조동준 면담 편집, 『구술사료선집 7: 고위관료들, '북핵위기'를 말하다』(과천: 국사편찬위원회, 2009), p. 76-77. 여기서 김종휘 보좌관은 "우리는 비핵화공동선언을 미국에 직접적으로 알렸고, 미국은 주한미군 핵무기 철수를 간접적으로 알렸습니다"고 말했다.

164 이상옥, 『전환기의 한국외교』, p. 446.

외교안보보좌관과 월포위츠 국방차관 사이에 고위안보회의가 개최되었다. 회의 개최 사실이 알려지자 언론은 주한미군 핵무기 철수와 한반도 비핵화가 논의되었다고 대대적으로 보도했다.[165] 그러나 실제 이 회담에서 주한미군 핵무기 철수에 관한 구체적인 계획을 협의하지는 않았다. 미 측은 한국 방어를 위해 주한미군의 핵무기가 꼭 필요한 것은 아니라는 군사적인 판단을 설명했고, 한국 측은 특별한 이견을 제시하지 않는 가운데 핵무기 철수를 대북협상에 활용할 수 있을 것이라는 견해를 표명했다.[166] 이 시점에 양측은 주한미군 핵무기 철수를 '시기의 문제'로 기정사실화하고 있었다. 회의에서는 한미연합전력 보강을 포함하여 전반적인 안보상황을 점검했다. 주한미군 핵무기는 북한의 사찰 의무와 연계될 수 없으며 북한의 비핵지대화 제의는 핵문제를 해결하는 방안이 되지 못한다는 입장을 재확인했다.[167]

8월 26일 북한은 '어느 때든지 임의의 급에서' 남 측과 비핵화 문제에 관해 협의할 수 있다는 입장을 표시했다.[168] 소련의 공산주의 쿠데타가 3일천하로 끝난 직후였다.

미국이 남한에서 핵무기를 철수키로 한 결정은 세계적인 차원에서 전술핵무기를 철수·폐기한다는 일방적인 정책선언 형태로 이루어졌다. 이런 정책 선언이 나오게 된 주된 배경은 소련 내부의 상황 변화였다. 1991년 8월 중순의 소련 공산주의 쿠데타 이후 권력의 축이 고르바초프 대통령에서 옐친Boris Yeltsin 러시아연방 대통령으로 급속하게 이동했다. 소련의 장래가 불확실해지면서 미국은 소련이 보유한

---

165 "한반도 핵공포 제거 새 전기", 『동아일보』, 1991년 8월 7일; "한반도 비핵 중점 논의", 『매일경제』, 1991년 8월 7일; "미군 전술핵 철수 통보한 듯", 『한겨레신문』, 1991년 8월 8일.
166 Don Oberdorfer & Robert Carlin, *The Two Koreas-A Contemporary History*, p. 202.
167 이상옥, 『전환기의 한국외교』, p. 453.
168 이상옥, 『전환기의 한국외교』, p. 451.

핵무기의 안전문제를 우려했다. 소련의 전술핵무기 폐기를 유도하기 위하여 부시 대통령은 선제적인 조치를 선언했다. 9월 27일 미국은 모든 지상발사 단거리 핵무기를 폐기하며, 해외에 배치된 핵폭탄과 단거리 탄도미사일 핵탄두는 미국 본토로 회수하여 파기한다고 발표했다. 주한미군 핵무기도 당연히 철수 대상이 되었다.

남·북 간의 핵문제 논의에서 가장 큰 현안의 하나가 해결되었고, 한국은 북한에 대해 주도권을 쥘 수 있게 되었다. 1991년 9월 28일 북한은 "미국이 실지로 남조선에서 핵무기를 철수하게 되면 우리의 핵담보협정 체결의 길도 열리게 될 것"이라는 외교부 대변인 성명을 발표했다.[169]

나. 한반도비핵화공동선언

북한 핵문제 해결 방안의 세부내용에 있어, 미국은 1991년 5월경부터 점차 입장을 강화하고 있었다. 핵개발 의혹이 처음 제기되었을 때 북한에게 요구한 것은 NPT 회원국의 의무로서 IAEA 사찰을 수용하라는 것이었다. 미국은 여기서 한걸음 더 나가고자 했다. 북한의 핵무기 제조 능력 자체를 없애야 한다는 것이었다. 그것은 북한이 재처리 시설 건설을 중단하고 철거하는 것을 의미했다. 미국이 재처리 문제를 들고 나온 것은 이라크가 IAEA 사찰을 받으면서도 비밀리에 핵개발을 계속하고 있었다는 평가에 따른 것이었다. 미국은 북한에 대한 '핵사찰'과 북한의 '재처리 포기'를 구분하여 다루기 시작했다.

1991년 5월 월포위츠 국방차관이 방한했다. 월포위츠 차관은 5월 11일 이상옥 외무장관을 면담하여 "북한 핵계획이 평화적 목적을 위한 것이라면 핵연료 재처리 시설이 있어야 할 이유가 없으며, 남북한

---

[169] "조선민주주의인민공화국 외교부 대변인 성명", 『로동신문』, 1991년 9월 29일 3면.

이 핵재처리 시설을 포기하는 데 합의하는 방안을 남북대화에서 협의할 것"을 제의했다.[170] 이어 한국프레스센터 연설에서 "한반도에서 민간용의 핵에너지 개발계획이 재처리를 필요로 할 아무런 이유가 없다"고 강조하고, 재처리 시설을 건설할 경우 북한은 핵무기 제조능력을 갖게 될 것이며 북한의 핵계획이 평화적 목적을 위한 것이라면 재처리 시설은 불필요할 것이라고 했다. 월포위츠는 '북한의 재처리'라고 하지 않고 '한반도의 재처리'라고 했다. 남한도 재처리가 불필요하다는 뜻이었다. 월포위츠가 이 문제를 공개적으로 거론하면서 재처리 금지는 북한 핵문제 해결의 불가결한 한 요소로 자리 잡기 시작했다.[171]

문제는 재처리가 NPT 체제에서 허용된 평화적 핵활동에 속한다는 사실이었다. 북한에게 재처리 포기를 요구할 수 있는 국제규범이 없었다. 그래서 등장한 것이 남북한 차원의 비핵화 논의였다. 미국은 한국이 한반도 안보의 직접당사자로서 이 문제를 주도적으로 제기해 주기를 원했다. 한국이 먼저 재처리 포기를 결단하고 북한에게도 동일한 조치를 요구해달라는 뜻이었다.

한국에게 '남·북 간 핵문제 논의'는 양날의 칼이었다. 한반도 안보문제의 핵심인 주한미군 핵무기 철수와 북한 핵문제 해결을 연계하여 남·북관계에서 주도권을 확보한다는 긍정적인 의미가 있는 반면, 핵무기 철수가 가져올 대북억지력 차원의 영향을 고려하지 않을 수 없었다. 또한 NPT가 허용하고 있을 뿐 아니라 미래의 산업적 가치를 예측할 수 없는 재처리를 현 시점에서 포기해야 하는가라는 고려도 있었다. 그럼에도 불구하고, 북한 핵문제가 첨예한 안보문제로 제기되어 있는

---

170 이상옥, 『전환기의 한국외교』, p. 435.
171 이상옥, 『전환기의 한국외교』, pp. 436-437. 당초 월포위츠 차관은 '남북한의 재처리 포기를 한국정부가 남북고위급회담에서 북 측에 제의해 주기 바란다'고 공개적으로 언급할 계획이었으나, 이러한 공개 제의가 불필요한 오해를 야기할 우려가 있다는 한국 측의 견해를 듣고 일부 표현을 바꾸었다고 한다.

만큼 한국이 직접당사자로서 가능한 모든 노력을 다해야한다는 논리를 거부하기도 어려웠다. 미국은 '한반도'의 재처리 포기를 확보하는 차원 뿐 아니라 주한미군 핵무기 철수가 대한방위공약 약화로 비칠 소지를 방지한다는 차원에서도 한국이 비핵화논의를 주도하는 것이 바람직하다고 했다.

그레그 주한대사가 노태우 대통령의 7월 방미를 앞두고 이상옥 외무장관을 만나 "한국 측이 생각하는 바를 먼저 제시하는 것이 좋을 것이며 미국은 한국이 핵문제에 관하여 이니셔티브를 취하는 것을 환영할 것"이라고 말했다.[172] 7월 2일 정상회담에서 주한미군 핵무기 철수와 북한 핵문제 해결 방안이 한꺼번에 논의되었다. 북한의 핵사찰 수용과 주한미군 핵무기 철수는 서로 연계할 수 없는 별개의 사안이지만 군사기술 발전을 감안하여 신축적으로 대응할 수 있다는 것, 북한의 재처리 포기 문제는 한국이 남북대화에서 주도적으로 제기한다는 데 양측의 의견이 대략 일치되었다.[173]

주한미군 핵무기 철수는 9월 27일 부시 대통령이 모든 전술핵무기를 폐기하겠다고 선언함으로써 그 이행을 위한 길이 열렸다. 10월 19일 워싱턴포스트는 한·미 양측이 모든 주한미군 핵무기를 철수하기로

---

[172] 이상옥, 『전환기의 한국외교』, p. 440.

[173] 7월 2일 한·미정상회담에서의 한반도 비핵화 논의와 관련하여 이상옥 장관의 회고록은 '한국이 주도적으로 북한과 협상키로 했다'는 원칙에 대해서만 언급할 뿐, 핵무기 철수 또는 비핵화의 내용으로서 '남북 공동의 재처리와 농축 포기'를 언급했는지에 대해서는 밝히지 않고 있다. 이상옥, 『전환기의 한국외교』, p. 446. 한편, 미국 측 기록에 의하면, 당시 노태우 대통령이 다음과 같이 좀 더 상세하게 입장을 밝혔다: "미국의 NCND 정책을 존중하면서 세 가지 조건하에 북한과 협상하려고 한다. 첫째, 미국은 핵보장(nuclear guarantee)을 유지한다, 둘째, 북한은 전면사찰(full inspection)을 수용한다, 셋째, 북한은 재처리를 포기한다. 북한이 이에 동의한다면 우리는 북한과 핵협상에 나설 것이다. 그러나 북한은 우리 어깨 너머로 미국과 직접 협상하려고 할 것이다. (중략) 한국은 4가지 요소에 입각한 비핵정책을 검토하고 있다: 1)핵 없는 세계가 바람직한 목표다, 2)한국은 핵에너지를 평화적으로 이용하는 나라, 3)한국은 핵무기를 보유하지 않고 사용하지 않으며 영토안에 갖지(have) 않을 것이다, 4)한국은 NPT를 지지한다." "Re: President Roh", Scowcroft, Brent, File, Presidential Meetings - Memorandum of Conversation 7/11/91-7/22/91.

최종 결정했다고 보도했다.[174]

1991년 10월 22-25일간 개최된 제4차 고위급회담에서 남·북 간에 핵문제가 논의되기 시작했다. 제4차 회담은 당초 1991년 2월 개최될 예정되었으나 북 측이 걸프전을 이유로 연기한 것이었다. 회담이 표류하는 동안, 8월 소련의 공산주의 쿠데타 실패, 9월 미국의 전술핵무기 철수 선언, 10월 4-13일간 김일성의 중국 방문 등 여러 가지 의미 있는 정세변화가 있었다.

제4차 회담에서 북한이 선제적으로 핵문제를 거론하고 나왔다. 연형묵 총리는 핵무기의 시험, 생산, 반입, 소유 및 사용 금지와 남한에 대한 미국의 핵우산 보호 제거, 북한에 대한 미국의 핵위협 중지, 그리고 궁극적으로 주한미군의 철수 등을 포함하는 조선반도비핵지대화선언 초안을 제시했다.[175] 북한으로서는 최대치를 제시한 것이었다. 남한은

---

[174] "US Decides to Withdraw A-Weapons from S. Korea", *The Washington Post*, October 19, 1991.

[175] 〈조선반도의 비핵지대화에 관한 선언〉 (초안)
북과 남은 조선반도에서 핵전쟁 위험을 제거하고 우리나라의 평화와 아세아와 세계의 안전에 이바지하며 나라의 평화통일에 유리한 전제를 마련하기 위하여 다음과 같이 선언한다.
1. 북과 남은 핵무기를 시험하지 않고 생산하지 않으며 반입하지 않고 소유하지 않으며 사용하지 않는다.
2. 북과 남은 조선반도와 그 령내에서 핵무기의 배비를 금지하며 핵무기를 적재했거나 적재했을 수 있는 비행기와 함선들의 령공 또는 령해 통과, 착륙 및 기항을 금지한다.
3. 북과 남은 자기 지역에 핵무기의 전개, 저장을 허용하거나 〈핵우산〉의 제공을 받는 그 어떤 협약도 다른 나라와 체결하지 않는다.
4. 북과 남은 조선반도와 그 령내에서 핵무기와 핵장비가 동원되거나 핵전쟁을 가상한 일체 군사연습을 하지 않는다.
5. 북과 남은 조선반도의 남쪽에 있는 미국의 핵무기와 미군을 철수시키고 핵기지를 철폐시키기 위하여 공동으로 노력한다.
6. 북과 남은 조선반도의 남쪽에 있는 미국 핵무기의 전면적이고도 완전한 철수와 핵기지의 철폐를 공동으로 확인하고 국제조약상 요구에 기초한 핵동시사찰의무를 리행하며 조선반도의 비핵지대화를 내외에 공포한다.
7. 북과 남은 미국과 조선반도주변의 핵무기 소유국들이 우리나라에 대한 핵위협을 하지 않으며 조선반도비핵지대의 지위를 존중할 데 대한 대외적 조치를 취한다.
8. 북과 남은 이 선언의 리행을 위한 공동기구를 선언발표 후 빠른 시일안에 내온다.
9. 이 선언은 북과 남이 각기 발효에 필요한 절차를 거쳐 그 문본을 서로 교환한 날부터 효력을 발생한다.

북한이 "IAEA 협정을 서명하고 핵사찰을 받아야만 핵문제를 논의할 기본적인 조건이 갖추어지며 그렇게 되면 한반도의 핵문제를 논의할 수 있다"고 대응했다.[176] 남한의 입장은 북한이 IAEA 안전조치협정을 체결하여 핵사찰을 수용하는 것이 문제해결의 관건이라는 것이었다. 원론적으로는 맞지만, 비핵지대화 주장을 전면에 내세운 북한의 입장에 효율적으로 대응하기에는 무기력했다. 뿐만 아니라, 정부가 총리회담을 진전시키기 위해 핵문제를 소홀하게 다루고 있다는 국내 일각의 비판도 제기되었다.[177] 핵문제 해결의 시급성을 강조하면서 지난 5월 남북한 동시 재처리 포기 방안을 제시한 미국은 한국이 재처리 포기에 소극적인 것 아니냐는 의구심이 있었다. 한국이 재처리 포기 입장을 분명히 하지 않음으로써 북한에 대한 국제사회의 압력을 동원하는 데 어려움이 있는 만큼, 한반도 안보의 직접당사자로서 조속히 입장을 표명해 줄 것을 강하게 요청했다.

11월 1일 노동신문은 한반도의 핵전쟁 위험은 "있지도 않는 누구의 《핵무기 개발》"이 아니라 남한에 배치된 주한미군 핵무기 때문이라 하고, "핵사찰을 하려면 핵무기가 존재하지도 않는 우리만 할 것이 아니라 핵화약고로 전변된 남조선도 같이 해야 한다"고 주장했다.[178]

11월 8일 노태우대통령은 우리 정부가 "핵무기를 제조, 보유, 저장, 배비, 사용하지 않는다"는 비핵 5원칙과 "핵재처리와 우라늄 농축을 포기"할 것을 선언하고 북한도 동일한 조치를 취할 것을 촉구하는 '한반도의 비핵화와 평화 구축을 위한 선언'을 발표했다.[179] 제4차 고위

---

176 이상옥, 『전환기의 한국외교』, p. 464.
177 "양보할 것과 양보할 수 없는 것", 『동아일보』, 1991년 10월 29일.
178 "핵전쟁을 추구하는 호전광의 망발", 『로동신문』, 1991년 10월 1일 5면.
179 〈한반도 비핵화와 평화구축을 위한 선언(요지)〉
       1. 우리는 핵에너지를 평화적 목적을 위해서만 사용하며 핵무기를 제조, 보유, 저장, 배비(配備),
          사용하지 않는다.

급회담에서 핵문제 논의에 수세적이었던 데 비하면 예상 밖의 대담한 조치였다. 재처리 포기가 현안의 하나로 계속 남아 있는 것이 외교적으로 부담스러울 수 있고, 남·북관계 논의를 한국이 주도해야 한다는 판단이 복합적으로 작용한 결과였다.[180] 한국정부가 핵문제 논의에 소극적이라고 비칠 경우 미국이 직접 나설 수 있고, 그렇게 되면 한국이 남북대화에서 주도권을 상실할 수 있다는 우려도 있었다.

이 당시 부시 행정부는 북핵문제 해결을 위해 가용한 모든 외교적 수단을 동원한다는 원칙하에 움직이고 있었다. 11월 10-17일간 일본, 한국, 중국을 순방한 베이커 국무장관이 12월 하순 방한을 계획중이던 체니Dick Cheney 국방장관에게 순방 결과를 요약해 보냈다. 이 문서는 당시 미국이 북한 핵문제 해결을 위하여 어떠한 방향으로 움직이고 있었는지를 잘 보여 준다.[181]

---

2. 우리는 핵무기비확산조약(NPT)과 이에 따라 국제원자력기구와 체결한 핵안전조치협정을 계속 준수하여 한국내의 핵시설과 핵물질은 철저한 국제사찰을 받도록 하며, 핵연료 재처리 및 핵농축 시설을 보유하지 않는다.

3. 우리는 핵무기와 무차별살상무기가 없는 평화적인 세계를 지향하며, 화학생물무기의 전면적 제거를 위한 국제적 노력에 적극 참여하고 이에 관한 국제적 합의를 준수한다.
   - 북한은 국제사찰을 회피하여 핵무기를 개발해야할 이유도, 명분도 없으며 재처리와 핵농축의 포기를 포함하여 이 선언에 상응하는 조치를 취해야 할 것.

180 이 선언에서 한국이 NPT 회원국들에게 허용되어 있는 재처리와 우라늄 농축을 포기한 것과 관련하여, 이상옥 전 외무장관은 "핵정책의 외교적, 안보적 측면 뿐 아니라, 경제적 과학기술적 측면까지 포함한 종합적인 정책 검토와 의견 수렴 과정을 충분히 거치지 못한 아쉬움이 없지 않았다"고 회고하고 있다. 이상옥, 『전환기의 한국외교』, p. 469. 특히 우라늄 농축 금지는 같은 해 5월 월포위츠 차관이 남·북 간의 핵문제 협의를 거론한 이후 한미협의과정에서 논의된 바 없는 새로운 내용이었다. 이과 관련하여, 미 측 관계자는 공동선언 "초안을 협의하는 과정에서 백악관이 우라늄 농축 금지도 포함시키도록 촉구한 데 따른 것이었다"고 주장한다.(Wit, Poneman & Gallucci, *Going Critical*(Washington DC: Brookings Institution Press, 2004), p. 10.)

181 "Dealing with the North Korean Nuclear Problem: Impressions from My Asia Trip", North Korea and Nuclear Weapons: The Declassified U.S. Record, National Security Archive Electronic Briefing Book No. 87. 당시 미국은 북한 핵문제 해결을 남북대화나 IAEA-북한협의에만 맡겨둘 수 없다고 보고, 대북압력을 규합하는 방안의 하나로 「2+4」회담을 제의했다. 베이커 장관은 1991년 11월 8일자 기고문에서 "한반도의 긴장 완화와 궁극적인 통일의 열쇠는 활발한 남북대화"이며 "한국민들 스스로 평화와 통일의 길을 마련해야 한다"고 전제하고 "미, 일, 중, 러 등 4개국들도 한반도에서 교차하는 이해를

- 첫째, 미국은 북한이 IAEA 안전조치협정을 이행할 뿐 아니라 노태우 대통령의 11월 8일자 비핵화 선언을 바탕으로 남북이 모두 재처리를 포기하도록, 일본, 중국 및 러시아와 함께 압력을 가중해 나가는 것을 포괄적인 목표로 설정했다.
- 둘째, 일본이 북·일 국교정상화에 너무 앞서 나가지 못하도록 하고, 국교정상화와 경제적 보상은 북한이 안전조치협정을 이행하고 재처리 능력을 포기한 다음에 이루어질 수 있도록 조건화했다.
- 셋째, 한국에 대해서는 남·북관계에서 주도권을 잡으려는 정치적 민감성을 존중해 주되, 북한 핵개발은 한국이 단독으로 해결할 수 없는 세계적 비확산 문제이며 미국은 한국에 안전보장을 공약하는 동맹국으로서 발언권이 있다는 것을 분명히 해야 한다고 생각했다.
- 마지막으로, 미국은 중국이 북한의 핵개발에 우려를 갖고 있지만 북한에 대한 영향력 유지 차원에서 미국과 일정한 거리를 두려 한다고 본다.

　북한은 11월 25일자 외교부 성명을 통해, 핵안전조치협정 서명 문제의 본질이 주한미군 핵무기 철수 공약의 실천에 달려있다면서, (1)주한미군 핵무기 철수가 시작되면 핵안전조치협정에 서명할 것,

---

갔고 있으며", "남북대화를 지원하고 긴장을 완화하며, 공통 안보우려를 토의하고 남북대화 결과를 보장할 수 있는 협의체를 검토할 수 있을 것"이라고 했다. James A. Baker, III, "America in Asia: Emerging Architecture for a Pacific Community", *Foreign Affairs*, Vol. 70, No. 5 (Winter 1991/92). 베이커 장관은 「2+4」회담 개최 방안을 11월 11일 미야자와 일본 총리 면담에서 협의하고 일본국제관계연구소 연설에서도 제의했다. "미 국무장관, 「2+4회담」 제기", 『한겨레신문』, 1991년 11월 12일. 한국은 이 제의에 유보적이었다. 11월 9일 이상옥 장관은 KBS, MBC TV 공동초청 대담에서 "한반도에 관한 모든 문제는 직접 당사자인 남·북한 간의 협상과 합의를 통해 해결되어야 한다는 정부의 기본입장에 변함이 없다"고 하고, 주변국의 도움이 필요하지만 이는 어디까지나 남북 협의를 지원하는 보조역할이 되어야 한다고 했다. " '미 제의 4+2회담 남북합의 선결돼야', 이 외무 밝혀", 『동아일보』, 1991년 11월 10일.

(2)주한미군 핵무기와 북한의 핵시설에 대한 동시사찰 실시, (3)동시사찰과 미국의 핵위협 제거를 협의하기 위한 북·미협상 실시, (4)한반도 비핵지대화 실현을 위한 남북협상을 진행할 것을 주장했다.[182]

제5차 남북고위급회담에서의 핵문제 논의를 앞두고, 12월 6-8일간 레만Ronald Lehman 미국 군축처장이 방한하여 대책을 협의했다. (1)제5차 회담에서 11월 8일자 '한반도 비핵화 및 평화구축에 관한 선언'에 입각한 남북비핵화공동선언 초안 제의, (2)남·북상호사찰제도 마련 및 사찰 대상에 주한미군기지 포함, (3)1992년 1월 31일 이전 시범사찰 실시, (4)한국은 시범사찰 이전에 핵부재선언을 검토한다는 데 합의했다.[183]

1991년 12월 10-13일간 서울에서 제5차 남북고위급회담이 개최되었다. 12월 13일 「남북사이의 화해와 불가침 및 교류협력에 관한 합의서」가 합의되었다. 핵문제와 관련하여, 정원식 총리는 한·미 간의 사전협의에 따라, '한반도 비핵화에 관한 공동선언'을 긴급 안건으로 제출했다.[184] 상호사찰 대상에는 북한이 요구하는 대로 주한미군 기지를

---

182 서명을 하겠다는 것은 사찰을 받겠다는 것과 다르다. 서명은 협정 이행의 첫 단계다. 서명을 한 다음 비준 절차가 남아있고, 사찰대상에 대한 최초보고서를 제출해야 하는 등 추가적인 절차가 남아 있기 때문에 북한은 이즈음부터 협상카드를 쪼개어 쓴다는 소위 '살라미전술'을 구사하기 시작했다고 볼 수 있다.

183 이상옥, 『전환기의 한국외교』, pp. 475-476.

184 〈한반도 비핵화 등에 관한 공동선언 (초안) (요지)〉
1. 남과 북은 핵에너지를 오직 평화적 목적에만 사용하며 핵무기를 제조, 보유, 저장, 배비, 사용하지 않는다.
2. 남과 북은 핵재처리 시설과 우라늄 농축시설을 보유하지 않는다.
3. 남과 북은 화학·생물무기의 전면적 제거를 위한 국제적 노력에 적극 참여하고 이에 관한 국제적 합의를 존중한다.
4. 남과 북은 쌍방이 보유하는 핵시설과 물질에 대한 국제원자력기구의 사찰과는 별도로 상기 조항들의 이행을 확인하기 위하여 남과 북의 모든 군사시설과 민간시설 그리고 물질과 장소에 대하여 쌍방이 합의하는 방법으로 사찰을 실시하며 사찰의 대상은 상대측에서 선정한다.
5. 남과 북은 4항의 이행을 위하여 필요한 구체적인 사항들을 쌍방이 합의하는 별도의 기구에서 협의·결정한다. "한반도 비핵화 등에 관한 공동선언(안)", 『동아일보』, 1991년 12월 11일.

포함시키기로 했으며, 시범사찰 방안으로서 북 측은 남쪽의 군산비행장이나 북 측이 지정하는 시설을 사찰하고 남 측은 북쪽의 순안비행장과 영변핵시설을 사찰한다는 방안을 제시했다. 북 측은 지난번 회의에서 내놓았던 '조선반도의 비핵지대화에 관한 선언'을 다시 내놓고 양측 제안을 단일안으로 만들기 위해 협의할 용의가 있다고 했다. 제5차 회담에서 핵문제에 관한 합의에는 이르지 못했다. "남과 북은 한반도에 핵무기가 없어야 한다는 데 인식을 같이 하면서 핵문제를 협의하기 위하여 12월 안에 판문점에서 대표 접촉을 갖기로 했다"고 발표했다.

1991년 12월 16일 한국 국방부는 "북한이 시범사찰에 응하는 등 전향적 자세를 밝힌다면 내년도 팀스피리트 훈련을 유보할 수 있다"고 발표했다. 북한 핵사찰을 위해 주한미군기지 사찰에 더하여 T/S 훈련 중단을 제시한 것이다.[185]

12월 18일 노대통령은 "이 시각 우리나라의 어디에도 단 하나의 핵무기도 존재하지 않습니다"고 하고, "우리가 비핵화를 구현하고 남북한 동시핵사찰을 수용한 상황에서 북한이 핵무기를 개발하거나 사찰을 거부할 어떠한 명분이나 이유도 사라졌습니다"고 했다.[186] 남한의 '핵부재 선언'이었다.

12월 22일 북한은 외교부 대변인 성명을 통해, "남조선 당국자가 발표한 것처럼 남조선에서 실지로 미국의 핵무기가 완전히 철수되고 남조선 땅에 핵무기가 없게 되었다면 우리 공화국 정부가 일관되게 주장하던 정당한 요구가 드디어 실현된 것으로 되므로 이를 환영"하며, "미국이 앞으로 명백한 립장을 밝히리라는 것을 전제로 핵무기전파방지조약에 따르는 담보협정에 서명할 것이며 해당한 절차를 통하여

185 "북 연내 핵사찰 수락 땐 내년 팀스피리트 유보", 『경향신문』, 1991년 12월 17일.
186 "1991년 12월 18일 노태우 대통령의 「한반도 비핵화와 관련된 발표문」", 『남북대화 제54호』 (서울: 국토통일원 남북대화사무국, 1992), p. 185.

사찰을 받게 될 것"이라고 했다. 이 성명에서도 북한은 북·미직접대화를 요구하는 것을 빼놓지 않았다. "핵무기를 생산하여 그것을 남조선에 배비하고 관리하고 있는 것도 바로 미국이며 그 사용권과 철수권을 가지고 있는 것도 미국인데, 핵무기의 주인인 미국은 가만히 있고 그에 대한 아무러한 결정권도 없는 남조선 당국자가 나서서 하는 말만 듣고서는 핵무기의 철수 여부에 대해 정확히 알 수 없는 것"이라고 했다.[187] IAEA 안전조치협정 서명도 "미국이 앞으로 명백히 입장을 밝히는 것을 전제"로 한다는 점을 분명히 했다. 협정에 서명을 하되, 그 이행은 주한미군 핵무기 철수 확인과 미국과의 대화에 달렸다는 주장이었다.

1991년 12월 26일, 28일, 31일 세 차례 연이어 판문점에서 핵문제 협의가 이루어졌다.[188] 12월 26일 협의에서 북한은 기존의 입장을 대폭 완화했다. 첫째, 남 측이 요구한 핵연료 재처리와 농축시설 포기에 동의했고, 둘째, 핵우산 보호를 금지해야 한다는 조항을 철회했으며, 셋째, '핵무기 적재 항공기와 함선들의 영공, 영해 통과 또는 착륙 및 기항금지' 요구도 철회했다. 북 측은 '비핵지대화' 주장을 '비핵화'로 바꾸는 데 동의했다. 협상의 핵심 난점들이 사실상 해소되었다. 양측은 선언 발효 후 1개월 이내에 핵통제공동위를 구성키로 했다. 상호사찰과 관련하여, 남한은 '상대방이 선정하는 대상'으로 할 것을 주장했으나 북 측은 끝까지 반대하여 '상대방이 선정하고 쌍방이 합의하는 대상'으로 한다는 데 합의했다. 북 측은 최단시일 내 IAEA와 안전조치협정을 서명하고 핵사찰을 받겠다는 입장을 명확히 했으며, 남 측은 북 측의 핵사찰 조치가 가시화되는 대로 1992년도 T/S 훈련 중단 등 상응한

---

187   "조선민주주의인민공화국 외교부 대변인 성명", 『로동신문』, 1991년 12월 23일 4면.
188   이상옥, 『전환기의 한국외교』, pp. 489-491.

조치를 취하기로 했다. 12월 31일 남북은 비핵화공동선언에 합의하고 가서명했다.[189]

1992년도 T/S 훈련 중단 방침은 1월 5일 부시 대통령 방한 시 최종적으로 조정되었다. 부시 대통령은 기자회견에서 북한이 IAEA 사찰과 남·북상호사찰을 받겠다는 약속을 지킨다면 1992년도 T/S 훈련을 중단할 수 있다고 했다.[190] 1월 7일 한국 국방부는 "정부 결정에 따라 1992년도 T/S 훈련을 실시하지 않기로 했다"고 발표했다. 미국도 같은 발표를 했다.

1월 5일 정상회담에서 김용순-캔터 간 북·미고위급회담을 개최한다는 원칙도 재확인되었다.[191]

1.3. 김용순-캔터Arnold Kanter 북·미고위급회담

김용순 북한 노동당 국제부장과 캔터 미국 국무부 정무차관 사이에 이루어진 최초의 북·미고위급접촉은 북한이 고대해 마지않던 것이

---

[189] 〈한반도의 비핵화에 관한 공동선언 (전문)〉
남과 북은 한반도를 비핵화함으로써 핵전쟁 위험을 제거하고 우리나라의 평화와 평화통일에 유리한 조건과 환경을 조성하며 아시아와 세계의 평화와 안전에 이바지하기 위하여 다음과 같이 선언한다.
1. 남과 북은 핵무기의 시험·제조·생산·접수·보유·저장·배비·사용을 하지 아니한다.
2. 남과 북은 핵에너지를 오직 평화적 목적에만 이용한다.
3. 남과 북은 핵재처리 시설과 우라늄 농축시설을 보유하지 아니한다.
4. 남과 북은 한반도의 비핵화를 검증하기 위하여 상대 측이 선정하고 쌍방이 합의하는 대상들에 대하여 남북핵통제공동위원회가 규정하는 절차와 방법으로 사찰을 실시한다.
5. 남과 북은 이 공동선언의 이행을 위하여 공동선언이 발효된 후 1개월 동안 남북핵통제공동위원회를 구성·운영한다.
6. 이 공동선언은 남과 북이 각기 발효에 필요한 절차를 거쳐 그 문본을 교환한 날 부터 효력을 발생한다.
1992년 1월 20일
남북고위급회담 남 측대표단 수석대표 대한민국 국무총리 정원식
북남고위급회담 북 측대표단 단장 조선민주주의인민공화국 정무원 총리 연형묵.
[190] "In Nuclear Deal, Seoul Halts War Game With U.S.", *The New York Times*, January 7, 1992.
[191] 이상옥, 『전환기의 한국외교』, p. 494.

었다. 북한은 북경 참사관급 접촉이 시작된 이래 접촉의 격상을 지속적으로 요구했다. 대화 격상과 관계개선을 요구하는 데 있어 북한은 집요했다. 미국이 주한미군 핵무기 철수를 선언하자 핵무기 철수를 확인하기 위해서는 핵의 주인인 미국과 대화해야 한다고 했다. 남·북상호사찰을 요구하자, 이 문제도 주한미군 핵무기와 관련된 것인 만큼 궁극적으로 미국과 대화해야 해결될 수 있다는 입장을 고수했다. 북한은 남한이 소련, 중국과 급속한 관계개선을 이루고 있는 데 대응할 필요에서라도 미국과의 관계개선을 절실히 원했다.

북한이 1991년 12월 남북기본합의서와 비핵화공동선언에 합의하고 IAEA 안전조치협정에 서명키로 한 데는 미국이 고위급접촉과 관계개선을 약속한 것이 영향을 미쳤다는 주장이 있다.[192] 근거가 없다고 하기 어렵다. 북한의 관계 격상 요구를 거부하던 미국이 긍정적인 태도를 보이기 시작한 것은 1991년 11월 중순 베이커 국무장관이 동북아 순방에서 돌아온 다음이었다. 중국은 그해 10월 김일성이 중국을 방문했을 때 미국과 관계를 개선하도록 적극 권했으며, 베이커 장관에게도 한반도 교차승인 방안을 타진할 만큼 북·미관계개선을 설득하고 있었다. 미국으로서는 추후 북한에 대한 강경조치를 취할 경우 중국의 협조를 확보해야 한다는 차원에서도 중국이 원하는 북한과의 고위급접촉을 적극 고려할 필요가 있었다. 또한 미국은 한국이 재처리 포기를 포함하여 남북대화에서 핵문제를 논의하는 데 소극적이라는 인상을 갖고 있었다. 미국이 직접 핵문제에 관한 관심과 우려를 북한 최고위층에게 전달해야겠다고 생각했다.

북한과의 고위급대화를 검토하면서 미국은 상당한 유인책도 고려

---

192 Don Oberdorfer & Robert Carlin, *The Two Koreas-A Contemporary History*, p. 207.

했다. 제5차 남북고위급회담에 앞서 12월 6-8일간 레만 군축처장이 방한했을 때 미 측은 남·북상호사찰 대상으로 북한의 영변 연구단지와 순안비행장, 남한의 군산비행장을 동시 사찰하는 방안을 제시했다.[193] 뿐만 아니라, 양측은 핵사찰 문제에 진전이 있을 경우, 주한미군 2단계1993-1995 철수를 재개하는 문제도 논의했다.[194] 당시 한미 양국은 북한이 핵사찰을 수용토록 하기 위해서는 주한미군 재조정 계획에 신축성을 보일 수도 있다는 입장이었다. 이것을 포함하여 이때 한·미 간에 협의된 여러 가지 긍정적인 검토사항들은 당시 활발하게 이루어지고 있던 남북대화 경로나 북경에서의 북·미 참사관급 접촉, 그리고 중국 정부를 통하여 자연스럽게 북한에게도 알려졌을 것이다. 미국은 북한이 핵사찰을 수용하고 핵무기 개발을 중단할 경우 외교적 승인과 관계 정상화도 가능할 수 있다는 입장을 북 측에 전달한 정황도 있다.

주변 여건도 전반적으로 좋아보였다. 주한미군 핵무기 철수가 가시권에 들어오면서 북한은 이미 IAEA 안전조치협정에 서명하겠다는 의사를 나타내 보이고 있었다. 북한은 남·북 간의 핵문제 협의는 물론 정상회담 개최에도 긍정적인 자세를 보였다. 미국이 요구하는 대로 남북대화를 진전시켰으며 남북기본합의서와 비핵화공동선언에도 합의했다. 북한이 이제부터 북경 참사관급 접촉의 한계를 벗어나 미국과 관계개선 문제를 폭넓게 논의할 수 있게 될 것이라고 기대했더라도 무리는 아니라고 본다.

그러나 미국은 이때까지도 북·미 접촉의 격상을 결정하지 않고 있었다. 접촉의 격상이나 관계개선에 앞서 한·미 간의 사전협의가 필요했다. 당시 한국은 미국과 다른 입장을 갖고 있었다. 한국은 북·미관계

---

[193] "주한 미 핵 철수 완료, 미 북한에 이미 통보", 『동아일보』, 1991년 12월 16일.
[194] "남북한 상호핵사찰 땐 미군 철수 유보조치 철회", 『한겨레신문』, 1992년 1월 18일.

개선 자체를 반대하지는 않았지만 남북문제를 한국이 주도해야 한다는 생각이 강했다. 워싱턴으로 가려면 반드시 서울을 거쳐야 한다는 입장이었다. 남·북 간의 핵문제를 논의하는 것도 주도권 차원의 문제로 보고 있었고, 그러한 맥락에서 남북정상회담도 제의했다. 따라서 한국은 북·미가 따로 만나 핵문제와 관계개선을 논의하는 데 긍정적이지 않았다. 북·미관계개선이 순탄할 경우 북한이 남북대화에 무성의하게 나올 것이라는 우려가 있었다. 한국은 고위급접촉의 목적을 핵문제에 대한 미국의 입장을 북한 최고위층에 전달하는 데 제한하려고 했으며, 미국이 남북정상회담의 성사를 위해 측면지원해 주기를 바랐다.

미국도 핵문제가 실질적으로 해결되기 전에 북한과 관계를 확대하려는 의지가 강하지 않았다. 특히 동맹국이 유보적인 견해를 갖고 있다면, 굳이 그 어깨너머로 가야할 이유를 찾기도 어려웠을 것이다. 결국 한·미 양측은 김용순-캔터 회담이 북경 참사관급 접촉의 격상이 아니라 1회성의 만남이며, 의제도 북·미관계 전반이 아니라 핵문제에 국한한다는 데 합의했다. 미 측 대표의 발언요지talking points는 한미 양국이 사전에 같이 검토했으며, 캔터 차관에게는 북한에게 '관계정상화'라는 말을 사용하지 못하도록 훈령이 주어졌다.[195]

1992년 1월 22일 뉴욕에서 열린 최초의 북·미고위급회담은 이렇게 남북한과 미국 및 중국의 입장이 어우러진 가운데 이루어졌다. 한미가 사전에 합의한 대로, 고위급접촉은 1회에 한하여 이루어졌다. 회담에서 김용순 부장은 어떻게든 후속회담 일정이나 회담결과 발표문에 합의하려고 애썼으나, 미 측은 응하지 않았다. 후속 협의는 북경 참사관급 접촉을 통해 이어지는 것으로 했다.

---

[195] Don Oberdorfer & Robert Carlin, *The Two Koreas-A Contemporary History*, pp. 207-208; 이상옥, 『전환기의 한국외교』, p. 500.

격상된 수준에서의 정책협의를 기대했던 북한의 입장에서 보면 회담 결과는 다분히 실망스러웠을 것이다. 북한 측은 신중하게 반응했다. 1월 23일 조선중앙방송은 회담이 "솔직하고 건설적인 분위기에서 만족스럽게 진행되었다"고 보도했다.[196] 그렇다고 실망감을 완전하게 감추지도 않았다. 1월 24일 노동신문은 "조선을 분열시키고 조선의 정세를 악화시킨 장본인"인 미국이 "조선문제가 조선의 북남사이에 해결하여야 할 문제인 것처럼 주장"해서는 안되고 "이미 시작된 조미 접촉을 조미 두 나라 사이에 존재하는 근본문제를 풀기 위한 대화로 발전시키는 것이 중요하다"는 논평을 게재했다.[197] 1월 26일 노동신문은 주로 다른 나라 언론 보도를 인용하는 방식으로 '북·미 간 최고위급 접촉이 이루어졌다'는 사실 위주의 보도를 내보냈다.[198]

한국에서는 1월 21-23일간 워싱턴을 방문한 이상옥 외무장관이 미 측으로부터 회담 결과를 청취하여 1월 25일 기자회견에서 다음 요지로 설명했다.[199]

– 북·미고위급접촉의 목적은 북한의 핵문제에 관한 미국의 입장을 정확하게 설명하고 그것이 북한 최고위층에 전달되도록 하는 데 있었다.
– 미 측은 그런 목적이 달성되었다고 보고 이번 접촉이 유용하고 건설적이었다고 평가한다. 북 측은 핵문제와 관련하여 이미 발표한 대로 IAEA와의 협정에 서명하고 이에 따라 사찰을 받을 것이며 남·북상호사찰도 수용할 것이라는 태도를 표명했다.

---

[196] "솔직한 분위기 만족, 북한 방송 논평", 『동아일보』, 1992년 1월 24일.
[197] "미국은 대조선정책을 고쳐야 한다", 『로동신문』, 1992년 1월 24일 6면.
[198] "처음으로 되는 조미사이의 고위급정치회담-여러 나라 신문, 통신, 방송들이 보도", 『로동신문』, 1992년 1월 26일 6면.
[199] 이상옥, 『전환기의 한국외교』, p. 503.

– 북한 측은 이번 접촉을 북·미관계 개선에 맞추려는 태도를 보였으나 미 측은 핵문제 해결이 선결과제라는 입장을 재확인했으며, 북한이 핵사찰을 받게 되면 정책레벨에서의 접촉을 정례화할 용의가 있음을 밝혔다.

이 장관은 북·미고위급접촉에서 북한 측이 "남북정상회담에 장애가 있다고는 생각하지 않는다는 입장을 밝힌 것으로 알고 있다"고 덧붙였다. 북·미고위급접촉에서 남북정상회담 개최 문제가 논의되었고 북 측이 이에 동의했다는 사실을 공개한 것이다.

7월 16일 솔로몬 동아·태차관보는 하원 동아·태소위에서, 지난 1월 김용순이 미군주둔을 용인하는 뜻을 미 측에 직접 전했으며 통일 후에도 동아시아의 안정을 위해 필요한 경우에는 미군의 단계적 철수도 가능하고 기존의 한미안보조약도 존중될 것이라는 북한의 방침을 밝혔다고 증언했다.[200] 미국은 1월 고위급회담에서 김용순이 일본의 재처리 등 잠재적 핵능력을 경계했으며 동북아 세력균형 차원에서 주한미군의 존재가 필요할 수 있다는 입장을 보인 것으로 평가했다.

---

[200] 당시 주한미군 문제에 대한 김용순의 설명과 관련하여, 2000년 남북정상회담에서 김정일 위원장은 김대중 대통령에게 다음과 같이 설명했다고 한다: "주변강국들이 패권 싸움을 하면 우리 민족에게 고통을 주게 되지만, 미군이 있음으로써 세력균형을 유지하게 되면 우리 민족에게도 안전을 보장할 수 있게 됩니다. (중략) 1992년 초 미국 공화당 정부 시기에 김용순 비서를 미국에 특사로 보내 '남과 북이 서로 싸움 안하기로 했다'고 말했습니다. 그러면서 '미군이 계속 남아서 남과 북이 전쟁을 하지 않도록 막아주는 역할을 해달라'고 요청했댔습니다. 역사적으로 주변 강국들이 한반도의 지정학적 위치와 전략적 가치를 탐내어 수많은 침략을 자행한 사례를 들면서 '동북아시아의 역학 관계로 보아 조선반도의 평화를 유지하자면 미군이 와 있는 것이 좋다'고 말해 줬어요. 제가 알기로 김 대통령께서는 '통일이 되어도 미군이 있어야 한다'고 말씀하셨는데, 그건 제 생각과도 일치합니다." 임동원, 『피스메이커: 남·북관계와 북핵문제 20년』(서울: 중앙북스, 2008), pp. 115-116 참조. 이 문제와 관련하여, 이상옥 전 외무장관은 "1992년 1월 미북한 접촉에서 북한 측이 미국과의 관계 개선에 상당한 의욕을 보이면서 한반도 주변 세력균형 관련 그와 유사한 발언을 한 바 있었다. 그러나 당시 미 측의 주요 관심사는 북한 핵문제였기 때문에 주한미군에 관한 북한 측 언급은 진지한 것으로 받아들여지지 않았고 큰 주목을 끌지도 못했다"고 기술하고 있다. 이상옥, 『전환기의 한국외교』, p. 503, 각주 10 참조.

1991년 12월 북한이 남북기본합의서와 비핵화공동선언 채택에 적극 호응한 데에 북·미관계개선 기대감이 작용했다는 주장이 사실이라면, 김용순-캔터 접촉에서 대화격상도 관계개선도 얻어내지 못한 북한으로서는 남북합의 이행에 적극 나설 이유를 찾기 어려웠을 것이다. 한미 양국은 남북대화를 통해 상호사찰 문제가 조기 해결되기를 원했지만, 북한은 이 문제를 미국과 협의해야 한다는 입장을 굽히지 않았다.[201] 단, 북 측은 지난 해 12월 고위급 접촉을 갖기로 할 때 약속했던 대로 1992년 1월 30일 IAEA 안전조치협정에 정식 서명했다.

1992년 2월 18-21일간 제6차 남북고위급회담이 개최되고 기본합의서와 함께 비핵화공동선언이 발효되었다. 그러나 비핵화의 이행을 위한 협의는 진전을 보지 못했다. 북한은 사실상 남한과의 핵문제 협의를 거부하고 있었다. 미국은 여전히 북 측의 대화 제의에 응하지 않았다. 오히려 남한으로 하여금 북 측에 대한 상호사찰 요구를 강화할 것을 요청했다. 2월 28일 레만 군축처장 방한에서 양측은 "북한이 1-2년 내에 핵무기를 개발할 수도 있다는 점에 유의하여 핵문제 해결의 긴급성을 재확인하고 한국이 북한과의 협상에서 강경 대처하는 입장을 견지하는 것이 필요하다"는 데 인식을 같이 했다.[202]

3월 17일 북경에서 제20차 북·미 참사관급 접촉이 열렸다. 북한은 김용순 노동당 국제부장 명의의 캔터 차관 앞 서한을 전달했다.[203]

---

[201] 칼린(Bob Carlin) 전 국무부 북한정세분석관은 이 고위급회담을 전후하여 김일성이 미국과의 관계개선에 대한 전략적인 결단을 내렸다고 본다. 이러한 맥락에서, 북한은 김용순-캔터 회담을 시작으로 이후 기회 있을 때마다 북·미관계 개선을 희망하면서 중국 및 러시아의 영향력을 견제하기 위해 주한미군의 존재도 수용할 수 있다는 입장을 표명했으며, 미국이 북한의 이러한 전략적 결단을 진작 알아차렸더라면 핵문제를 좀 더 일찍 해결하고 좀 더 많은 이슈를 포괄적으로 논의할 수 있었을 것이라고 했다. Robert Carlin and John W. Lewis, *Negotiating with North Korea* (Center for International Security and Cooperation, Stanford, January 2008), pp. 3-4 참조.

[202] 이상옥, 『전환기의 한국외교』, p. 514.

[203] 이상옥, 『전환기의 한국외교』, p. 524.

김용순은 최고인민회의가 5월 8일 IAEA 안전조치협정을 비준하고, 5월중 사찰대상 목록을 IAEA에 전달하여 6월중에는 사찰을 받게 될 것이라면서, 북미접촉의 격상과 관계개선을 요구했다. 미 측은 4월 6일 제21차 접촉을 통해 캔터 차관의 답신을 전달했다. 북한 측이 사찰수용을 더 이상 지체하게 되면 국제사회의 심각한 우려를 야기할 것이라 경고하고, 1월 22일 뉴욕 접촉에서 말한 바와 같이 "북한 핵시설에 대한 첫 사찰과 남·북한 간의 비핵화공동선언에 의한 첫 상호사찰이 만족스럽게 끝나게 되면" 미국은 북한과 정책수준의 접촉을 정례화하여 관계개선에 관련된 제반 문제를 논의할 용의가 있다고 밝혔다.[204]

5월 13–15일간 캔터 국무차관이 방한했다. 한국 측은 남·북상호사찰이 최대한 조기에 실시될 수 있도록 노력하고 있다고 설명했고, 미 측은 강제사찰challenge inspection 실현이 중요하다고 강조했으며, 양 측은 "핵문제 해결을 위해서는 IAEA 사찰 뿐 아니라 남·북상호사찰이 필수적"이라는 입장을 재확인했다.[205]

이 무렵 북·미관계개선 분위기는 나빴다고 할 수 없다. 한·중수교교섭이 진행되고 있는 등 전반적인 여건을 감안할 때, 핵문제만 해결되었으면 북·미관계도 급진전할 수 있었을 것이다. 북한은 미국과의 관계개선 희망을 반복적으로 전달하고 있었으며, 안전조치협정에 서명하고 IAEA 임시사찰도 수용하고 있었다. 북·일국교정상화교섭 북 측 대표 이삼로는 6월 23일 평화군축연구소 고문 자격으로 하와이 국제학술회의에 참석하며 통일 이전에 남·북한이 체결한 조약을 존중한다면서 한미상호방위조약을 수용할 수 있다는 입장을 보였고, 주한미군 철수에 대해서도 신축적인 입장을 제시했다.[206] 북한을 방문한 그레이엄

---

204 이상옥, 『전환기의 한국외교』, p. 525.
205 이상옥, 『전환기의 한국외교』, p. 534.

Billy Graham 목사, 카네기재단 연구원, 그리고 7월에는 테일러 미국 국제 전략문제연구소 부소장 등을 통해 미국이 요구하는 관계개선 조건을 수용하는 듯한 태도를 보이고 있었다. 북 측은 9월 8일 미국과의 관계 개선과 고위급접촉을 요청하는 김용순 부장 명의의 캔터 차관 앞 서한을 다시 한 번 국무부에 전달했다.[207]

결국 핵문제가 관건이었다. 미국은 관계개선을 이루기 전에 핵개발 의혹이 반드시 해소되어야 한다는 입장을 고수했다. 미국에게 있어 북한 핵문제는 냉전 이후 세계에서 비확산문제를 강화된 방식으로 처리하는 하나의 시범 사례가 되고 있었다.

핵문제 해결을 위한 미국의 전방위적인 압박은 북한의 대외활동 반경에 점차 더 크게 영향을 미치고 있었다. 이러한 상황은 북·일국교정상화 교섭과 남북대화 과정에 그대로 투영되었다.

2. 일본과 한국을 통한 북한 압박

2.1. 북·일국교정상화 교섭의 좌초

가. 일본자민사회당대표단 방북

7·7 선언 이후 일본에게 계속 냉담하던 북한이 관계개선에 적극적인 관심을 보이기 시작한 것은 샌프란시스코 한·소정상회담이 열린 다음이었다.

가이후 수상이 9월 21일 노태우 대통령과 통화, 가네마루 신金丸信 전

---

206 "북, 통일 후 미군 주둔 인정", 『경향신문』, 1992년 6월 25일; "북한, 주한미군 주둔 인정", 『한겨레신문』, 1992년 6월 25일.

207 "Increasingly Isolated, North Korea Seeks Better Relations With U.S.", *The New York Times*, September 17, 1992.

부총리가 이끄는 자민사회당대표단의 방북계획을 설명했다. 양측은 일본의 대북한 관계개선이 "한국과 소련, 한국과 중국, 그리고 미국과 북한 관계의 진전과 균형을 취해 이루어져야 한다"는 데 의견을 같이 했으며, 노대통령은 특히 일본이 "북한의 핵안전조치협정 가입을 고려해 대북관계를 추진해 나가기 바란다"는 입장을 전했다.[208]

　1990년 9월 24일 의원 22명, 정부관계자 10명, 기자 등 총 89명의 대규모 정당대표단이 평양에 도착했다. 이들 대표단은 26일 묘향산에서 김일성을 면담하고, 가이후海部俊樹 수상의 친서를 전달했다. 정당대표단 방북 결과는 9월 28일 소위 「3당 공동선언문 8개항」으로 발표되었다.[209]

---

[208] "노 대통령-일 수상 통화, 일 대표 방북문제 논의", 『동아일보』, 1990년 9월 21일; "한국 측 대외입장 고려, 일 북한 관계 추진", 『한겨레신문』, 199년 9월 22일.

[209] 「3당 공동선언 8개항」
　1. 3당은 과거에 일본이 36년간 조선인민에게 커다란 불행과 재난을 끼친 사실과 전후 45년간 조선인민에게 입힌 손실에 대해 조선민주주의인민공화국에 충분히 공식적으로 사죄를 하고 보상해야 한다고 인정한다. 자민당 가이후 도시키 총재는 김일성 주석에게 전한 친서에서 지난 기간 조선에 대해 일본이 끼친 불행한 과거가 존재했다는 것을 언급하고 "이러한 불행한 과거에 대해서는 다께시타 전수상이 지난해 3월 국회에서 깊은 반성과 유감의 뜻을 표명했는 데 저도 내각수상으로서 같은 생각입니다"라는 것을 밝히고 조-일 두 나라 사이의 관계를 개선해 나갈 희망을 표명했다. 3당은 일본정부가 국교를 수립하게 되는 것과 관련하여 과거 36년간의 식민지 지배와 그 이후 45년 동안 조선민주주의인민공화국 인민에게 끼친 손해에 대해 충분히 보상하여야 한다고 인정한다.
　2. 3당은 조-일 두 나라 사이에 존재하고 있는 비정상적인 상태를 해소하고 가능한 빠른 시일안에 국교관계를 수립하여야 한다고 인정한다.
　3. 3당은 조-일 두 나라 사이의 관계를 개선하기 위해 정치, 경제, 문화 등 여러 분야에서 교류를 발전시키며, 당면하여 위성통신 이용과 두 나라 사이의 직행항로를 개설하는 것이 필요하다는 데 대해 인정한다.
　4. 3당은 재일조선인들이 차별을 받지 않고, 인권과 민족적 제 권리와 법적지위가 존중되어야 하며, 일본정부는 이것을 법적으로 담보하여야 한다고 인정한다. 3당은 또한 일본 당국이 조선민주주의인민공화국과 관련하여 일본여권에 기재한 사항을 제거하는 것이 필요하다고 간주한다.
　5. 3당은 조선은 하나이며 북과 남이 대화를 통해 평화적으로 통일을 이룩하는 것이 조선인민의 민족적 이익에 부합하는 것이라고 인정한다.
　6. 3당은 평화롭고 자유로운 아시아를 건설하기 위해 공동으로 노력하며, 지구상의 모든 지역에서 핵위협을 없애는 것이 필요하다고 인정한다.
　7. 3당은 조-일 두 나라 사이의 국교수립의 실현과 현안의 제문제들을 해결하기 위한 정부 간의 교섭을 1990년 11월중에 시작하도록 강력히 권고하기로 합의했다.

한국의 입장에서 볼 때 북한이 일본과 수교하는 것은 원칙적으로 7·7 선언 이후 한반도 냉전구조 해체를 추진해 온 북방외교의 기본방향에 부합하는 것이었다. 9월 28일 한국 외교부는 북한의 정책변화가 "기본적으로 우리의 7·7 선언에 부응하는 것이며 한·소관계 진전 등 북방외교의 결과에서 비롯된 것으로 본다"는 논평을 발표했다.[210]

3당공동선언은 '전후 45년에 대한 보상'을 언급하고, 북한 핵문제를 적시하지 않았으며, 「하나의 조선」이라는 표현을 사용하는 등 몇 가지 문제가 있었지만, 북한이 일본과 수교교섭을 시작하기로 한 것은 한반도 정세에 큰 영향을 미칠 수 있는 것이었다. 1990년까지만 해도 북한은 교차승인이나 유엔동시가입이 「두 개 조선」을 의미한다면서 강력히 반대해 왔다. 남한이 소련이나 중국과 수교하는 데 반대했을 뿐 아니라, 북한 스스로도 미국이나 일본과 수교하지 않는다고 했다. 이렇게 보면 북한이 일본과 국교정상화에 나서기로 한 것은 대외정책의 근본적인 변화를 의미하는 것이었다. 비록 '3당 공동선언'에 「조선은 하나」라는 표현이 들어 있었지만, 북·일국교정상화를 논의한다는 것은 북한이 교차승인을 수용한 것으로 볼 수 있으며, 이러한 논리를 연장하면 북한은 남한의 유엔단독가입 또는 남·북동시가입을 반대하거나 한·소수교 및 한·중수교를 저지할 명분도 사라질 수 있는 일이었다.

북·일관계 진전을 보는 한국의 입장은 공식적인 환영과 내부적인 우려가 공존하는 것이었다. 공동성명을 대하는 당시 한국의 분위기는 국내 한 언론의 사설이 잘 대변해 주고 있었다.

---

8. 3당은 두 나라 인민들의 염원과 아시아와 세계평화의 이익에 맞게 노동당과 자민당, 노동당과 사회당 사이의 당적 관계를 강화하고 상호협조를 더욱 발전시키기로 합의했다.

210   "외무부 논평, 북한-일본 접근은 7·7선언에 부응", 『동아일보』, 1990년 9월 28일.

(북·일관계 개선이) 어디까지나 한일 기존관계의 바탕위에서 점진적으로 이루어져야지 한국정부의 우려를 자아낼 정도의 과속이어서는 곤란하다. (중략) 미국은 이에 대해 분명하고 확실하다. 북한이 핵안전조치협정에 조인하기 전에는 외교관계 수립 노력을 진전시킬 수 없다는 조건에서 한 발짝도 후퇴하지 않고 있다. 일본이 진실로 명실상부한 평화애호국이고 우리의 맹방이라면 북한의 핵안전조치협정의 조인을 끝까지 설득해 이를 실현시켜야 할 책임이 있다.[211]

나. 북·일 국교정상화 교섭과 핵문제

가네마루 신 전 부수상 방북 이후 양측은 모두 수교회담에 적극적인 태도를 보였다. 김일성은 수교교섭을 빨리 진행시켜 6개월 이내에 국교를 수립토록 지시했으며, 일본 측은 가이후 수상이 "국교정상화를 위한 북한과의 교섭창구를 조속히 열 것"이라고 말했다.[212] 북한은 사회주의권 붕괴와 소련 상실에서 오는 손실을 일본과의 관계개선을 통해 어느 정도 대체하려고 시도했다.

미국은 일본이 대북관계개선에 신중하게 나설 것을 요구했다. 1990년 10월 5일 요미우리讀賣신문은 북·일교섭과 관련하여 미국이 일본측에 4개항을 전달했다고 보도했다. (1)국교정상화 교섭에서 북한이 IAEA 안전조치 사찰을 받아들이도록 촉구할 것, (2)전후 45년을 보상하는 것은 한반도에 긴장을 가져온 북한의 전후 외교를 인정하는 것이 되어 용인할 수 없음, (3)일본이 36년간의 보상으로서 경제협력을 하는 경우에도 그것이 북한의 군사력 강화로 연결되지 않는다는 보증을 받을 것, (4)남북대화가 후퇴하지 않도록 할 것 등이었다.[213] 10월

---

211 "일-북한의 과속 접근", 『경향신문』, 1990년 9월 27일.
212 "김일성 6개월내 日과 수교 지시", 『동아일보』, 1990년 10월 4일.
213 "미, 일에 대북 수교 「요망사항」 전달", 『동아일보』, 1990년 10월 6일.

8일 가네마루 전 부수상이 방한하여 노태우 대통령에게 공동선언 8개 항에 오해의 소지가 있었다고 사과했으며, 노태우 대통령은 북·일관계가 "양자 관계일 뿐만 아니라 동북아시아의 평화와 안정에 영향을 끼치는 사안인 만큼 일본이 신중을 기해야 할 것"이라면서 일본이 대북한 수교에서 유념해야 할 5개항을 제시했다. (1)한일간 긴밀한 사전협의, (2)남북대화와 교류의 의미있는 진전, (3)북한의 IAEA 안전조치협정 조기 체결 촉구, (4)수교 이전 북한에 대한 보상 또는 경제협력 불가, (5)북한의 개방과 북한이 국제사회의 책임있는 일원으로 나오도록 노력한다는 것들이었다.[214] 북·일 국교정상화 회담은 당초의 기대에도 불구하고, 한국이 「조선은 하나」와 「전후 45년 보상」에 대한 일 측의 해명을 요구하고, 미국이 북한의 안전조치협정 서명을 포함한 4개항을 요구함으로써 진전이 쉽지 않게 되었다.

1991년 1월 30-31일간 평양에서 국교정상화를 위한 첫 회담이 열렸다. 보상과 관련하여, 북한 측은 일제 36년간 양측이 교전상태에 있었고 일본은 36년간의 잘못에 사죄하고 보상해야 하며, 전후 45년에 대해서도 보상이 필요하다고 주장했다. 일 측은 일제 36년간 양측이 교전상태에 있었다고 볼 수 없으며, 전후 45년에 대한 보상은 불가하다고 주장했다. 일본이 핵사찰 수용을 촉구한 데 대하여 북 측은 핵문제가 북·일 간에 논의할 성격이 아니라 미국과 교섭할 사항이라면서, 북한은 안전조치협정을 체결할 준비가 되어 있으나 미국이 남한에 다수 핵무기를 배치하고 있는 등 핵위협을 제거하는 데 불응하고 있어 지연되고 있다면서, 일본이 오히려 북·미협의가 이루어질 수 있도록 중재해 줄 것을 요청했다.[215] 제2차 수교회담이 3월 11-12일간 동경에서

---

[214]   이상옥, 『전환기의 한국외교』, p. 578.
[215]   이상옥, 『전환기의 한국외교』, pp. 605-606.

개최되었으나, 진전을 이루지 못했다.

1991년 5월 20-22일간 북경에서 제3차 교섭이 예정되어 있는 가운데, 일본인 납치사건이 제기되었다. 5월 17일 한국 안전기획부는 KAL기 폭파범 김현희가 북한에서 공작원 교육을 받을 때 일본어를 가르친 이은혜라는 여성이 1978년 일본에서 납치된 다구치 야에꼬田口八重子로 드러났다고 발표했다. 이 소식은 일본에서 주요 뉴스가 되었고, 경시청은 사실 확인과 경위 조사에 나섰다.

제3차 교섭의 첫 날, 전인철 북 측 수석대표는 「선 보상, 후 수교」라는 기존 입장을 버리고 「선 수교, 후 현안협의」라는 신축성있는 입장을 제의했다. 북 측은 보상과 관련하여 1, 2차 회담에서 나온 양측 입장이 워낙 거리가 있었기 때문에 수교를 먼저 한 다음 나중에 경제협력을 이끌어 내려는 의도가 있었다.[216] 그러나 일본측의 입장은 이때 이미 경화되어 있었다. 일 측은 회담 진전의 전제조건으로서 북한의 핵사찰 수락, 남북대화 재개, 남·북유엔동시가입 등을 제시하고, 특히 북한이 남·북유엔동시가입에 찬성하지 않을 경우 남한 단독가입을 지지하겠다는 입장을 전달했다. 북한 측은 일 측이 내세운 3가지 조건이 모두 국교정상화와 상관없는 것이라면서 반발했다.

일본 측은 수교회담 3일차 협의에서 이은혜 문제를 제기했다. 일본 측은 이은혜문제가 수교교섭에 장애가 되는 상황을 원하지 않았지만 국민감정이 격앙되어 불가피하게 회담 마지막 날에 조심스럽게 거론했다고 한다. 그럼에도 불구하고 북한 측은 "북한을 국제적으로 신용할 수 없는 국가라고 선전하는 음모"라면서 강력히 반발하고 발언철회를 요구했다.[217]

---

216   이상옥, 『전환기의 한국외교』, p. 612.
217   이상옥, 『전환기의 한국외교』, pp. 613-614.

1991년 8월 30-31일간 북경에서 제4차 회담이 개최되었다. 일 측은 이은혜의 안부 확인을 요구했으나 북 측은 문제의 존재 자체를 부정했다. 일정을 연기하여 9월 2일까지 핵사찰 문제와 배상 문제를 협의했으나 진전을 보지 못했다.[218]

1991년 11월 5일 미야자와 내각이 새로 출범했다. 미야자와 기이치宮澤喜- 수상은 1992년 1월 16일 방한, 노태우 대통령과의 회담에서 "북한이 핵개발을 포기하고 IAEA의 핵안전 협정을 체결하여 사찰을 수용하는 것이 수교의 조건임을 북한 측에 분명히 알려놓고 있다"고 설명했다.[219]

이은혜 납치문제가 제기되고, 핵문제 해결이 회담 진전의 전제조건으로 굳어지면서 북·일국교정상화 교섭은 실질적으로 끝났다. 특히 핵문제는 IAEA 사찰 뿐 아니라 남·북상호사찰과도 연계된 것으로서 일본이 대북관계개선을 위해 독자적으로 움직일 수 있는 공간은 사라져 버렸다.

1992년 1월 30-31일간 제6차 협상이 재개되었다. 이번 회담은 남북기본합의서 채택, 비핵화공동선언 합의, 북한의 IAEA 안전조치협정 서명, 북·미고위급회담 개최 등 회담 진전을 위한 여건이 개선된 상황에서 개최되었다. 일본 측은 제4차 회담에서 기본관계조약안을, 북한 측은 제5차 회담에서 선린우호조약안을 각각 제시하여 이번 회담에서 이 두 가지를 두고 세부사항을 조율한다는 의미가 있었다. 회담 후 북 측 전인철 대표는 "관계 정상화를 위한 합의의 토대를 마련했다"고 평가했고, 일 측 대표도 "연내에 회담이 마무리될 가능성을 배제하지 않는다"고 했다.[220]

---

[218] 이상옥, 『전환기의 한국외교』, p. 688.
[219] 이상옥, 『전환기의 한국외교』, p. 654.

1992년 5월 13-15일간 제7차 회담이 북경에서 개최되었다. 일본은 북한의 안전조치협정 서명을 평가하면서도 IAEA 사찰과 함께 남·북상호사찰도 이행해야 한다고 강조했다. 특히 IAEA 사찰은 6월에 실시된 임시사찰이 아니라 정식 사찰 결과를 보고 판단한다는 입장을 천명했다. 반면 북 측은 안전조치협정의 비준과 사찰목록 제시, 임시사찰 실시 등으로 일본과의 핵문제는 해결된 것이라고 했다. 경제문제에서도 북 측은 보상을 요구했고, 일 측은 한·일협정과 같이 경제문제는 청구권문제로서 경제협력 방식으로 해결되어야 한다고 주장했다.

핵문제가 관건이라는 점이 재확인되고 있었다. 미야자와 수상은 7월 1일 부시 대통령과의 회담에서 "남·북상호사찰을 통해 북한의 핵개발 의혹이 완전히 해소될 때까지 북한과 수교하지 않을 것이라는 입장을 재확인"했다.[221] 핵문제 해결은 IAEA 사찰과 남·북상호사찰에 달려 있었고, 일본이 할 수 있는 일은 없었다.

7월중 열릴 예정이었던 제8차 수교 협상은 8월로 연기되었다. 연기된 협상은 핵문제에 진전이 없음에 따라 다시 표류했다. 11월 5-6일간 제8차 회담이 북경에서 재개되었다. 5월 제7차 회담 이후 6개월만의 재회였다. 5일 오전 본회담에서 일 측은 남·북상호사찰 수용을 강력히 거론했고, 북 측은 이를 수용하지 않았다. 이어서 이견조정을 위한 실무협의에서 일본 측은 이은혜 문제를 거론했고, 북 측이 여기에 강력히 반발하여 회의장을 나가버렸다. 협상은 파행으로 들어갔으며, 결국은 속개되지 못하고 중단되었다.[222]

220 "조일국교정상화를 위한 정부간 제6차 본회담 계속", 『로동신문』, 1992년 2월 1일 4면; "북한-일본 수교문서 구체적 논의, 6차 국교정상화 회담 내용과 의의", 『한겨레신문』, 1992년 2월 3일.

221 이상옥, 『전환기의 한국외교』, p. 699.

222 이상옥, 『전환기의 한국외교』, p. 700.

제9차 회담은 이로부터 7년 반이 지난 2000년 4월 5-7일간 평양에서 재개되었다.

2.2. 핵문제에 막힌 남·북관계 개선

가. 남·북고위급회담 본회담(총리회담) 개최

1990년 9월 4-7일간 서울에서 제1차 남·북고위급회담이 개최되었다. 제1차 회담은 양측의 입장 차이가 얼마나 큰지를 확인하는 자리였다. 총리회담에 임하는 북 측의 최대 관심사는 체제유지와 흡수통일 방지였다. 연형묵 총리는 9월 4일 만찬사에서 "우리는 나라의 통일문제를 먹고 먹히우는 방법이 아니라, 북과 남의 서로 다른 사상과 제도를 그대로 두고 련방국가를 창립하는 방식으로 해결할 것"이라고 강조했다. 또한 "일방이 타방에 자기의 사상과 제도를 강요하는 방법은 결국 대결과 충돌을 가져오게 되며 민족적 재난을 면할 수 없게 한다"고 했다.[223] 5월 최고인민회의 연설에서 김일성이 직접 언급했던 내용이었다.

이때까지만 해도 핵문제가 남북회담을 압도할 정도는 아니었다. 회담 개최에 앞서 미국은 한국 정부가 "핵문제를 고위급협의에서 군비통제 문제의 하나로 다루는 것이 바람직하다"고 의견을 제시한 바 있으나 한국 정부는 "고위급 회담의 진전으로 남·북관계가 호전되면 북한 핵문제 해결에도 도움이 될 것"이라는 시각에서 "남·북고위급회담의 진전과 핵문제 해결노력을 병행 추진해 나간다"는 기본 입장을 갖고 있었다.[224]

북한의 내부 사정은 악화일로에 있었다. 경제상황이 심각했다. 자력

---

[223] "북남고위급회담 우리측 대표단을 위하여 남 측 《총리》가 만찬을 차렸다", 『로동신문』, 1990년 9월 5일 3면.
[224] 이상옥, 『전환기의 한국외교』, p. 420.

갱생을 강조했지만, 북한 경제는 에너지다소비구조로 되어 있었고, 대외적인 요인에 취약했다.[225] 1991년 들어 소련이 경화결제를 시행함에 따라, 1–7월간 북한이 소련으로부터 수입한 양은 1990년 8.8억 불의 1.2%인 1,100만 불에 불과했다. 석유류 수입도 1/10로 줄었으며, 북한의 공장가동률은 평소의 40%로 추락했다.[226] 식량난이 특히 심각했다. 1991년부터 식량소비를 줄이기 위해 "하루 두 끼 먹기 운동"을 전개했으며, 1992년 들어 배급량을 다시 10% 줄였다.[227]

국제적인 여건도 좋지 않기는 마찬가지였다. 1990년 10월 20일 중국은 남한과 무역대표부를 개설했다. 1990년 12월 제3차 남·북고위급회담이 열리고 있을 때 노태우 대통령은 소련을 국빈 방문하고 있었다. 군사적 압박도 계속되었다. 1990년 11월 29일 유엔안보리는 이라크에게 쿠웨이트에서 철수하라는 최후통첩을 결의했다. 이듬해 1월 17일 미국이 주도하는 다국적군이 이라크에 대한 총공격을 개시했다.

남한은 노태우 대통령 집권 4년차에 들어가면서, 모스크바와 북경을 거쳐 평양으로 들어간다는 자신감이 넘치고 있었다. 한·소수교와 한·중관계 개선의 여세를 몰아 남북정상회담을 실현하고 통일의 기반을 마련하겠다는 마무리 수순을 생각하고 있었다. 1990년 12월 29일 노태우대통령은 MBC 회견에서 "과거 동맹관계에 있던 소련과 중국이 이제 북한을 지원해 주는 입장에 있지 않아 북한이 외부의 협력을 얻으려면 우리와의 대화와 정상회담에 응해야 하며, 개방의 길을 걷지 않을 수 없을 것"이라 하면서 "머지않은 장래에 남북정상회담 개최가

---

225 북한의 에너지 소비적인 산업구조와 취약점에 대해서는 오원철, 『북한의 경제정책』(서울: 기아경제연구소, 1995) 참조.

226 "북한 원유난 극심, 공장 60% 멈춰, 일지 보도", 『경향신문』, 1991년 12월 1일.

227 Stephan Haggard & Marcus Noland, *Famine in North Korea: Markers, Aid, and Reform*(Columbia University Press, New York, 2007), pp. 58-59.

가능할 것"이라고 낙관했다.[228]

위기의 형태가 점점 뚜렷해지고 있었지만, 북한은 변화에 나서지 않았다. 북한은 김정일 권력승계를 제도화하는 한편, 사상 강화를 통해 위기를 극복하려고 했다. 변화를 거부한 채 '우리식 사회주의'를 고수하고, 동유럽과 중국에서 일어나고 있는 전환을 사회주의의 변절이라고 비판했다.[229]

1991년 2월 18일 북 측은 "남조선 당국자들은 만걸프전쟁을 계기로 있지도 않은《남침위협》의 구실 밑에 우리를 걸고 남조선 전역에《비상전시체제》를 선포한 데 이어 극히 도발적인《팀스피리트》합동군사연습까지 발표"하고 있다고 비난했다. 2월 25일로 예정되어 있던 제4차 고위급회담을 취소했다.[230]

전반적으로 불리한 여건에서 북한의 「하나의 조선」 원칙은 무너지고 있었다. 한·소수교와 한·중관계의 진전, 북·일국교정상화 교섭 개시 등으로 「하나의 조선」은 현실에서 폐기되어 갔다. 연방제통일방안의 내용도 바뀌었다. 2월 9~17일간 버클리대 심포지엄에 참석한 박영수 조평통 부위원장은 "고려연방제안이 가장 합리적인 통일방안임에는 틀림없으나 그 실현방법은 남·북한 간에 논의를 거쳐 점진적, 단계적으로 이루어 나갈 수 있다"고 했다.[231]

연기되었던 제4차 고위급회담이 10월 22~25일간 평양에서 개최되었다. 제3차 회담 후 10개월 만이었다. 양측은 회담 결과를 「남·북간

---

228 "남북정상회담 머지않아 가능, 노대통령 MBC 회견", 『동아일보』, 1990년 12월 30일.

229 김정일, "사회주의건설의 역사적 교훈과 우리 당의 총노선: 조선노동당중앙위원회 책임일 군들과 한 담화(1992년 1월 3일)", 『김정일 선집 16권(1991.12-1992.4)』(평양: 조선로동당출판사, 2012), pp. 58-93.

230 "북남고위급회담을 파탄의 위기에 빠뜨린 남조선당국자들은 민족 앞에 비싼 대가를 치르게 될 것이다", 『로동신문』, 1991년 2월 18일 3면.

231 "연방제, 남쪽과 합의 추진", 『한겨레신문』, 1991년 3월 20일.

화해와 불가침 및 교류협력에 관한 합의서」라는 단일문서로 정리한다는
데 합의했다. 회담에 참석한 남 측의 한 대표는 북 측의 이러한 성의와 양
보가 "북한 지도부의 강력한 희망에 따른 것"이라고 들었다.[232] 제4차 회
담에서 북한 핵문제가 논의되었으나 가시적인 성과를 거두지는 못했다.

　12월 10-13일간 서울에서 제5차 고위급회담이 개최되었다. 「남·
북 간 화해와 불가침 및 교류협력에 관한 합의서」가 서명되었다. 남한
의 언론은 한반도 교류협력의 시대를 연 역사적 문건으로 한반도 평화
시대가 개막되었다고 평가했다.[233] 1991년 12월 13일 남북기본합의
서에 이어 12월 31일 남북비핵화공동선언에도 합의했다. 분단 후 처
음으로 남·북이 일정한 공존의 형식을 갖추는 데 합의한 것으로 보였
다. 김일성은 1992년 1월 1일 신년사에서 남북기본합의서가 7·4 공
동성명과 함께 가장 중요한 조국통일강령이라고 평가하면서 남북이
이를 성실히 이행해야 할 것이라고 강조했다.

　1991년 말에 얻어진 이러한 결과는 북한의 안팎에서 일어나고 있던
일련의 흐름이 어우러진 결과라고 할 수 있다. 어울렸다고 하지만, 북
한으로서는 선택의 여지가 없었다고 하는 것이 맞다. 북한은 힘에서

232　제4차 회담에서 북한이 전례 없이 신축적인 자세를 보인 배경과 관련하여 임동원 전 장관은
　　회담 직전인 10월 4-13일간 김일성의 중국 방문에서 중국 측이 제시한 4가지 조언이 큰 작
　　용을 했다고 증언했다. 중국 측은 첫째, "북한도 중국처럼 공산당 일당독재체제하에서 개혁
　　개방을 할 수 있으니 개혁개방에 나서라"는 것, 둘째, "북한이 경제발전을 하려면 한반도 평
　　화가 절대적으로 필요"하므로 진행중인 남·북고위급회담을 조속히 성공시켜서 남·북관계
　　부터 개선해야 한다는 것, 셋째, 핵의혹을 해소할 것, 넷째, 미국과의 관계 정상화를 위해 핵
　　무기개발 의혹해소와 관계 정상화를 연계하라는 것을 조언했으며, 김일성은 이 조언을 받아
　　들여 (1)나진·선봉지역을 개방했고, (2)12월 중순에 노동당 정치국회의에서 남북기본합의
　　서 채택을 결정했으며, (3)한반도 비핵화 공동선언을 채택하기로 결정했다고 한다. 특히 북
　　한은 중국의 조언에 따라 핵개발의혹 해소와 북·미관계개선을 연계하는 '전략적 결정'을 내
　　렸다고 한다. 신욱희·조동준 면담 편집, 『구술사료선집 7, 고위관료들, '북핵위기'를 말하
　　다』, pp. 157-158.
233　"남북 화해-교류시대 열다", 『동아일보』, 1991년 12월 13일; "남북합의서 극적 타결",
　　『경향신문』, 1991년 12월 13일; "한반도 평화시대 개막", 『매일경제』, 1991년 12월 13일;
　　"남북 화해 시대 열렸다", 『한겨레신문』, 1991년 12월 13일.

밀리고 있었다. 북 측은 협상에서 웬만한 것을 모두 양보했다. 남·북이 기본합의서와 비핵화공동선언에 합의한 지 9개월이 지난 즈음 당시 북한 인민무력부 부국장이던 김영철 소장은 평양에서 개성으로 오는 차안에서 당시 남한 국방부 군비통제관 박용옥 소장에게 '협정 문안의 90%는 남쪽에서 낸 것이다. 이 협정은 당신들의 협정이지 우리 협정이 아니다'고 불평했으며, 이 말을 들은 박 소장은 북 측이 양보한 모든 사항들이 실제로 이행될 수 있을까 하는 데 의문이 들었다고 한다.[234]

북한의 의도가 당시의 위기를 벗어나는 데 있다고 보게 되면, 속도 조절이 필요하다는 의견이 나올 수 있었다. 1992년 1월 5-7일간 부시 대통령 방한에 관한 뉴욕타임스 보도가 이러한 분위기를 포착했다. 기사는 이번 정상회담에서 부시 대통령이 노태우 대통령에게 북한의 핵 개발 포기가 명백할 때까지 남·북관계를 너무 빨리 진전시키지 않는 것이 좋겠다는 견해를 표명했다고 전했다.[235] 또한, 비핵화공동선언이 재처리금지를 포함한 광범위한 목표를 설정하고 있지만 사찰 규정은 애매하게 처리되었으며, "상대방이 선정하고 쌍방이 합의하는 대상"에 대해 사찰한다는 것이 결국 북한으로 하여금 국제적 압력을 피하는 데 필요한 시간을 벌어주는 역할을 할 우려가 있다고도 지적했다.

나. 남북대화와 핵문제

북한과 남한, 미국 사이에 핵문제 해결을 둘러싼 입장 차이가 점차 드러나고 있었다. 북한의 관심은 미국과의 대화를 여는 데 있었다. 앞서 본 바와 같이 1991년 12월 22일 북한 외교부 대변인은 IAEA 안전

---

[234] Don Oberdorfer & Robert Carlin, *The Two Koreas-A Contemporary History*, p. 207.
[235] "BUSH WARNS SEOUL ON PACE OF PACTS WITH NORTH KOREA", *The New York Times*, January 6, 1992.

조치협정에 서명하겠다고 하면서도, 그 이행은 주한미군 핵무기 철수와 이를 확인하기 위한 미국과의 대화에 달려있다고 주장했다. 김일성도 12월 17일 솔라즈 하원의원을 만나 "사찰에 관한 문제는 남한정부가 아니라 미국과 직접 논의되어야 한다"고 말했다.[236]

미국은 남북비핵화공동선언에 따른 상호사찰이 빨리 실시되기를 원했다. 북한은 비핵화공동선언 제5조에 따라 선언이 발효한 다음 1개월 안에 핵통제공동위JNCC를 구성하고 사찰문제를 협의해 나가면 된다는 입장이었다. 또한 동시사찰을 실시하더라도 이는 핵 관리권을 가진 미국과 해결할 문제라고 주장했다. 남한은 핵문제 해결이 중요하지만 남·북관계 진전도 필요했다. 지속적인 접촉과 관계개선을 통해 핵문제도 해결해 나갈 수 있다는 입장이었다. 미국은 한국을 압박하고 나왔다. 한국 정부는 2월 13일 개별기업들의 경쟁적인 대북사업진출을 조정키로 했고, 남북정상회담 개최 추진도 일단 유보키로 결정했다.[237]

뉴욕에서 김용순-캔터 접촉이 성과를 내지 못한 채 끝난 다음, 1992년 2월 18-21일간 제6차 남북고위급회담이 평양에서 열리고 남북기본합의서와 비핵화공동선언을 발효시켰다. 「정치군사교류협력 3개분과위의 구성·운영에 관한 합의서」도 발효시켰다. 남·북 간 교류협력이 제도화되는 모습이었다. 그러나 핵문제 논의에서는 실질적인 진전이 없었다. 남 측은 JNCC 구성에 관한 합의서를 제시하면서, 3월 18일 이전에 시범사찰을 실시하고, JNCC 구성 후 1개월 이내에 남북 상호사찰을 실시하자는 안을 냈다. 우리 측의 시범사찰 요구에 대해 북한 측은 '한 두 군데 사찰을 통해 무슨 의혹이 사라지겠느냐'고 하면서 남한 내 모든 군사시설에 대한 전면 사찰이 필요하다고 주장했다.[238]

---

[236] "Leader of North Korea Denies Atom Arms Plan", *The New York Times*, December 20, 1991.
[237] "대북경협잠정 유보 검토", 『매일경제』, 1992년 2월 13일.

2월 29일 레만 군축처장이 방한했다. 미 측은 시범사찰과 상호사찰 이외, 연간 2회 이상 24시간 사전 통보의 강제사찰challenge inspection을 포함하자고 한국 측에 제의했고, 한국 측은 이에 동의했다.[239]

3월 3일부터 14일까지 제3, 4, 5, 6, 7차 JNCC 대표접촉이 이루어졌다. 3월 14일 제7차 접촉에서, 양측은 3월 19일 제1차 공동위회의를 개최하고 2개월 정도 사찰규정을 논의한 다음 6월경 상호사찰을 실시한다는 일정에 양해했다. 그러나 사찰규정 협의에 들어가면서 양측의 기본입장에 차이가 있다는 것이 명백해지기 시작했다. 남 측은 가급적 빠른 시일 내 규정을 마련하고 사찰을 실시하자는 입장이었다. 남북기본합의서를 이행하고 남·북관계를 진전시키려면 핵문제 해결은 반드시 넘어야할 산이었다. 북 측은 상호사찰 규정 이외에, 비핵화공동선언 이행을 위한 합의서가 별도로 필요하다고 주장했다. 비핵화공동선언은 어디까지나 정치적 의지를 확인한 것이라면서 이행을 위해 별도의 합의가 필요하다는 입장이었다. 5월 5–8일간 서울에서 제7차 남북고위급회담이 열리고, 5월 12일 제4차, 5월 27일 제5차 JNCC 회의가 열렸으나 사찰규정 협의에서는 진전을 이루지 못했다.

핵문제가 점차 남·북관계의 중심의제로 자리를 잡아감에 따라, 남한 여론에 강성기류가 형성되고, 핵문제가 남·북관계 진전을 가로막기 시작했다.[240] 1992년 6월 1일 총리 주재로 전략회의가 열렸다. IAEA 사찰

『남북대화 제54호』(서울: 국토통일원 남북대화사무국, 1992), p. 162.

239 "남북핵협상, 미국 요구 전면 수용", 『한겨레신문』, 1992년 3월 3일.

240 임동원 전 국정원장은 1992년 2-3월부터 "국내정치가 남북대화의 발목을 잡기 시작"했다고 회고록에 적고 있다. 즉, 총선과 대선을 앞두고 남북대화를 서두를 필요가 없다는 소극론이 대두되고 레임덕 현상으로 대통령의 권력이 약화되면서 남북협상도 난항을 겪었다고 한다. 특히, 3.24 총선 패배 후유증으로 서동권 안기부장이 물러나고 이상연 내무장관이 후임으로 온 후 정권재창출을 목표로 남·북관계에 정략적으로 접근했다는 것이다. 임동원, 『피스메이커』, pp. 256-262. 단, 이 시기 북한 핵문제가 남·북관계 진전에 장애로 등장한 것을 국내정치적 요인으로만 설명하기는 어렵다. 북한 핵문제의 전개는 처음부터 국제적인 측면이 강하게 작용했다. 미국은 관계개선에 앞서 북한의 과거 핵활동을 규명해야 한다는 입장을

만으로는 핵문제 해결이 충분하지 않다는 기본입장에서, "핵문제가 해결될 때까지 주한미군병력의 추가감축계획을 계속 연기하며 1993년도 팀스피리트 군사훈련을 재개하는 문제를 미국 측과 협의, 검토"해 나가기로 했다.[241] 6월 4일 북 측은 8·15 이산가족노부모교환방문을 재고할 수 있다고 통보해 왔다. 6월 22일 북 측은 남 측의 대화 자세를 문제 삼으면서 이산가족상봉행사 논의를 거부했다.[242] 6월 30일 제6차 JNCC가 개최되었으나, 북 측은 IAEA 사찰로 북한핵개발에 대한 의혹은 해소된 만큼 이제 주한미군기지에 대한 사찰만 남았다고 주장하여, 진전을 보지 못했다.[243]

이러한 상황에서 7월 2일 미 국무부 솔로몬 차관보는 아사히신문 회견에서 "국제원자력기구의 사찰결과로 보는 한 당분간 핵무기개발 능력을 우려할 필요는 없는 것 같다"고 하고, 다만 IAEA 사찰이 포괄적이지 않기 때문에 남·북상호사찰은 여전히 필요하다고 말했다.[244] IAEA 임시사찰이 진행되면서 북한 핵문제의 심각성과 시급성에 대한 미국 등 국제사회의 우려는 한결 완화되고 있었음을 보여 준다.

미국이 핵문제 해결을 비교적 낙관하고 있던 7월경, 남북대화에서는 핵문제가 교류협력에 부정적인 영향을 미치기 시작했다. 7월 19-25일간 북한의 김달현 부총리가 최각규 경제부총리 초청으로 남쪽을 방문했다. 서울, 부산, 경주, 포항, 울산 등 산업단지를 돌아보고 경제협력에 의욕을 보였지만, 핵문제가 미결된 상태에서 실질적인 진전은 보일 수 없었다.[245] 7월 24일 김달현 부총리가 노태우 대통령을 면담,

견지하고 있었고, IAEA 사찰의 미비점을 보완한다는 차원에서 1년 전부터 남·북상호사찰을 추진해 왔다.

241 이상옥, 『전환기의 한국외교』, p. 538.
242 "이산가족 방문 불투명", 『경향신문』, 1992년 6월 23일.
243 이상옥, 『전환기의 한국외교』, pp. 553-554.
244 "북한 핵무기 개발 당분간 우려 없어", 『한겨레신문』, 1992년 7월 3일.

남포경공업단지 건설에 협조해달라는 김일성의 구두 메시지를 전달
했다. 노 대통령은 핵문제와 부속합의서가 타결되어야 남북한의 경제
협력이 가능하다면서 상호사찰이 받아들여지지 않는 한 본격적인 경
제교류는 어렵다고 했다.[246]

　이즈음 남·북관계에 영향을 미치는 또 하나의 사안이 대두해 있었
다. 5월 7일 제7차 고위급회담에서 북 측은 남북합의서가 실제로 가동
된다는 것을 보여 주는 특례조치의 하나로 비전향장기수 이인모 노인
을 송환하라고 강력히 요구했다. 남 측은 한국전쟁 납북인사들과 납
북어부 상당수가 돌아오지 못하고 있는 상황을 지적하면서, 북 측의
요구를 거부했다.[247] 6월 18일 북한이 평양에서 언론인 집회를 갖고 이
인모 송환을 촉구했고, 남쪽에서는 북한이 이 문제를 정치선전에 활용
하고 있다는 비판이 나왔다.[248] 7월 7일 정원식 총리는, 연형묵 총리 앞
서한을 통해, 이인모 송환 문제를 협의할 수 있지만, 북 측도 6·25 납북
인사, 납북 어부, 1969년 납북된 KAL 승무원, 1970년 납북된 해군함
정승무원, 1951년 월남한 장기려 박사의 부인과 자녀 등의 송환을 고
려해야 할 것이라고 주문했다.[249] 북한 측이 수용할 수 없는 제의를 함
으로써 이인모 송환 요구를 사실상 거부한 셈이다.[250]

---

[245] "남북 핵통제공동위 진전 없어, 내달 31일 논의 계속키로", 『한겨레신문』, 1992년 7월
22일; "「선 핵, 후 경협」 아직 유효", 『경향신문』, 1992년 7월 22일.
[246] "핵 타결돼야 본격 경협 가능", 『매일경제』, 1992년 7월 24일.
[247] "연 총리, 이인모씨 송환 요구", 『한겨레신문』, 1992년 5월 7일.
[248] "이인모씨 송환 문제, 정치공세 호재 활용", 『매일경제』, 1992년 6월 20일.
[249] "이산 가족 고향 정착 제의", 『동아일보』, 1992년 7월 7일; "이산 가족 희망 지역 정착", 『매일
경제』, 1992년 7월 7일.
[250] 이인모 노인 송환 관련 국내 논의에 대해, 임동원 전 국정원장은 7월 7일 정원식 총리의 서한
이 '무조건 일방적 송환'이라는 당초 입장을 번복한 결과라고 한다. 이보다 약 1개월전 6월
1일 총리 주재 관계부처회의는 노태우대통령의 정치적 결단을 존중하여 '인도적 차원에서
무조건 일방적으로 송환하는 방안'을 결정했으나, 이후 송환반대론자들이 정보누설 및 여론
조성 등으로 분위기를 반전, 6월 24일 재논의를 했고, 그 결과 7월 7일의 정원식 총리 서한
이 나오게 되었다고 한다. 임동원, 『피스메이커』, p. 266. 당시 언론보도를 보면 이인모 송

7월초부터 계속된 이산가족상봉을 위한 적십자실무대표 접촉은 성과를 거두지 못했다. 8월 7일 제8차 적십자 실무대표 접촉이 개최되었으나, 북 측은 핵문제 거론 중단, 이인모 송환, 포커스렌즈 한미연합훈련 중지를 이산가족상봉의 전제조건으로 제시했으며, 회담은 차기 일정을 잡지 못하고 결렬되었다.[251]

전체적으로 볼 때 북한은, 김달현 방한에서 나타난 바와 같이 남 측이 경제협력과 핵문제를 연계하고 이인모 송환을 거부한 데 반발하여 남 측이 아쉬워하는 고향방문단 사업을 연기시켰다고 할 수 있다. 반면 남 측으로서는 북한의 핵무기 개발이라는 첨예한 안보문제가 걸려있을 뿐 아니라 핵문제 해결에 관한 국내외의 압력이 가중되고 있는 상황에서 북한이 필요로 하는 경제협력을 일방적으로 제공하기는 어려웠다.

1992년 9월 15-18일간 평양에서 열린 제8차 고위급회담에서 양 측은 화해, 불가침, 교류협력 3개 분야 부속합의서를 발효시키고 11월 중 3개 공동위를 가동키로 했다. 그러나 이산가족 상봉 사업은 이인모 송환 문제로, 핵사찰 문제는 북한의 강제사찰 거부로 진전을 이루지 못했다.[252] 핵문제 협의에서 북 측은 미 항공모함의 진해 입항을 지적하고, 이것이 비핵화공동선언에서 금지된 핵반입이라 주장하면서 1993년도 T/S 훈련을 취소하라고 요구했다. 남 측은 상호사찰이 실시되어야 T/S 훈련 취소가 가능하다고 대응했다. 핵사찰 문제가 T/S 훈련 문제로 대체되고 있었다.

부속합의서를 발효시켜 공동위가 가동되도록 한 것도 성과라고 주장

환문제가 여론의 주된 관심사항은 아니었으며, 오히려 핵문제가 더욱 부각되어 나타났다. 다만, 5월 19일 민자당 전당대회에서 김영삼 대표가 대선후보로 결정된 후 노태우 정권에 급속한 레임덕현상이 오기 시작한 것은 사실이었다. "정권 말기 번지는 누수(1) - 대통령「令」이 안선다",『동아일보』, 1992년 5월 29일.

251 "남북 고향방문 끝내 무산",『경향신문』, 1992년 8월 8일.
252 "3개 부속합의서 발효",『경향신문』, 1992년 9월 18일.

할 수는 있다. 그러나 핵문제에 진전이 없고 이산가족상봉도 실현하지 못하게 됨으로써 고위급회담의 의미에 의문이 생기기 시작했다. 뿐만 아니라, 제8차 고위급회담에서 소위 「훈령조작 사건」이 일어났다.[253] 이인모 송환 문제에 대해, 당초 훈령은 '이산가족방문단 교환'과 '판문점면회소 설치'라는 두 가지 조건이 합의되면 이인모를 송환한다는 것이었는데, 회담 도중 '87년 납북된 동진호 선원 12명 송환'을 추가로 확보하라는 새로운 훈령이 왔으며, 이 훈령은 조작되었다는 것이다.[254] 사건의 경위가 어찌되었든, 이 과정에서 이인모 송환도, 이산가족 상봉도, 판문점면회소 설치도 이루어지지 못했다. 1990년 9월 제1차 고위급회담 이후 1991년 12월 남북기본합의서와 비핵화공동선언에 합의하면서 활발하게 이루어졌던 남북대화는 1992년 9월 제8차 고위급회담을 마지막으로 사실상 종결되었다. 남·북관계는 대치 국면으로 급속히 되돌아가기 시작했다.

1992년 10월 들어 남·북관계에 좋지 않은 일들이 연달아 일어났다. 10월 6일 국가안전기획부는 '남한 조선노동당 중부지역당' 간첩사건을 발표했다. 북한 노동당 권력서열 22위의 거물 간첩 이선실이 남한에서 조선노동당을 조직했다는 것이었다. 서울, 인천 등 남한 내 24개 주요 도시의 46개 기업과 단체 등 각계각층에서 300명의 조직원을 확보했고, 북한 노동당과 남한 대중을 연결하는 역할을 수행해 왔다는 것이었다.[255] 사건 수사는 이듬해 새 정부가 출범할 때까지 계속되었다.

---

[253] 이 사건은 1993년 11월 국회질의 과정에서 이부영 당시 민주당 의원이 제기하여 관심을 모았다.

[254] 1992년 9월 제8차 고위급회담과정에서 일어난 훈령조작사건에 대해서는 임동원 전 국정원장이 회고록의 한 장을 할애하여 상세하게 기술하고 있다. 임 전 원장은 대통령 임기 막바지에 권력누수가 생긴 상황에서 "안보불안과 긴장조성으로 남·북관계가 파행되는 것이 특정 대통령후보의 당선에 유리하다"고 본 측이 회담을 파탄 내려고 일부러 그렇게 했으며, 당시 고위급회담 대표단의 일원이며 대변인이던 이동복 전 안기부장 특보가 핵심으로 움직였다고 주장한다. 임동원, 『피스메이커』, pp. 284-303.

한편, 북한 핵문제 해결이 지연되고, 특히 남북차원에서 상호사찰 논의에 진전이 이루어지지 않으면서, 북한에 대한 압박수단으로서 1993년도 T/S 훈련 재개 문제가 다시 논의되기 시작했다. 10월 7~8일 간 워싱턴에서 개최된 연례안보협의회에서 한미 양국은 T/S 훈련을 재개할 수 있도록 '준비'를 해나가기로 합의했다. 재개를 '준비한다'고 했지만, 사실상의 재개 결정이었다. T/S 훈련 재개는 한국 측이 더욱 강하게 주장했다고 한다.[256] 양측은 '넌-워너' 수정안에 따른 주한미군 2단계 감축계획도 계속 보류키로 했다.

이때부터 강경이 강경을 부르는 악순환이 시작되었다. 1992년 11월 2일 북한 외무성 대변인은 "《팀스피리트》 합동군사연습이 영원히 중지되고 그 어떤 핵위협이나 압력도 없어야 국제원자력기구의 사찰도 계속 원만히 진행될 수 있고 또한 북남합의서와 비핵화공동선언도 성과적으로 리행될 수 있다"고 하고, "우리의 거듭되는 경고에도 불구하고 기어이 《팀스피리트》 합동군사연습을 재개한다면 조선반도의 긴장상태는 더욱 격화되고 순조롭게 진행되고 있는 우리의 핵담보협정 리행에서는 새로운 난관이 조성될 것"이라고 했다.[257]

---

255 이상옥, 『전환기의 한국외교』, p. 559. 남한 조선노동당 사건은 당시 한국 정보기관과 여당 대선캠프 관계자들이 대선에 미치는 파급영향과 관련하여 남·북관계의 진전을 막으려고 고의적으로 저질렀다는 견해가 있다. Don Oberdorfer & Robert Carlin, *The Two Koreas-A Contemporary History*(NY: Basic Books, 2014), p. 214 및 Wit, Poneman & Gallucci, *Going Critical*(Washington DC: Brookings Institution Press, 2004), p. 15.

256 그레그(Donald Gregg) 당시 주한미국대사는 자신이 이때의 T/S 재개 결정에 관해 사전협의를 받지 못했으며, 만약 협의가 있었다면 강력히 반대했을 것이라 하고, 이것이 "나의 대사 재임 중 있었던 미국의 결정 중에 가장 큰 실책이었다"고 회고했다. *Ambassadors' Memoir: U.S.-Korea Relations Through the Eyes of the Ambassadors*, Korea Economic Institute, 2009, p. 41. 한미연례안보협의회에서의 T/S 재개 결정과 관련하여, 당시 미 측은 한국 측과 논쟁을 하기 싫어 한국 측의 재개 제의에 동의했다는 주장이 있다. Wit, Poneman & Gallucci, *Going Critical*, p. 14.

257 "미국과 남조선당국의 《팀스피리트》 합동군사연습 재개결정은 우리에 대한 공공연한 핵위협공갈이다: 조선민주주의인민공화국 외교부 대변인 성명", 『로동신문』, 1992년 11월 3일 3면.

T/S 훈련 재개결정은 남북대화 과정에 치명적인 결과를 가져왔다. 북한은 남북화해, 군사, 경제, 사회문화 공동위 북 측 위원장 공동명의의 성명을 발표하고, "이제 북남합의서들을 리행하기 위한 쌍방 공동위원회 제1차 회의들은 사실상 류산되고 무의미하게 되었다"고 하면서, 공동위 제1차 회의들을 모두 연기시켰다.[258]

JNCC 회의도 T/S 훈련 문제로 한 치의 진전을 이루지 못했다. 11월 18일 제10차 JNCC가 개최되었지만, T/S 훈련 재개를 놓고 설전이 이어졌다. 11월 27일 제11차 JNCC에서 북한은 T/S 훈련 취소가 선결되어야 한다고 주장했고, 남 측은 1992년 12월 21일 고위급회담을 개최하기에 앞서 최소한 한 번의 핵사찰이 있어야 T/S 훈련을 취소할 수 있다고 대응했다. 12월 2일 한미 양국은 핵문제 해결에 의미있는 진전을 보이지 않을 경우, 1993년도 T/S 훈련을 실시하는 것으로 결정했다. 12월 4일 북 측은 12월 15일까지 T/S 훈련을 취소하여 제9차 남북고위급회담이 예정대로 개최되기 바란다고 하여 T/S 훈련과 남북 고위급회담 개최를 연계했다.[259] 12월 17일의 제13차 JNCC, 이듬해 1월 15일의 JNCC 위원 접촉도 모두 성과 없이 끝났다. 1993년 1월 25일 JNCC 위원장 접촉에서 북 측은 T/S 훈련 취소가 없이는 어떠한 협상도 없다고 주장했고, 남 측은 사찰문제에 진전이 없는 상황에서 T/S 훈련 실시가 불가피하다는 입장을 전달함으로써 남북핵통제공동위는 파탄에 이르고 말았다. 남북대화를 통해 핵사찰 문제를 해결해 보려던 시도는 수포로 돌아갔다.

1993년 1월 26일 한미 양국은 1993년도 T/S 훈련을 3월 9–18일

---

[258] "남조선당국자들은 북남공동위원회 제1차 회의들이 예정대로 열리지 못하게 만든 책임에서 결코 벗어날 수 없다: 북남 화해, 군사, 경제, 사회문화 공동위원회 북 측 위원장들의 련합성명", 『로동신문』, 1992년 11월 4일 3면.

[259] "팀 훈련 취소 않으면 서울 고위급회담 불참, 북", 『매일경제』, 1992년 12월 5일.

간 실시한다고 발표했다. 제9차 남북고위급회담도 무산되었고, 남북대화는 전면 중단되었다.

3. 소결론 : 모든 길은 핵문제로 수렴

북한은 미국과의 관계개선을 끈질기게 모색했다. 북한은 남한에게 비핵지대화 방안을 제의하면서도 비핵화 이행을 위해서는 반드시 핵의 주인인 미국과 직접 대화해야 한다고 주장했다. 북한은 1991년말 남한과 비핵화공동선언에 합의했지만 그 선언을 이행하는 것은 회피했다. 미국은 북한의 관계개선 요청을 선뜻 수용하지 않았다. 미국은 북한의 변화를 촉구했다. NPT 회원국으로서 IAEA 사찰을 수용하는 것이 관계개선을 위한 선결과제라는 입장을 견지했다.

1992년 1월 김용순 북한 노동당 국제부장과 캔터 미국 국무부 차관 사이에 정책수준의 접촉이 최초로 열렸다. 북한이 오래전부터 요구했고 중국도 권고한 것이었다. 북한은 이 접촉으로 북·미관계개선 과정이 시작되기를 기대했다. 그러나 미국은 핵문제에 대한 관심과 우려를 북한 최고위층에 직접 전달하는 1회성의 만남으로 생각했다. 북한이 주한미군에 대해 신축적인 입장을 표명했지만 그것으로 핵사찰을 우선하는 미국의 입장을 바꾸지는 못했다. 북한은 3월 17일과 9월 8일 두 차례에 걸쳐 관계개선을 희망하는 김용순 명의의 캔터 차관 앞 서한을 전달했지만, 미국은 IAEA 안전조치 수용과 남·북상호사찰 이행이 우선되어야 한다는 입장으로 일관했다.

핵문제 해결을 위한 미국의 압박은 전방위적으로 가해졌다. 먼저, 남북대화 진전이 점차 핵문제에 발목이 잡혀 갔다. 미국은 적어도 세 번에 걸쳐 남·북관계가 핵문제를 우회하여 나아가지 못하도록 개입했다.

첫째, 1991년 5월 미국은 월포위츠 차관 방한 계기에, 남북이 모두 재처리를 포기하는 방안을 한국 측에 제의했다. NPT가 평화적 핵활동의 일부로서 허용하는 재처리를 남북 양자차원에서 금지해 달라는 것이었다. 둘째, 1991년 12월 제5차 고위급회담에서 남북기본합의서에 대한 합의가 이루어졌을 때, 미국은 핵문제가 제대로 다루어지지 않았다는 불만을 한국 측에 제기했다. 1992년 1월 5일 서울 정상회담에서 부시 대통령은 북한의 핵개발 포기가 명백해질 때까지 남·북관계를 너무 빨리 진전시키지 않는 것이 좋겠다는 견해를 표명했다. 셋째, 1992년 2월말 방한한 레만 군축처장은 한국이 남·북 간의 상호사찰 논의에 강제사찰제도를 도입할 것을 제의했다. 북한이 핵사찰을 수용하지 않는 상황에서 미국이 남·북관계의 속도조절을 요구할 수는 있었다고 본다. 다만, NPT 규정에 없는 재처리와 농축 포기를 남과 북이 공동으로 선언하고, 그 이행을 확인하기 위해 강제사찰제도를 도입하는 것이 필요하고 바람직했던가 하는 것은 다시 생각해 볼 필요가 있다. 엄밀하게 보면 강제사찰제도는 "상대방이 선정하고 쌍방이 합의한 대상"에 대해 사찰을 실시키로 한 비핵화공동선언 제4조와도 문맥상 맞지 않는다.

북·일국교정상화 교섭도 핵문제의 볼모로 되어 갔다. 대일관계개선은 북한도 원하는 것이었다. 북한으로서는 남한이 소련, 중국과 관계를 개선하는 데 대응하여 미국, 일본과의 수교가 시급한 과제로 대두될 수밖에 없었다. 그러나 1991년 1월 시작된 회담은 1992년 11월 제8차 회의를 끝으로 중단되고 말았다. 표면적인 문제는 '이은혜 납치' 사건이었지만, 실질적인 장애는 핵사찰 문제였다. 미국은 북·일 회담이 열리기 전에 북한의 핵사찰 수용을 포함한 4개항을 회담 진전의 전제조건으로 일본에게 전달했다. 한국도 핵사찰 수용과 남·북관계개선을 북·일관계개선의 조건으로 해 줄 것을 일 측에 당부했다. 북한이 IAEA 안전조치협정을 체결하고 비핵화공동선언에 합의함으로써 일본이 요구하는 핵문제 해결의 방향은 잡혔지만, 핵문제가 점차 IAEA 특별사찰과 남·북상호사찰 문제로 넘어감에 따라 북·일관계 정상화는 북한 핵문제 해결의 종속변수로 바뀌어 갔다.

중국도 북한 핵문제의 부담을 피할 수 없었다. 1991년 10월 김일성이 중국을 방문했을 때, 중국 측은 김일성과 핵사찰 문제를 협의했다. 중국은 1991년 11월 베이커 장관 방중 시 교차수교 방안을 제시했지만 미국은 핵문제 해결이 우선이라는 입장을 바꾸지 않았다. 1992년 6월 18일 미·러정상회담에서 옐친 대통령은 북한이 핵무기를 획득하지 못하도록 미국과 협력할 것이라고 했다.[260] 1992년 6월 30일 옐친 대통령은 이상옥 장관을 접견한 자리에서 "북한과의 이데올로기에 의한 유대는 끝났다"고 하고, 북한에 대해 어떠한 군사지원도 하지 않으며 핵문제에 관해 한국 측 입장을 지지한다고 했다.[261]

모든 길은 핵문제로 수렴되고 있었고, 핵문제가 북한이 가려는 길을 막아서고 있었다. 북·러관계는 이미 파탄상태에 있었다. 북·일국교정 상화는 1991년 5월부터 핵문제의 볼모로 되었다. 남북대화는 늦어도 1992년 7월부터 핵문제 해결에 연계되었다. 비핵화공동선언은 검증 절차를 제외한 모든 사안에 대한 합의를 담고 있었지만, 검증절차 문제만으로도 얼마든지 선언의 이행이 불가능할 수 있다는 것을 보여 주고 있었다. 1992년 8월 24일 한·중수교가 이루어졌다. 북한의 국제적 고립은 심화되었다. 미국은 핵문제 해결이 우선이라는 입장을 바꾸지 않았다.

한반도 상황과 핵문제 논의과정을 볼 때 1992년 하반기는 하나의 분수령이었다. 한반도 냉전구조를 바꿀 수 있는 절호의 기회가 다가오고

260 "미-러시아, 남북 핵 상호사찰 촉구", 『한겨레신문』, 1992년 6월 19일.
261 "러시아, 북한 군사지원 안해", 『한겨레신문』, 1992년 7월 1일.

있었다. 그러나 남한도, 북한도, 미국도, 이 기회를 포착하는 데 실패했다. 가장 큰 문제는 변화를 거부하는 북한이었다. '우리식 사회주의의 우월성'을 포기하지 않았다. 뿐만 아니라, 북방외교의 성과를 상쇄하고 미국에 접근하려는 의욕에서 남한을 넘어 미국에 접근하려고 했다. 남한은 한반도 문제 논의의 주도권에 집착하여 북·미관계가 남·북관계를 앞지를까봐 경계했다. 미국은 비확산정책의 시각에서만 북한을 보고 있었을 뿐, 북한과의 직접 협상을 통해 관계개선을 추구할 동인을 찾지 못했다. 미국은 1995년 NPT 평가회의를 앞두고 IAEA 체제를 강화하는 시범 사례로 북한을 활용코자 했고, 비핵화공동선언을 통해 남한을 포함한 한반도 전체에서의 핵확산 가능성을 원천적으로 차단코자 했다. 남·북관계의 역사와 한반도의 지정학적 특수성은 고려 대상으로서 우선순위가 떨어졌다.

역사에 대한 가정은 무의미하지만, 이 시기에 대한 이해를 높이는 차원에서 몇 가지 질문을 던져볼 수 있다. 첫째, IAEA, 한국과 미국 등 국제사회가 북한의 과거 핵활동에 대한 완벽한 설명을 뒤로 미루고 북한 핵활동의 미래를 감시할 수 있도록 공고한 사찰체제를 구축하는 데 목표를 두었더라면 어떻게 되었을까? 둘째, 당시 미국이 비핵화라는 기능적인 측면에서만 북한 핵문제를 보지 말고 '한반도 문제 해결'이라는 전략적인 측면에서 접근했더라면 어떻게 되었을까? 셋째, 미국이 대선국면에서 한반도 문제를 세부적으로 생각할 겨를이 없는 와중에 한국이 주도권을 잡고 남북교차승인과 평화정착 추진 동력을 유지할 방법은 없었을까? 세 가지 질문이 모두 곱씹어 볼만하지만, 역사는 이미 이들을 뒤로 한 채 지나가버렸다.

Ⅲ

위기 탈출

제5장
탈냉전기의 미·중관계(1989-1994)

1. 냉전의 종식과 신국제질서

1989년부터 1990년대 초에 이르는 시기는 제2차 세계대전 이후 이어져온 국제정치체제를 근본적으로 흔들어 놓았다. 자유민주주의와 시장경제가 시대의 언어로 되었다. 1989년 여름 후쿠야마Francis Fukuyama 교수가 "역사의 종언The End of History?"이라는 논문을 발표했다.[262] 후쿠야마는 1980년대 후반 공산주의 계획경제체제의 급격한 변혁을 보면서 자유민주주의야말로 인류가 고안해낸 최고의 정치체제라는 것이 입증되었으며, 이로써 철학적 의미에서 역사는 종언을 고했다고 주장했다.

소련이 더 이상 '극'의 역할을 할 수 없었고, 양극체제는 붕괴되었다. 미국의 힘에 도전할 수 있는 세력은 보이지 않았다. 미국의 이라크

---

[262] Francis Fukuyama, "The End of History?", *The National Interest*, No. 16 (Summer 1989).

공격은 미국이 원하는 시간에 시작되어 미국이 원하는 성과를 거두고 7개월 만에 끝났다. 시장경제는 차질 없이 작동하고 있고, '미국의 평화 Pax Americana'가 도래한 것처럼 보였다.

그러나 새로운 국제질서의 형태는 아직 불투명했다. 냉전의 엄격한 구도가 붕괴하고 세계는 각국이 국익 극대화를 위해 "협력과 경쟁을 신축적으로 선택하는 세계적 보편경쟁"에 들어가고 있었다.[263] 미국의 일극체제가 어느 정도 지속될 수 있을지, 어떤 국가가 새로운 '극'을 만들 수 있을지에 관심이 쏠리고 있었다. 1990년 여름 미 외교협회CFR의 타노프Peter Tarnoff 회장은 '독일 및 일본과의 협력 체제를 어떻게 구축하고 유지하느냐에 미국 외교의 장래가 달려 있다'고 했다.[264] 중국에서는 미국·중국·일본 '신삼각관계'가 미국·중국·소련의 '대삼각관계'를 대신하여 중요한 균형작용을 수행하게 되었다"는 주장도 나왔다.[265]

이 시기 아시아에 대한 미국의 관심은 일본에 쏠려 있었다. 일본의 GDP는 미국의 2/3에 달했다. 아시아의 미래를 결정하는 가장 큰 요소는 일본이 전략 방향을 어떻게 설정할 것인가에 달려 있다는 주장이 나왔다.[266] 1991년 말 스칼라피노 교수도 미국과 아시아의 미래를 전망하면서 미국의 아시아정책에서 가장 중요한 과제는 미·일 간의 경제적 갈등을 해결하는 것이라고 했다.[267]

냉전이 종식될 때까지 미국은 중국을 심각한 위협으로 보지 않았다.

263 박건영, 『한반도의 국제정치: 평화와 통일을 위한 새로운 접근』(서울: 도서출판 오름, 1999), p. 39.

264 Peter Tarnoff, "America's New Special Relationships", *Foreign Affairs*, Vol 69, No. 3(Summer 1990), pp. 67-80.

265 가와시마 신·모리 가즈코, 이용빈 옮김, 『중국외교 150년사: 글로벌 중국으로의 도정』(서울: 도서출판 한울, 2009), p. 213.

266 Aaron A. Friedberg, "Ripe for Rivalry: Prospects for Peace in a Multipolar Asia", *International Security,* Vol. 18, No. 3(Winter 1993/94), p. 31.

267 Robert A. Scalapino, "The United States and Asia: Future Prospects", *Foreign Affairs*, Vol. 70, No. 5(Winter 1991/92), pp. 32-33.

중국은 미국의 외교정책에서 부차적인 중요성을 차지하고 있을 뿐이었다. 소련이 사라진 다음에야 비로소 미국은 중국을 그 자체로서 보기 시작했다. 미국의 대중정책에서 소련에 공동 대응한다는 전략적인 측면은 사라지고, 인권, 통상 등 다른 관심사항이 그 자리에 들어왔다. "지정학에 기반한 현실주의는 인권을 추구하는 이상주의"로 신속히 바뀌어 갔다.[268]

한편, 중국은 1980년대를 통해 "그 어떤 초강대국에게도 의존하지 않으며 그 어떤 국가와도 동맹 혹은 전략적 관계를 맺지 않는다"는 '독립자주' 노선을 대외정책의 기본으로 정하고 있었다. '평화와 발전'을 시대적 과제로 정하고 개혁개방과 경제발전에 몰두하고 있었다.[269] 그러나 냉전 종식은 '독립자주' 외교의 근저를 바꾸었다. 걸프전은 유일초강대국으로서 미국의 위력을 과시했다. "소련의 해체로 인한 미·중 양국 간 관계가 이분법적으로 정리되어 갈 수 있는 가능성"이 중국에 대한 최대 안보위협으로 등장하고 있었다.[270]

---

[268] William G. Hyland, "America's New Course", *Foreign Affairs*, Vol. 69, No. 2 (Spring 1990), p. 7.

[269] 가와시마 신·모리 가즈코, 이용빈 옮김, 『중국외교 150년사: 글로벌 중국으로의 도정』, p. 217. 이와 관련하여, 1990년대 초까지 중국외교학원이 사용한 강의 교재는 중국의 자주독립외교를 다음과 같이 정의하고 있다: "1982년부터 중국은 어느 한 쪽 초강대국과도 동맹을 맺거나 전략적 관계를 설정하지 않았다. 즉 중국은 여전히 패권주의를 반대했지만 어느 특정 초강대국을 전면적으로 적대시하지 않았으며 단지 특정 지점, 특정 지역에 출현하는 패권주의와 강권주의에 반대했다. 평화와 발전이 이미 세계적인 양대 전략 테마가 되어 있는 점을 감안하여 중국은 국제관계에 관한 새로운 전략을 다음과 같이 세웠다. 즉 첫째, '패권주의 반대'와 '세계평화 옹호'이며 둘째, 어떤 초강대국과도 동맹을 맺거나 전략적 제휴관계를 설정하지 않는 것이고 셋째, 중국은 개발도상국으로서 제3세계 국가와의 단결협력을 강화하는 것을 발판으로 하여 평화공존 5개 원칙의 기초위에서 초강대국을 포함한 세계 각국과 우호협력관계를 발전시킴으로써 공동의 경제번영을 촉진하고 국제정치경제 신질서를 세우기 위하여 노력한다." 시에이시엔(謝益顯), 정재남 옮김, 『신 중국 외교이론과 원칙』 (서울: 아세아문화사, 1995), pp. 270-271.

[270] 박건영, 『한반도의 국제정치: 평화와 통일을 위한 새로운 접근』, p. 133.

2. 탈냉전기의 미·중관계

2.1. 천안문 사건

탈냉전기 미·중관계에 심대한 위기를 가져온 것은 천안문 사건이었다. 사건이 일어나자 부시 대통령은 즉각 "평화적 시위에 무력을 사용하여 결과적으로 인명이 손상된 것을 심히 개탄"하며 "비폭력적인 방법으로 돌아갈 것을 다시 한 번 촉구한다"는 성명을 발표했다. 항공전자장비와 레이더, 컴퓨터 등이 포함된 약 6억 불의 대중군사판매FMS와 고위급 군사접촉도 중단했다.[271]

부시 대통령은 천안문 사건으로 미·중관계가 지나치게 악화되는 것을 원하지 않았다. 부시는 중국을 팽창하는 일본과 쇠퇴하는 소련 사이에서 균형을 잡아줄 수 있는 "전략적 핵심"으로 보았다.[272] 그러나 일반 여론은 달랐다. 덩샤오핑에게는 '북경의 도살자butcher of Beijing'라는 별명이 붙었다.[273] 갤럽 조사에 의하면, 천안문 사건 이전에 응답자의 72%가 중국에 대해 호의적인 감정을 표시했으나 1990년 초에는 39%로 줄어들었다.[274] 시위학생과 시민들에 대한 체포와 탄압이 이어지면서 중국에게 추가 제재조치를 취하라는 압력이 가중되었다. 6월 19일 중국에 대한 국제금융기구의 차관제공을 차단하는 조치가 발표되었다.[275]

---

[271] 부시 대통령은 6월 5일 기자회견에서 중국에 대한 무기판매중단을 발표하면서도 경제제재나 주중대사 소환 등 추가적인 제재를 검토하고 있느냐는 질문에는 '전면적인 관계 단절'은 바람직하지 않다면서 부정적인 견해를 나타내었다. "CRACKDOWN IN BEIJING; PRESIDENT SPURNS OTHER SANCTIONS", *The New York Times*, June 6, 1989.

[272] David Skidmore & William Gates, "After Tiananmen: The Struggle over U.S. Policy toward China in the Bush Administration", *Presidential Studies Quarterly*, Summer 1997, Vol. 27, No. 3, p. 518.

[273] "TURMOIL IN CHINA; A Rocky Period Lies Ahead For Washington and Beijing", *The New York Times*, June 10, 1989.

[274] David Skidmore & William Gates, "After Tiananmen: The Struggle over U.S. Policy toward China in the Bush Administration", p. 518.

최혜국대우MFN 부여 문제가 첨예한 현안으로 떠올랐다. 1980년 미·중무역협정 이후 중국에 대한 MFN 갱신은 거의 자동적으로 이루어져 왔으나, 천안문 사건으로 상황이 바뀌었다. 의회는 MFN 문제를 두고 부시를 압박했다. 1991년에 이어 1992년에도 의회는 절대다수로 MFN 연장에 엄격한 조건을 부여하는 법안을 채택했다. 부시 대통령은 거부권을 행사해야만 했다.[276]

중국내 상황이 양국관계에 혼란을 더했다. 1989년 11월 공산당 중앙위에서 덩샤오핑이 군사위 주석에서 퇴진했다. 개혁개방정책이 재검토되기 시작했다. 언제 어떻게 다음 단계 개혁조치를 추진할지 결정하지 못하고 있었다. 중국은 천안문 시위 진압에 대해 잘못을 인정하지 않았다. 시위 가담자들에 대한 재판 없는 구금이 계속되었다. 언론예술 검열과 대학 사찰이 강화되었다. '미국의 소리' 방송에 대한 전파 방해도 계속되었다.

닉슨 중국 방문 이후 약 20년간 양국이 애써 구축했던 대화경로와 협의체가 점차 기능을 상실하기 시작했다.

2.2. 미국의 대중국정책

천안문 이후 중국의 장래에 대한 전망은 불투명했다. 1991년 여름 미국의 한 중국 전문가는 중국의 미래에 대해 "개혁을 포기하고 중앙집권으로 돌아갈 가능성, 여러 개도국에서 보는 것과 같이 혼란스럽고 부패한 권위주의 체제로 표류해 갈 가능성, 권위주의로 가되 자오쯔양 총리가 상정했던 것처럼 조금 더 개방적인 체제를 만들어낼 가능성,

---

[275] "U.S. Suspends High-Level Links to China as Crackdown Goes On", *The New York Times*, June 21, 1989.
[276] David Skidmore, William Gates, "After Tiananmen: The Struggle over U.S. Policy toward China in the Bush Administration", pp. 530-534.

다원적이고 민주적인 체제 구축, 광범위한 혼란과 체제 붕괴로 갈 가
능성 등을 상정할 수 있다"고 하고, (1)고위급 대화 재개, (2)지속적인
인권문제 제기, (3)비확산이나 기후변화 등 범세계적 문제에서 협력
계속, (4)MFN 계속 부여 등의 정책 권고를 발표했다.[277] 이러한 정책
이 향후 추이를 보면서 다음 단계 조치를 취할 수 있도록 하는 방안이
라고 했다. 당시 상황의 불확실성을 잘 보여 주는 사례다.

냉전 직후 아·태지역에 대한 미국의 안보전략은 '넌-워너' 수정안
에 따라 1990년 4월 19일 의회에 제출된 「아시아·태평양 지역에 대한
전략 구상」 보고서에 집약되었다.[278] "미국은 동아시아에 광범위한 이
해관계를 가진 태평양 세력으로 남을 것이다"로 시작하는 이 보고서는
소련과 중국, 한반도를 포함한 정세 전망의 불확실성, 영토 갈등과 역
사 문제 등 잠재적 불안정성을 감안하여 해외전진배치와 양자동맹으
로 이루어지는 안보체제의 근간을 유지한다고 기본입장을 천명하면
서도, 냉전종식이라는 상황변화를 반영하여 다음과 같이 동아시아에
서 미국의 군사적 전진배치를 단계적으로 바꾸어 나간다는 방향을 제
시했다.[279]

---

277 Michael Oksenberg, "The China Problem", *Foreign Affairs*, Vol. 70, No. 3 (Summer 1991), pp. 1-16.

278 A Strategic Framework for the Asia-Pacific Rim : Report to Congress : Looking toward the 21st Century, The President's Report on the U.S Military Presence in East Asia, Washington D.C., Department of Defense, 1990.

279 보고서는 주한미군과 관련, 다음과 같은 단계적 계획을 제시했다. 1단계(1-3년): 억지력에 영향을 미치지 않는 범위에서 불요불급한 인원을 중심으로 육군 5,000명, 공군 2,000명 등 약 7,000명의 인원 감축; 2단계(3-5년): 북한의 위협 재평가 등 1단계 이행상황을 평가한 다음 2사단 구조조정 등의 2단계 계획을 수립; 3단계(5-10년): 1, 2단계가 성공적으로 추진된다면 한국이 주된 역할을 하는 방어체제가 수립될 수 있을 것이며 주한미군의 추가적인 감축도 가능.

- 1단계(향후 1-3년): 기존 군사력의 재조정과 부분적 감축. 아·태지
  역에 전진배치한 135,000명 병력 가운데 14,000-15,000명을 우
  선 감축함
- 2단계(향후 3-5년): 잠재적 적대세력이 미국의 의지를 오판하지 않
  도록 하는 범위에서 군사력 감축을 일정하게 가속화해 나감
- 3단계(향후 5-10년): 상황을 지켜보면서 2단계 이후 추가 감축을
  추진하여 현재보다 낮은 수준에서 점차 안정화시킴

또한 냉전기 동안 역내안보 확보에서 미국이 수행해 온 '주도적leading
역할'을 점차 '지원supporting 역할'로 변경함으로써 역내국가들의 자율
성을 제고한다는 개념을 제시했다. 이러한 점에서 1990년 보고서는
1969년 괌독트린의 연장선에 서있었으며, 향후 3년간 10%의 병력을
감축하고 추가적인 감축 가능성까지 제시한다는 점에서 미래에 대한
낙관적인 전망을 바탕에 깔고 있었다. 즉, 부시 대통령이 이 보고서를
발표할 때까지만 해도 미국은 중국을 서태평양에서 미국의 안보이익
에 대한 실질적 위협으로 인식하지 않았다.

1992년에 들어오면서 중국에 대한 미국 측의 시각에 약간의 변화가
나타나기 시작했다. 1992년도 중국 정부가 국방예산을 대폭 늘리고
있다는 보도가 나왔다. 냉전 종식에도 불구하고, 중국은 1989-1991년
간 국방예산을 50% 이상 증액했으며, 공중급유기 도입, 대양해군 창
설, 항공모함 획득 등 전략적인 운용능력을 향상함으로써 타이완과 동
남아, 심지어 인도 등에 대한 잠재적 위협이 되고 있다고 주장했다.[280]
그럼에도 불구하고, 이 보도는 중국의 국방예산이 급증하는 것은 사실

---

[280] "As China Looks at World Order, It Detects New Struggles Emerging", *The New York Times*, April 21, 1992.

이지만 국제기준으로 보면 아직 미미한 수준이며, 따라서 이러한 예산 증가가 대외공격 능력을 향상하기 위한 것보다는 스스로 느끼는 대내외적인 취약점을 보강하기 위한 것이라는 평가를 내리고 있었다. 1992년 중국의 국방예산은 124억 불로서 미국 국방예산 3,051억 불의 4%에 불과했다.[281]

중국이 구소련 또는 러시아로부터 무기구입에 적극 나서고 있다는 보도도 있었지만, 그 목적이 미국을 상대하려는 데 있기보다는 이러한 기술 도입을 통해 무기성능을 계량하여 재수출하는 데 있다는 것으로 보았다.[282] 1992년 8월 10일자 뉴욕타임스 사설은 이 당시 동아시아 정세를 보는 미국 여론의 시각이 얼마나 현실과 동떨어질 수 있는가를 단적으로 보여 주고 있었다.

> 중국과 한국은 일본의 늘어나는 국방예산과 일본군의 유엔평화유지활동 참가를 허용하는 법률에 마음이 편하지 않다. (중략) 한·중 양국이 일본을 고립시키기 위하여 도발적인 군사동맹을 형성해 나갈 위험성이 있다.[283]

중국의 급속한 경제성장과 국방비 증액이 주목을 받기 시작한 것은 클린턴 행정부가 출범하고 난 다음, 1993년 하반기부터였다. 1993년 말 뉴욕타임스 칼럼니스트 크리스토프Nicholas Kristof는 2002년 대중화권중국, 타이완, 홍콩의 GDP가 9.8조 달러에 도달, 미국의 9.7조 달러를 추월할 것이며 중국의 부상과 이에 대한 국제사회의 대응이야말로 21세기의

---

281 스톡홀름국제평화연구소(SIPRI) 자료에서 인용했음. 이 자료에 의하면, 1992년 한국의 국방예산은 116억 불, 일본의 국방예산은 360억 불이었다.

282 "Moscow is Selling Weapons to China, U.S. Officials Say", *The New York Times*, October 18, 1992.

283 "America Isn't Asia's Cop", *The New York Times*, August 10, 1992.

가장 중요한 사건이 될 것이라고 주장했다.[284] 중국이 소련을 대체하여 미국의 유일초강대국 지위를 위협할 수 있다는 견해였다.

미국 정부 차원의 대중국안보정책은 1992년 대통령 선거 때까지도 혼선을 거듭했다. 대선과정에서 클린턴Bill Clinton 후보는 "바그다드에서 베이징에 이르는 모든 독재자"에 대해 강경한 정책이 필요하다고 주장했다. 시장의 확산과 정보의 확산이 자유화의 물결을 갖고 온다는 생각은 그 이후에도 상당 기간 바뀌지 않았다. 클린턴 대통령은 1993년 1월 취임한 다음에도 MFN 갱신문제를 인권개선에 연계한다는 입장을 바꾸지 않았으며, 1994년 3월 크리스토퍼Warren Christopher 국무장관은 '인권개선'이 이루어지지 않으면 6월의 MFN 갱신은 이루어지지 않을 것이라고 공개적으로 경고했다.[285]

클린턴 행정부가 출범하고 나서도 중국에 대한 미국의 정책이 당장 체계적으로 정리되거나 중국이 미 대외정책의 최대 관심사로 부상한 것은 아니었다. 미국의 주된 관심은 여전히 '역사의 종언' 이후 자유민주주의와 시장경제를 확산하는 데 집중되어 있었다. 레이크Anthony Lake 안보보좌관은 1993년 9월 21일 정책 연설에서, "미국의 핵심가치인 민주주의와 시장경제가 그 어느 때보다 폭넓게 수용되고 있다"고 하면서, "(소련에 대한) 봉쇄 독트린의 뒤를 잇는 것은 확장 전략, 즉 자유로운 시장민주주의공동체의 확장"이라고 했다. "미국은 국익과 이상을 위해 이제 단순한 확장을 넘어 지도력을 발휘"해야 하고 이를 위해 적극적인 관여정책을 추구할 것을 제의했다.[286] 클린턴 행정부 대외

---

[284]   Nicholas D. Kristof, "The Rise of China", *Foreign Affairs*, Vol 72, No. 5(November/December 1993), pp. 61-62.

[285]   Thomas J. Christenson, *The China Challenge: Shaping the Choices of a Rising Power*(New York: W.W. Norton & Company), 2015. p. 180.

[286]   REMARKS OF ANTHONY LAKE, Assistant to the President for National Security Affairs, "From Containment to Enlargement", at Johns Hopkins University,

정책을 상징하는 '확장과 관여enlargement and engagement'를 선언하는 것이었다.

　미국의 대중국정책은 '확장과 관여'를 중심 개념으로 아·태지역에 대한 안보전략을 재평가하는 과정에서 점차 가닥을 잡아갔다. 미국의 적극적인 '확장과 관여' 정책은 유럽에서 북대서양조약기구NATO의 "평화를 위한 동반자관계Partnership for Peace" 프로젝트로 나타났고 동유럽 및 독립국가연합CIS 국가들과의 유대강화로 이어졌다. '확장과 관여'는 1994년 7월 클린턴 행정부 국가안보보고서[287]의 바탕이 되었다. 이 보고서는 미국의 전략이 시장경제체제를 확장하는 동시에, 이에 대한 위협을 억지하기 위해, (1)강력한 방어역량 유지, (2)해외시장 개방과 경제성장 촉진, (3)세계 민주주의 확산 등 세 가지 방향으로 노력할 것을 제시했다.

　아·태지역에서의 '확장과 관여' 정책은 1995년 2월 미 국방부가 발표한 「미국의 동아·태지역 안보전략」[288]에서 보다 군사적인 모습을 띄고 나타났다. 이 보고서는 아·태지역에서 미국의 전략을 이행하기 위한 구체적인 목표로서 (1)동맹의 의의 재확인 및 동맹체제 재정립, (2)일본을 중심으로 한국, 호주 등 동맹국 관계 강화, (3)중국 관계 강화 및 중국의 비확산 등 세계문제 해결 참여 고무, (4)북·미제네바합의 이행 및 북한의 불이행시 대응, (5)러시아와의 안보협력 강화, (6)타이완 해협 평화 유지, (7)아시아지역포럼ARF을 통한 협력 강화, (8)역내 민주주의 신장, 비확산, 마약문제 대처 등을 열거했다.

School of Advanced International Studies, September 21, 1993.

[287] "A National Security Strategy Based on Engagement and Enlargement", The White House, July 1994.

[288] "US Security Strategy for the East Asia-Pacific Region", The US Department of Defense, February 28, 1995.

보고서는 또한 아·태지역 전진배치 병력을 감축한다는 계획을 바꾸어, 앞으로도 10만 명 수준의 전진배치를 유지해 나갈 것이라고 천명했다. 보고서를 작성한 나이Joseph S. Nye 국방부 국제안보담당차관보는 "안보란 산소와 같아서 없어지기 전에는 그 소중함을 잘 모른다"고 하고, 10만 미군의 동아시아 전진배치가 "군비증강의 필요성을 줄이고 패권세력의 등장을 방지함으로써 안정을 유지하는 힘"이라고 주장했다.[289] 나이는 미국의 지도력을 기초로 바퀴살 모양의 양자동맹체제를 유지하는 것이 아시아의 안보를 위해 가장 적절하다고 하고, 중국과 관련해서도 관여engagement 정책을 추진해 나갈 것임을 분명히 했다. 전진배치와 양자동맹을 중심으로 한 미국의 아·태군사전략의 골격은 이후에도 바뀌지 않은 채 이어지고 있다.

1994년 10월 페리 미 국방장관이 천안문 사건 이후 최초로 중국을 방문했다. "지난해 (클린턴) 대통령이 중국에 대해 군사접촉 재개를 포함한 포괄적인 관여정책을 결정"했으며, "급속한 경제발전, 유엔상임이사국의 지위, 정치적 영향력, 핵을 포함한 현대적 군사력을 가진 중국은 미국이 반드시 협력해야 할 대상"임을 감안한 조치였다.[290] 1995년도 안보전략보고서를 구체적으로 이행하는 작업의 일환으로서 1996년 4월 미일동맹을 강화·조정하는 '미·일신안보선언'이 나왔으며, 이듬해 9월 '미·일방위협력지침'이 이어졌다.

---

[289] Joseph S. Nye, "East Asia Strategy: The Case for Deep Engagement", *Foreign Affairs*, Vol. 74, No. 4(July/August 1995), p. 91.

[290] Secretary of Defense William J. Perry, Memorandum for the Secretaries of the Army, Navy, and Air Force, "U.S-China Military Relationship", *National Security Archive Electronic Briefing Book No. 19*, August 1994.

2.3. 중국의 대미국정책

천안문 사건은 미·중관계를 수교 이래 최악으로 몰아갔다. 서방은 중국에 대한 경제제재를 시작했고, 중국은 지금까지 겪어보지 못한 국제적 고립으로 내몰렸다. 서방이 평화적인 수단으로 중국의 공산통치를 붕괴시키려 한다는 '평화적 전복和平演變'이라는 말이 생겨났다.

천안문 사건은 중국으로 하여금 대외정책 추진에서 신중을 기할 수밖에 없도록 만들었다. 1989년 9월 4일 덩샤오핑은 국제정세와 관련하여 (1)냉정하게 관찰할 것, (2)사안에 따라 진용을 확고히 갖출 것, 그리고 (3)침착하게 대응할 것 등 세 가지를 주문했다. 여기서 나온 '도광양회韜光養晦'와 '유소작위有所作爲'는 탈냉전의 국제정세 전환기에 나온 전략으로서 1990년대를 통하여 중국 외교를 규정하는 기본 개념이 되었다.[291]

중국 외교는 실용주의로 실질적인 전환을 보였다. 중국의 실용외교는 외교관계 확대에서 상당한 성공을 거두었다. 1990-91년간 사우디아라비아, 싱가폴과 수교하고, 인도네시아와 외교관계를 회복했으며, 베트남과 긴장을 완화하고, 한국과도 교역관계를 대폭 확대했다. 1992년 10월 아키히토明仁 일본 천황이 1972년 중·일국교정상화 이후 처음으로 중국을 방문했다.

1992년 1월 덩샤오핑의 '남순강화南巡講話'는 중국이 대외관계를 개선할 수 있는 계기를 마련했다. 덩샤오핑은 '개혁 이외의 대안은 존재하지 않으며 개혁하지 않으면 쇠퇴할 뿐'이라고 역설했다. 덩샤오핑의

---

[291] 가와시마 신·모리 가즈코, 이용빈 옮김, 『중국외교 150년사: 글로벌 중국으로의 도정』, p. 222. 덩샤오핑의 세 가지 당부사항은 나중에 치엔치첸 외교부장이 다음과 같이 28자로 정리하여 회람했다고 한다: 냉정하게 관찰하고(冷靜觀察), 사안에 따라 진용을 확고하게 갖추며(穩住陣脚), 침착하게 대응하고(沈着應付), 힘을 숨기고 때를 기다리며(韜光養晦), 자신의 뛰어남을 드러내지 않는 것을 견지하고(善於守拙), 결코 우두머리가 되지 않고(決不當頭), 때가 되면 일부 공헌을 한다(有所作爲).

말은 "마치 제왕의 행보와도 같은 영향력을 행사"했다.[292] 개혁주의자들이 더 대담하게 정책을 추진할 수 있도록 사기를 북돋웠다. 1992년 제14차 당대회는 덩샤오핑이 주창한 '시장사회주의'를 공산당 헌장에 명기했다. 천안문 이후 중국의 개혁개방 전망에 대한 외부의 의구심이 해소되기 시작했다. 1991년 43억 불에 불과하던 해외직접투자는 1992년 110억 불, 1993년 280억 불로 폭발적인 증가세를 보였다. 천안문 사건 직후 4%대로 추락했던 GDP 성장률은 1992년 14.2%, 1993년 13.9%로 폭등했다.

1993년 1월 클린턴 행정부가 들어섰지만, 미국의 경제제재는 계속되고 있었다. 미국은 G-7 국가들의 대중국 관계개선과 국제금융기구들의 대중국 지원에 반대한다는 입장을 유지하고 있었다. 클린턴 행정부가 '확장과 관여' 정책을 추구한 것도 중국의 입장에서 민감할 수 있는 문제였다. '확장과 관여'는 인권에서처럼 보편적인 원칙 문제가 되기 때문에 지역 특성이나 양국 관계의 역사적 배경을 감안할 여지가 적다. 민주주의의 확장은 국내문제에 대한 개입 시도로 이어질 가능성이 있다. 중국이 의구심을 갖는 것은 당연하다고 할 수 있다. 그럼에도 불구하고, 중국은 가급적 미국과 갈등관계에 놓이는 것을 피하고자 노력했다.

1995년 2월 미 국방부 안보전략보고서가 '10만 전진배치 태세 유지'를 천명한 것은 탈냉전기 미국 아시아정책의 불확실성을 해소해 준 측면이 있었다. 중국은 "일본이 나설 수도 있는 곳에 미국이 항공모함과 해병대를 유지하고 일본의 안보를 보장함으로써 일본의 군사화를 억지"해 준다는 의미에서 미국의 적극적인 아·태정책을 반기는 입장이었다.[293] 1995년 10월 장쩌민 주석의 미국 방문은 양국 간의 이해를

---

[292] 케리 브라운(Kerry Brown), 김홍규 옮김, 『현대 중국의 이해』(서울: 명인문화사, 2014), p. 90.

[293] Thomas J. Christenson, "Chinese Realpolitik: Reading Beijing's World-View",

증진하는 계기가 되었다. 장쩌민은 미국과 신뢰를 높이고 갈등을 줄이며 협력을 늘리고 반목을 피할 것을 약속했다. 양국은 1997년 및 1998년 정상회담을 통해 '건설적 협력적 동반자관계'를 수립했다. 동시에 중국은 러시아와의 전략적 협력에도 적극 나섰으며, 1996년 상하이협력기구SCO를 창설했다.

3. 소결론 : 천안문 이후의 상호적응

1989-1994년 기간의 미·중관계는 일종의 상호적응기였다. 양측 모두 냉전 이후 새로운 시대의 의미를 파악하는 데 시간이 필요했다. 유일초강대국으로 남은 미국에서도 '역사의 종언'이라는 후쿠야마의 낙관적인 견해가 나타났는가 하면, 미·중 간의 충돌이 불가피하다는 사무엘 헌팅턴의 '문명충돌론'도 나왔다.

천안문 사건은 양국이 모두 예상하지 못한 것이었다. 1989부터 1991/92년까지 양국은 이 사건에 따른 최악의 고비를 넘겨야 했다. 국내 여론 때문에 미국의 대중정책은 사실상 마비되었고, 중국은 개혁개방정책의 부작용을 극복할 방안을 찾아야 했다. 1992년 1월 덩샤오핑의 '남순강화'가 중국의 개혁개방정책 추진에 대한 미국의 의구심을 불식시킬 수 있었다는 점에서 양국 관계개선에 크게 기여했다.

이 시기 중국은 실용주의에 입각하여 '도광양회'와 '유소작위' 원칙을 철저하게 이행했다. 서방의 제재를 '화평연변和平演變'으로 인식하면서도, "걸프전, 캄푸치아의 휴전과 선거, 북한 핵문제에 대하여 UN에서 미국의 입장에 정면 반대하지 않았고 기권이나 비공식적인 찬성을

Foreign Affairs, Vol. 75, No. 5(September/October 1996), p. 41.

표시하여 평화와 안정에 관한 한 미국과 협조하는 실용적 외교정책"을 추진했다.[294] 중국은 1992년 3월 NPT에 가입했다. 1992년 9월 미국이 타이완에 F-16 150대 판매를 결정했을 때 중국이 비난은 했지만 심각한 관계손상을 가져오지는 않았으며, 1992년 12월 미국이 소말리아에 인도적 목적의 다국적군 파견을 결정할 때 중국은 예외적으로 지지를 표명했다.[295] 경제건설을 위해 안정적인 대외환경을 원하는 중국이 미국과 갈등을 빚기보다는 가능한 한 협력을 통해 대미관계를 개선해 나가려는 의지를 가졌던 결과라고 볼 것이다.

　북한 핵문제와 관련하여, 이 시기에 중국이나 미국은 북한이 만들어 내는 상황에 대응하는 수준을 넘어서지 못한 것으로 보인다. 양국이 양자관계 차원에서 이 문제를 적극 논의하거나 활용했다고 볼 근거는 나타나지 않는다. 당시 미·중 간의 대화에서 논의된 주요 비확산 이슈는 파키스탄, 이란 등 중동지역에 대한 중국의 단·중거리 미사일 수출 문제였다. 또한 이 시기에 중국은 천안문 사건의 후유증을 벗어나 개혁개방 정책을 재확인하고 경제발전을 가속화하는 데에, 미국은 유일 초강대국으로서 냉전 이후 세계의 의미를 파악하고 새로운 국제질서의 틀을 만들어 내는 과제를 안으면서, 두 나라 다 북한 핵문제에 몰입할 여유가 많지는 않았다. 더구나 북한 핵문제가 점차 심각한 현안으로 부각되어 가는 1992년 하반기에 미국은 탈냉전의 변화를 상징하는 대통령 선거 캠페인에 휩쓸려 들어가 있었다. 이것이 바로 북·미·중 삼각관계가 형성되는 과정에서 중국이나 미국보다 북한이 오히려 정책적 주도권을 가질 수 있었던 상황적 배경의 하나였다.

---

[294]　천용, 『중국 반패권주의 외교정책의 변화발전과 한·중관계』(서울: 선인, 2012), pp. 96-97.

[295]　Thomas J. Christenson, *The China Challenge: Shaping the Choices of a Rising Power*, 2015. pp. 173-179.

북한 핵문제가 미·중관계에 미친 영향은 오히려 1차 핵위기가 지난 다음 미국의 전반적인 아·태정책 재조정 과정에서 나타났다. 1차 핵위기는 '안보보다 경제It's economy, stupid'를 외치면서 들어선 클린턴 행정부에게 안보의 중요성을 상기시켰다. 대북한 군사조치를 검토하는 과정에서 미국은 아·태지역 유사 시를 대비한 군사대비태세가 미흡하다는 사실을 인식하고 이후 일본과의 방위협력 강화를 적극 모색하게 된다.[296] 미국과 일본은 1996년 4월 신안보선언을 발표하고 이어 전역미사일방어체제TMD 공동개발 문제를 협의하기 시작했다.

---

[296] Thomas J. Christenson, *The China Challenge: Shaping the Choices of a Rising Power*, pp. 187-189.

제6장

북·미직접대화관계 구축(1993-1994)

1. IAEA 특별사찰 요구와 북한의 NPT 탈퇴 선언

1.1. 「불일치 문제」와 IAEA의 특별사찰 요구

핵개발 의혹을 해소하기 위해 한국과 미국이 북한에게 요구한 것은 첫째, IAEA 사찰을 통해 과거 핵 활동의 실체를 공개하고, 둘째, 남북 비핵화공동선언의 이행을 통해 재처리를 포기하라는 것이었다.

북한에 대한 사찰이 시작되고 있을 무렵, IAEA 사찰을 둘러싼 상황은 과거와 달라져 있었다. 이라크가 IAEA 사찰을 받으면서도 비밀리에 대량살상무기 개발을 추진한 것으로 밝혀졌다. 1992년 7월 부시 대통령은 IAEA 사찰절차 강화를 포함한 국제비확산규범의 강화, 중동, 남아시아, 구소련 지역, 한반도 등 위험지역에 대한 확산 방지, 남북 상호사찰을 통한 다자규범 보완 노력 등을 핵심으로 하는 국가안보지침 70호를 하달했다.[297]

IAEA의 역량과 효율성에 대해서도 의문이 제기되었다. IAEA로서는 사찰 체제를 강화하는 동시에, 이라크에서 실추된 위신과 위상을 회복할 계기가 필요했다. IAEA는 1992년 2월 '핵무기 획득 방지 3개년 계획'을 안보리에 제출했고, 1992년 2월 25일 IAEA 이사회는 미신고 시설에 대해 예외적으로 특별사찰을 실시할 수 있는 권한을 재확인했다.[298] 또한, 블릭스Hans Blix IAEA 사무총장은 이라크 사찰과정에서부터 IAEA가 자체적으로 확보하는 정보 외에, 필요한 경우 회원국들로부터 정보를 제공받을 수 있도록 제도를 보완했다. 북한에 대한 사찰과 관련하여, 미국은 IAEA측에 1991년 9월과 1992년 3월 사전 브리핑을 제공했고, 1992년 5월 방북을 앞두고 세 번째 사전 브리핑을 실시했다. 5월 7일 브리핑에는 영변에 대한 '가상현실' 답사도 포함되어 있었다.[299] IAEA 창설 이래 가장 많은 정보로 무장된 사찰단이 준비되었다.

　IAEA 사찰을 지연시키려는 북한의 행동이 의혹을 증폭시켰다. 북한은 1992년 1월 30일 안전조치협정에 서명했지만, 발효가 늦어졌다. 2월 18일 최고인민회의 상임위는 이 협정을 비준절차에 회부하기로 결정했다. 사찰 시기를 늦추려는 지연전술의 하나로 비쳐졌다. 1992년 5월말 사찰이 시작될 무렵 IAEA와 북한 사이에는 신뢰보다 불신 분위기가 팽배해 있었다.

　북한은 IAEA 안전조치협정을 1992년 4월 9일 비준했다. 90일 이내 사찰을 받고, 그 전에 신고서를 제출할 의무가 발생했다. 5월 4일 북한은 150쪽 짜리의 상세한 최초 보고서를 제출했다. 1978년 이래 사찰을 받고 있는 영변핵물리학연구소의 연구용 원자로와 임계(핵반응)

---

[297]　"United States Nonproliferation Policy", National Security Directive 70, July 10, 1992.

[298]　"North Korea Nuclear Chronology", *The Nuclear Threat Initiative*, p. 556.

[299]　Don Oberdorfer & Robert Carlin, *The Two Koreas-A Contemporary History*, (NY: Basic Books, 2014), pp. 209-210.

시설, 김일성대학 소재 준임계시설, 영변 소재 실험용 원자로, 핵연료 제조공장, 평산과 박천의 우라늄 광산 및 정련소, 영변과 태천에 건설하고 있던 원자로 각 1기, 방사화학실험실, 3기의 635MW 핵발전소 건설 계획 등 모두 14개의 핵관련 시설 목록이 들어있었다. 신고한 목록은 서방 측이 추정하고 있던 시설을 망라하고 있었다. 또한 최초보고서에는 '건설중인 재처리시설에서 1990년 3월 5MW 원자로의 손상된 폐연료봉으로부터 플루토늄 90그램을 추출했다'는 내용도 들어 있었다.[300]

　사찰의 초점은 북한이 '방사화학실험실'이라고 부르는 시설이었다. 미국은 그동안 위성사진을 통해 이 시설이 완공단계에 있는 재처리시설이라고 추정하고 있었다. 미국과 IAEA 전문가들은 북한도 이라크처럼 기만술책을 쓸 가능성을 배제하지 않았다. 북한이 기술적 요인이나 정치적 부담을 감안하여 포기한 것이 아니라면, 지난 몇 달 사이에 건물 내부에 있던 장비를 외부로 반출했을 가능성이 있다고 보았다. 북한이 원한 것이 소형의 민수용 실험실이었다면 애당초 왜 이처럼 거대한 건축물이 필요했는지가 궁금했다. 북한이 향후 수개월 내지 수년 안에 핵폭탄을 제조할 수 있을 것이라고 심각성을 강조해 온 미국으로서는 이 질문에 대한 답을 찾아야 했다.

　이후 북한 핵문제가 전개된 양상을 보면 북한이 최초보고서에 플루토늄 추출 사실을 적시한 것이 특이하다면 특이했다. 북한은 이것이 나중에 그토록 심각한 파장을 일으키리라고는 예상하지 못한 듯도 하다. 1992년 5월 5일 카네기재단 대표단이 방북하고 나서 공개한 결과보고서에 따르면, 김영남 부장은 "원자력기구는 원하는 모든 것을 볼

---

[300]　"North Korea Nuclear Chronology", *The Nuclear Threat Initiative*, p. 561 (https://www.nti.org/media/pdfs/north_korea_nuclear.pdf?_=1316543714).

수 있을 것이다. 원한다면 최초보고서에 포함되지 않은 다른 시설들도 보여줄 수 있다"고 했으며, 김용순 노동당 비서도 "우리는 모든 것을 개방할 준비가 돼 있다. 우리가 이 문제를 해결하기를 원치 않는다면 왜 우리가 한스 블릭스 원자력기구 사무총장과 사찰 요원들을 초대하겠느냐"고 반문하면서 적극적인 협력 의사를 표명했다.[301] 뒤에 설명하겠지만, IAEA 사찰과정에서 불일치 문제가 제기된 것을 보면 북한이 최초보고서에 진술한 내용이 모든 사실을 포함하지 않았던 것은 분명하다. 불분명한 것은 북한이 무엇을 진술하지 않았느냐는 것과 왜 그렇게 했느냐는 것이다. 나아가서 북한은 IAEA 사찰이 어느 정도로 정밀한 수준에서 이루어지는지, 이라크 이후 사찰의 기술적 수준이나 강도가 얼마만큼 강화되고 있는지를 충분히 이해하지 못한 상태에서 사찰을 수용했을 가능성도 있다.

5월 25일-6월 7일간 IAEA 사찰단이 영변지역에 대한 최초 임시사찰을 실시했으며, 주요 결과는 다음과 같이 보고되었다.[302]

- 사찰단은 5MW 연구용원자로, 건설중에 있는 50MW 및 200MW 원자로, 방사화학실험실을 방문했다.
- 5MW 실험로는 1985-86년경 가동을 시작한 것으로 보였다. 북한 측은 최초 장전한 연료가 아직 인출되지 않았으며, 1993년초까지 교체하지 않아도 된다고 설명했다.
- 50MW 원자로는 1995년 완공 예정이며, 가동시 연간 40-60kg의 무기급 플루토늄을 생산할 수 있을 것이다.

---

301 "North Korea Reveals More about its Nuclear Sites", *The New York Times*, May 7, 1992; "카네기재단 방북 보고서 내용", 『한겨레신문』, 1992년 5월 9일.
302 여기에 소개한 제1차 임시사찰 결과는 David Albright & Mark Hibbs, "North Korea's Plutonium Puzzle", *Bulletin of the Atomic Scientists*, November 1992, pp. 36-40의 해당부분을 요약한 것임.

- 200MW 원자로는 태천에 건설중이며, 1996년 완공할 것으로 예상된다. 가동시 연간 160-200kg의 무기급 플루토늄을 생산할 수 있을 것이다.
- 방사화학실험실은 180m 길이에 6층 높이의 건물이다. 미국 전문가들은 이 정도 시설이면 연간 수백톤의 사용후핵연료를 재처리할 수 있으며, 영변에 있는 3개 원자로에서 나오는 모든 연료를 처리하는 데 어려움이 없을 것으로 본다. 북 측은 이 시설에서 플루토늄을 추출하기를 원하며, 플루토늄은 고속증식로 연료로 사용할 계획이라고 설명했다. IAEA 전문가들은 전세계적으로 고속증식로 개발이 중단된 상황에서 북한이 여기에 쓸 연료를 필요로 한다는 데 회의적이다.
- 왜 흑연감속로를 선택했느냐고 질문한 데 대해, 외부의 도움 없이 자체적으로 할 수 있는 것이기 때문이라고 답변했다. 경수로를 도입할 경우 부품과 연료를 안정적으로 조달하기 어려울 수 있다는 고려 때문에 천연우라늄을 사용하는 흑연감속로를 선택했다고 설명했다.
- 이번 방문 결과 IAEA 측은 영변의 건물들은 약 80% 건설이 이루어졌고, 내부 설비는 40% 정도 갖추어진 것으로 보며, 앞으로 수억 불을 들여 4-5년 더 작업을 해야 완공될 것이라고 전망했다.

이러한 결과는 IAEA나 미국에게는 다소 의외였던 듯하다. 7월 2일 미 국무부 솔로몬Richard Solomon 동아태차관보는 일본 아사히신문 회견에서 "국제원자력기구의 사찰결과로 보는 한 당분간 핵무기 개발 능력을 우려할 필요는 없는 것 같다"고 하고, 다만 문제가 해결된 것은 아니며 남·북상호사찰은 여전히 필요하다고 말했다.[303] 또한 솔로몬 차관

---

303 "북한 핵무기 개발 당분간 우려 없어", 『한겨레신문』, 1992년 7월 3일.

보는 7월 8일 하원 외교위원회 증언에서, 북한이 재처리 능력을 갖추는 방향으로 가고 있었던 것은 사실로 보이지만 "재처리 능력을 갖추는 데는 몇 달이 아니라 몇 년이 걸린다는 게 내 생각"이며 "솔직히 말해서 북한의 그러한 시설들이 과연 제 기능이나 발휘할 수 있을지에 대한 의문까지도 제기"된다고 했다.[304] 또한, 7월 17일자 미 국무부 내부보고서도 북한이 결국 미국의 요구조건을 충족함으로써 수개월 내에 북·미 간에 정책차원의 대화가 이루어질 수 있을 것이라고 기대하고 있었다.[305] 9월 18일 노태우 대통령도 뉴욕타임스 인터뷰에서 "아직 북한의 핵 의도를 의심하고 있지만, 북한이 핵무기를 개발하려는 의지는 많이 약화된 것으로 본다"고 언급했다.[306]

핵문제의 심각성이 완화된 분위기를 반영하여 뉴욕타임스는 "북한의 핵개방"이라는 사설을 게재했다.[307] 북한에게는 남·북상호사찰을 수용하고, 재처리 시설을 폐기함으로써 남아 있는 의혹을 해소하도록 권고했고, 남한에게는 북한에게 요구하는 강제사찰의 횟수와 성격을 완화할 것을 권고했다. 북한이 이미 IAEA 사찰관들에게 재처리 시설을 포함한 영변핵시설을 공개하고 있는 터에 남한이 북한의 모든 군사시설에 대해 무제한적인 강제사찰을 하자고 압박하는 것은 핵사찰의 필요성을 넘어선 지나친 요구라고 했다.

1992년 5월과 7월 2차례 임시사찰이 이루어지고 난 다음, 미 측 전문가들에게 여전히 남아 있는 의문점은 최초보고서의 플루토늄 추출에

[304] "미 리차드 솔로몬 아·태차관보 청문회 일문일답", 『한겨레신문』, 1992년 7월 10일.
[305] United States Department of State, "Memorandum, Kartman to Anderson, Subject: Next Steps for North Korea", *National Security Archive Electronic Briefing Book,* No. 164(July 17, 1992).
[306] "North Korea's A-Bomb Plans Seem Less Perilous", *The New York Times*, September 18, 1992.
[307] "Nuclear Opening in North Korea", *The New York Times*, September 21, 1992.

관련된 부분이었다. 미국 전문가들은 북한이 과거 소량이든 극소량이든 플루토늄을 추출했다는 점과 초대형 재처리시설을 건설하고 있다는 사실을 감안할 때, 북한이 신고한 것보다 광범위한 추출 활동을 했을 가능성이 높으며, 또한 핫셀hot cell 실험에 이어 바로 대형 재처리시설로 넘어가는 것이 기술적인 어려움이 있는 만큼 어딘가에 중간단계의 시험시설pilot plant을 만들었을 것이라고 추측했다.[308]

1992년 8월 31일-9월 15일간 영변에 대한 제3차 IAEA 사찰이 실시되었다. 사찰은 북한의 플루토늄 생산량과 생산능력을 검증하는 데 초점이 맞추어졌다. 이 과정에서 부각된 것이 방사화학실험실 인근에 위치한 두 개 건물이었다. 이들은 최초보고서 목록에 포함되어 있지 않았다. IAEA는 미국 위성사진을 근거로 이들이 핵과 연관된 시설일 수 있다고 지목했다. 제3차 사찰을 실시하는 과정에서 IAEA 사찰관들은 이 두 개 건물에 대한 접근을 요청했다. 미국 위성사진에 의하면, 두 개 건물 가운데 하나는 원래 2층 구조로 되어 있었으며, 아래층은 두꺼운 콘크리트로 만들어진 창고 같은 모습이었다. 제3차 사찰과정에서 사찰관들이 가까이 가보았을 때는 흙을 덮어 아래층이 드러나지 않았으며, 위층에는 탱크 등 군사장비가 보관되어 있었다. 북 측은 원래 아래층이 없는 단층의 군사시설이라면서 사찰관의 접근이나 조사를 허가하지 않았다.[309]

IAEA는 이후에도 계속 두 개 장소에 대한 사찰관의 접근을 시도했다. 1992년 11월 3-21일간 제4차 임시사찰이 시작되었다. 북한은 2개의 의심장소에 대한 접근을 계속 거부했다. 1992년 12월 14일 제5차 사찰

---

[308]   David Albright & Mark Hibbs, "North Korea's Plutonium Puzzle", *Bulletin of the Atomic Scientists*, November 1992, p. 39.

[309]   3차 임시사찰에 대한 이러한 설명은 "North Korea Nuclear Chronology", *Nuclear Threat Initiative(NTI)*, p. 570에서 재정리함.

단이 평양에 도착했다. IAEA 측은 2개 의심장소에 대한 '방문visit'과 실험 실시를 요청했으나, 북한은 군사시설에 대한 사찰이 "최고이익을 위태롭게 할 수 있다"고 하면서 계속 거부했다.[310]

이때까지 이루어진 사찰과 그 과정에서 채집한 시료 분석 등을 통해, IAEA는 북한 핵문제의 실체에 관하여 두 가지 불일치 문제를 제기하고 있었다. 첫째, 북한이 신고한 플루토늄 추출량과 IAEA 시험 결과 사이에 불일치가 있고, 둘째, 북한이 추출한 플루토늄과 주변 액체 폐기물의 동위원소 구성에 불일치가 있었다.

1993년 1월 26일–2월 6일간 제6차 IAEA 임시사찰이 이루어졌다. 사찰의 주된 목적은 불일치 문제를 해소하는 데 주안점이 있었다. 북한은 여전히 두 개 의심 장소에 대한 접근을 거부했다. 2월 1일자 뉴욕타임스는 북한이 2개 의심장소에 대한 IAEA 사찰을 거부함에 따라, 북한이 비밀리에 핵무기 개발을 계속 추진하고 있다는 우려가 새롭게 대두하고 있으며, 이는 대량살상무기 확산 방지에 최우선순위를 두기로 한 클린턴 대통령의 공약에 잠재적 도전이 되고 있다고 보도했다.[311] 또한, 이 보도는 "북한이 아마 스스로 인정한 것 이상의 플루토늄을 생산했을 것이다"는 정보가 있으며, 북한이 계속 2개 의심장소에 대한 접근을 거부할 경우 IAEA가 전례 없는 '특별사찰'을 요구할 수 있고, 북한이 이를 거부할 경우에는 이 문제가 유엔안보리에 회부될 수 있을 것이라고 했다. 2월 9일 북한은 외교부 성명을 발표, "미국과 일본이 북한을 고립시키고 질식시키기 위하여 이 문제를 이용하고 있다"고 하고, "사찰을 하라는 강압이 계속될 경우 자위를 위한 대응조치를 취하

---

310 Don Oberdorfer & Robert Carlin, *The Two Koreas-A Contemporary History*, p. 215.
311 "North Korea Rebuffs Nuclear Inspectors, Reviving U.S. Nervousness", *The New York Times*, February 1, 1993.

지 않을 수 없다"고 했다. 또한 이 성명은 IAEA가 제3국이 제공하는 정보를 이용하고 있다고 비난했다.[312]

한편, IAEA는 6차례의 임시사찰 결과를 분석한 다음 북한이 플루토늄 추출 활동을 사실대로 신고하지 않았다고 판단했다. IAEA 사찰관들은 방사화학실험실 방문을 통해 플루토늄의 시료, 추출 경로에 잔류하고 있는 물질의 시료, 여타 핵폐기물 시료를 채취하여 오스트리아 자이버스도르프Seibersdorf에 있는 IAEA 연구소와 미국의 첨단 연구소에서 분석했으며, 그 결과 북한은 1990년 3월 한차례 플루토늄 분리 실험을 했다는 주장과 달리 1989, 1990, 1991년 모두 세 차례에 걸쳐 추출 활동을 했다고 결론을 내렸다.[313]

1.2. 북한의 NPT 탈퇴 선언

IAEA가 북한에게 불일치 판정을 내리고 있을 무렵, 한미 양국은 1월 26일 1993년도 T/S 훈련을 재개한다고 발표했다.[314] 1월 27일 북한 외교부는 성명을 발표하여 미국이 핵전쟁연습을 기어이 감행한다면 "필요한 자위적인 조치를 취하지 않을 수 없다"고 반발했다.[315]

북한-IAEA 사이에도 긴장이 고조되고 있었다. 북한이 신고한 것보

---

[312] "In Reversal, North Korea Bars Nuclear Inspectors", *The New York Times*, February 9, 1993.

[313] David Albright, "Non-Proliferation Treaty: North Korea Drops Out", *Bulletin of the Atomic Scientists*, May 1993, p. 10. IAEA 전문가들이 사용한 방식은 americium 241이라는 동위원소를 측정하는 것이었다. americium 241은 플루토늄 241이 부식할 때 만들어지며, 따라서 특정장소에 있는 americium 241이 언제 만들어졌는지를 측정하면 플루토늄 추출이 언제 이루어졌는지를 알 수 있다. IAEA 사찰관들은 북한의 방사화학실험실을 방문, 사찰할 때 재처리와 관련된 여러 장소의 잔류물을 채취했고, 이들 속에 포함된 americium을 측정했다.

[314] "팀스피리트 훈련 3월 중순께 실시", 『연합뉴스』, 1993년 1월 26일.

[315] "우리는 민족의 존엄과 나라의 자주권을 건드리는 그 어떤 행위도 절대로 용납하지 않을 것이다: 조선민주주의인민공화국 외교부 성명", 『로동신문』, 1993년 1월 28일 3면.

다 많은 플루토늄을 추출했다면, 실제로 얼마나 많은 양을 추출했는지가 관심의 초점이 되었다. 북한이 의심장소에 대한 사찰을 완강하게 거부하고 있는 것이 의혹을 증폭시켰다. 블릭스 사무총장은 이들 장소에 대해 IAEA 창설 이후 최초의 특별사찰을 추진키로 했다.[316] 북한은 2월 8일 기자 질문에 대한 외교부 대변인 답변을 통하여 "우리와 기구 사이에서 풀어야 할 문제를 다른 군사정치적 목적에 리용하려는 데로부터 우리에게 그 어떤 부당한 조치가 강요된다면 우리는 대응한 자위적 조치를 취하지 않을 수 없다"고 선언했다.[317] 2월 11일 IAEA 측은 특별사찰 요구를 북한에 공식 전달하고, 2월 15일까지 수락하지 않을 경우 IAEA 특별이사회를 열어 논의할 것이라고 통보했다. 2월 21일 노동신문은 "대국들의 희생물이 되지 말자"라는 논평에서 "만일 우리에게 그 어떤《특별사찰》이나《제재조치》가 강요되고 우리의 신성한 조국 땅이 대국들의 침해를 받게 된다면 그것은 북과 남을 막론하고 온 강토를 전쟁의 참화 속에 몰아넣는 위험한 도화선이 될 것이다"고 주장했다.[318]

IAEA와 북한의 공방이 계속되는 가운데, 1993년 2월 22일 IAEA 비공개 이사회에서 미국은 영변지역의 시설과 북한의 핵활동에 대한 10여장의 위성사진을 공개했다. 이 사진은 북한이 군사시설이라고 주장하는 의심장소에 핵폐기물을 은닉했을 가능성이 많다는 주장을 설득력 있게 뒷받침해 주었다.[319] 2월 25일 IAEA 이사회는 북한에게

---

[316] "Atom Agency Said to Issue Demand to North Korea", *The New York Times*, February 11, 1993.

[317] "《핵문제》와 관련하여 우리에게 그 어떤 부당한 조치가 강요된다면 그에 대응한 자위적 조치를 취하지 않을 수 없을 것이다: 조선민주주의인민공화국 외교부 대변인 기자의 질문에 대답", 『로동신문』, 1993년 2월 8일 5면; "In Reversal, North Korea Bars Nuclear Inspectors", *The New York Times*, February 9, 1993.

[318] "대국들의 희생물이 되지 말자", 『로동신문』, 1993년 2월 21일 6면.

[319] Don Oberdorfer & Robert Carlin, *The Two Koreas-A Contemporary History*,

특별사찰을 수용할 것을 요구하고, 1개월의 유예기간을 준 다음 북한이 계속 거부할 경우 특별이사회를 소집, "추가적인 조치"를 취하기로 했으며, 북한은 "주권 수호를 위한 자체 방어 조치를 취하지 않을 수 없게 되었다"고 하면서 IAEA 결의안을 거부했다.[320] 2월 26일 블릭스 사무총장은 북한에게 3월 25일까지 두 개 장소를 사찰단에 공개할 것을 요구했고, 이 사실을 유엔안보리에 통보했다.

3월 8일 T/S 훈련이 9일간의 일정으로 시작되었다. T/S 훈련이 시작된 날, 북한은 김정일 최고사령관 명령 제34호를 발표, "《팀스피리트》 합동군사연습은 그 내용과 성격에 있어 철두철미 침략적이며 우리 공화국 북반부를 불의에 선제타격하기 위한 예비전쟁이고 핵시험전쟁"이라고 비난하면서, "전국, 전민, 전군이 1993년 3월 9일부터 준전시 상태에 넘어갈 것"을 명령했다.[321]

특별사찰을 둘러싼 북한-IAEA간 공방과 T/S 훈련을 둘러싼 남북 및 북·미 간 비난전이 이어지고 있는 가운데, 북한은 3월 12일 정부 성명을 발표, NPT에서 탈퇴한다고 선언했다.[322] 북한은 이날 중앙인민위원회 제9기 제7차 회의를 열고 "미국과 남조선측의 《팀스피리트》 합동군사연습의 재개와 국제원자력기구의 부당한 《특별사찰》 강요로 우리나라에 긴박한 정세가 조성된 것"과 관련하여 토의, IAEA 이사회의 《특별사찰》 결의를 "공화국의 자주권에 대한 침해이고 내정에 대한 간섭이며 우리의 사회주의를 압살하려는 적대행위"라고 규정하

---

p. 216.

[320] "North Korea Rejects Atomic Inspections", *The New York Times,* February 27, 1993.

[321] "조선인민군 최고사령관 명령 제34호: 전국, 전민, 전군에 준전시상태를 선포함에 대하여", 『로동신문』, 1993년 3월 9일 1면.

[322] "민족의 자주권과 나라의 최고리익을 수호하기 위하여 자위적 조치를 선포한다: 조선민주주의인민공화국 정부성명", "조선민주주의인민공화국 중앙인민위원회 제9기 제7차회의에 관한 보도", 『로동신문』, 1993년 3월 13일 1면.

고 "나라의 최고 리익을 수호하기 위한 조치로서 부득이 핵무기전파방지조약에서 탈퇴한다는 것을 선포"한다고 했다. 성명은 "기구의 부당한 사찰을 그대로 받아들인다면 그것은 곧 우리의 교전일방인 미국의 정탐행위를 합법화해 주는 것으로 되며 우리의 모든 군사대상에 대한 전면적 개방의 시초로 될 것"이라 하고, "이러한 원칙적 립장은 미국이 우리에 대한 핵위협을 중지하고 국제원자력기구 서기국이 독자성과 공정성의 원칙으로 돌아설 때까지 달라지지 않을 것"이라고 했다. 3월 17일 리철 주제네바북한대사는 북한의 NPT 탈퇴 배경을 설명하면서, 첫째, T/S 훈련을 영구히 중단할 것, 둘째, 북한에 대한 미국의 핵위협을 제거할 것, 셋째, IAEA가 유일한 초강대국인 미국에 복종하는 것을 중지할 것, 넷째, IAEA 사무국이 공정하게 운영된다는 조건이 충족될 경우, 북한은 NPT 복귀교섭에 임할 수 있을 것이라고 했다.[323] NPT 탈퇴를 통해 위기를 정면돌파하려는 시도였다.

북한의 NPT 탈퇴 선언은 미국, 한국, IAEA 등 국제사회의 허를 찔렀고, 북한 핵문제는 국제사회의 초미의 관심사가 되었다. 당연히 북한에 대한 국제사회의 거센 비판이 있었다. 140개 국가가 북한을 비난하는 성명을 발표했고, 심지어 중국도 한반도 비핵화를 지지한다는 성명을 발표함으로써 북한을 간접적으로 비판했다. 출범한지 겨우 2개월인 클린턴 행정부는 물론, 2주전 "피는 동맹보다 진하다"는 말과 함께 취임하여 미전향장기수 이인모 노인의 송환을 추진하고 있던 김영삼 정부로서는 뺨을 맞은 셈이었다.

IAEA 특별사찰과 남·북상호사찰을 통해 북한 핵활동의 과거를 규명해 보려던 국제사회의 시도는 수포로 돌아갔다. IAEA 사찰을 통해 핵문제를 해결하려던 북한의 시도도 특별사찰과 남·북상호사찰 요구

---

[323] "팀 훈련 중단 땐 탈퇴 철회 협의", 『경향신문』, 1993년 3월 17일.

의 벽을 넘지 못하고 실패했다. 북한–IAEA 협상과 남북협상이 모두 중단되었다. 국면은 강경 대치로 급속히 전환되었다. 이른 바 1차 핵위기가 시작되었다.

1992년은 핵문제 해결과 한반도 평화에 있어 결정적인 한 해였다. 미국은 북한에 관한 논의 의제를 사실상 핵문제로 단일화했다. 북한은 남한과의 비핵화 합의 이행을 회피하면서도, IAEA 안전조치협정을 이행하는 데는 상대적으로 협조적이었다. 북한은 국제사회의 총체적인 압박에 직면하여 유일하게 남은 출구로서 IAEA 사찰을 통해 위기를 벗어나려고 시도했다. 그러나 북한은 불일치 문제를 해명하지 못했다. IAEA는 주권국가에 대해 전례 없는 강제사찰을 실시키로 결의했고, 북한은 '주권 수호'를 내세워 이를 거부했다.

1차 핵위기는 피할 수 없었는가? 불일치 문제가 제기된 이상 아무 일도 없었던 것처럼 넘어갈 수는 없었다. 강대강의 대결이냐 아니면 타협이냐의 갈림길에서 현실은 대결로 몰려갔다. 도저히 비켜갈 수 없는 부분이 있었다. 첫째, 미국과 IAEA가 새로운 국제비확산체제를 구축하는 시기에 북한 핵문제가 시범 사례로 부각된 것은 그 누가 처음부터 기획한 것이 아니었다. 둘째, 북한의 전통 우방이던 소련과 중국은 북한에게 핵문제 해결을 압박하거나 북한을 변호하고 나설 처지가 되지 못했다. 북·소 및 북·중관계가 이렇게 된 것도 핵문제와 직접 연관된 것은 아니었다.

미련이 남는 부분은 한국의 역할이다. 타협을 모색하고 한반도의 긴장 완화를 모색해야 할 한국은 대선정국에서 반대의 길을 가고 있었다. 이인모 송환과 관련된 고위급회담 훈령조작사건이 일어났으며, T/S 훈련 재개도 주도적으로 추진했다. IAEA의 기능적 완벽주의를 견제하지 않는 정도가 아니라, 오히려 불필요한 수준의 상호사찰을 요구했다. 9월 22일 뉴욕타임스가 나서서 한국이 불필요하게 엄격한 사찰을 요구한다면서 이를 완화하라는 사설을 게재할 정도였다. 이라크에서 추락한 권위와 명성을 회복하겠다는 IAEA의 조직적 이익을 견제할 세력이 없었다.

뉴욕타임스 사설은 남한에게 사찰 요구를 완화하도록 촉구하는 동시에, 북한에게도 남아있는 의구심을 해소할 수 있도록 상호사찰을 수용하고 재처리 시설을 해체할 것을 종용했다. 남한이 상호사찰 요건을 최소한으로 완화했더라면 북한이 수용했을까? 불일치 문제가 제기된 후 북한은 2개 의심장소에 대한 IAEA 접근을 한사코 거부했다. 절대로 보여줄 수 없는 그 무엇을 보관하고 있다는 의심을 키울 수밖에 없었다. 그러한 태도라면 남한이 상호사찰 요건을 완화했을지라도 IAEA가 지목한 2개 의심장소에 대한 사찰을 수용하지는 않았을 것이다.

그런 점에서 1차 핵위기는 북한이 선택한 것이었다. 북한의 목적이 핵개발 실상을 노출하지 않음으로써 미래 핵옵션을 보존하려는 것이었는지, 말 그대로 주권을 수호하려는 것이었는지, 아니면 미국을 협상장으로 불러내려는 것이었는지는 알 수 없다. 무엇이 그 이유였건, 북한은 특별사찰을 수용하는 대신 NPT 탈퇴를 선언했고, 그 바람에 그동안 IAEA와 남한을 앞세워 북한을 압박하던 미국이 직접 북한과 마주앉게 되었다. 북한으로서는 위기를 기회로 바꾼 결과가 되었다.

2. 북·미고위급회담의 시작

미국은 1992년 12월 이후 핵사찰 수용을 거부하고 있는 북한에게 잘못된 신호를 주지 않아야 한다는 차원에서 북경 참사관급 접촉을 중단하고 있었다. 북한이 NPT 탈퇴를 선언한 직후 미국은 참사관급 접촉을 재개하자고 제의했다. 3월 19일 제30차 접촉이 이루어졌다.

미국은 북한에게 NPT 탈퇴선언을 철회하라고 요구했고, 북 측은 거절했다.[324] 북한의 입장과 관련하여, 같은 날 허종 주유엔북한대표부 차석대사가 국내 한 언론에게 다음과 같이 언급했는 데, 북경 참사관급 접촉에서도 비슷한 내용이 오갔을 것이다.[325]

- NPT는 강자의 이익만 지켜줄 뿐이지, 약한 나라에 대해서는 완전히 이중적인 기준과 규율을 적용하고 있다.
- IAEA의 공정성을 담보하기 위해서는 우선 이 기구가 NPT의 기본 정신을 지켜야 한다. 그것은 핵보유국들이 비핵국에 대해 핵무기 기술이전 뿐 아니라 핵위협도 하지 말아야 한다는 의무규정을 잘 지키는 것이다.
- 특별사찰은 자주권을 위협하고 우리나라의 최고이익을 침해하는 것으로 도저히 용납할 수 없는 것이다.
- 미국의 핵위협을 없애기 위해서는 핵전쟁을 연습하는 T/S 훈련을 영원히 중지하고, 의심스러운 남조선의 핵기지를 완전히 공개해야 하며, 우리에 대해 핵공격을 않겠다는 보장을 해야 한다.

한승주 외무장관이 3월 23-29일간 유엔과 미국을 방문, 북한의 NPT 탈퇴를 저지하기 위한 강온양면전략을 협의했다. 한·미 양측은 "북핵문제가 외교적으로 해결되지 않을 경우 유엔안보리 회부가 불가피하다"고 보았다.[326] 안보리 회부에는 중국의 협조가 필요했다. 한·미 양측은 4월 하순 방콕 APEC 외교장관회담을 계기로 한·중양자회담이

324 Wit, Poneman & Gallucci, *Going Critical* (Washington DC: Brookings Institution Press, 2004), p. 29.
325 "허종 북한 유엔 부대사 일문일답", 『한겨레신문』, 1993년 3월 19일.
326 "유엔차원 대북경제제재조치 동참(종합)", 『연합뉴스』, 1993년 3월 27일.

열리기로 된 것을 염두에 두고, 중국을 어떻게 설득할 것인가에 대해서도 협의했다. 북한이 원하는 북·미고위급대화를 수용해 주는 대신, 안보리가 이 문제를 논의하는 데 중국이 반대하지 않도록 하자는 데 의견을 모았다.[327] 앞으로 대북강경책을 추진할 경우에 대비하여 '최선을 다했다'는 명분을 축적하고 중국의 협조를 확보하는 기반을 다질 수 있다는 고려였다. 한·미 양측이 정리한 이 입장은 4월 21일 한·중외교장관회담에서 중국 측에 전달되었다.

5월 11일 안보리는 북한 핵문제에 대한 결의를 채택했다. 북한에게는 NPT 탈퇴를 재고하고 IAEA 특별사찰을 수용토록 촉구하는 한편, 안보리가 이 문제를 현안으로 다루면서 필요에 따라 추가 조치를 고려한다는 내용이었다. 구속력 있는 결의인 만큼 이행하지 않으면 위반이 된다. 또한, 이 결의는 회원국들에게 북한이 이에 응하도록 권고해 줄것도 요청했다. 북한이 요구하는 북·미고위급대화의 길을 터주고 남북대화의 길을 열어놓기 위한 것이었다.

북·미고위급대화로 갈 수 있는 길이 마련되었다. 북·미 양측은 회담준비를 위하여 실무접촉 경로를 북경에서 뉴욕으로 옮겼다. 국무부 한국과장과 주유엔북한대표부 차석대표 사이의 소위 '뉴욕 채널'이 열렸다. 북한의 NPT 탈퇴 시한을 열흘 남긴 1993년 6월 2일 미국 유엔대표부 건물에서 첫 번째 북·미고위급회담이 열렸다. 미국 측에서는 이라크 사찰을 주도한 바 있는 갈루치Robert Gallucci 국무부 정치군사담당차관보가, 북한 측에서는 강석주 외무성 제1부부장이 각각 대표로 참석했다.

양측은 북한의 NPT 탈퇴 시한을 하루 남긴 1993년 6월 11일 아래 내용의 공동성명을 발표했다.[328]

---

327   한승주, 『외교의 길』(서울: 올림, 2017), p. 91.

쌍방은 회담에서 조선반도의 핵문제를 근원적으로 해결하는 데서 나서는 정책적 문제들을 토의하고 핵전파를 방지하기 위한 목적에 부합되게 북남비핵화공동선언에 대한 지지를 표명했다.

조선민주주의인민공화국과 미합중국은 다음과 같은 원칙들에 합의했다.

- 핵무기를 포함한 무력을 사용하지 않으며 이러한 무력으로 위협도 하지 않는다는 것을 담보한다.
- 전면적인 담보 적용의 공정성 보장을 포함하여 조선반도의 비핵화, 평화와 안전을 보장하며 상대의 자주권을 호상 존중하고 내정에 간섭하지 않는다.
- 조선의 평화적 통일을 지지한다.

이러한 원칙들에 준하여 조미 쌍방 정부들은 평등하고 공정한 기초 위에서 대화를 계속하기로 합의했다.

이와 관련하여 조선민주주의인민공화국 정부는 핵무기전파방지조약으로부터 탈퇴 효력을 필요하다고 인정하는 만큼 일방적으로 림시 정지시키기로 했다.

핵문제와 직접 관련된 내용만 놓고 보면 협상결과는 단순했다. 북한은 NPT 탈퇴를 잠시 보류하며, 양측은 대화를 계속한다는 것이었다. 미국으로서는 일단 북한을 NPT 체제에 붙들어 둘 수 있게 되었다. 급한 불은 끈 셈이었다. 단, 완전한 복귀는 아니었다. 탈퇴를 보류했을 뿐이다. 북한은 NPT 탈퇴 선언의 효력을 '필요하다고 생각하는 만큼', '일방적으로', '림시 정지'하는 것임을 합의문에 명기함으로써 이 점을 거듭 강조했다.[329]

---

328 "조선민주주의인민공화국-미합중국 공동 성명 발표", 『로동신문』, 1993년 6월 13일 1면.
329 북한은 NPT 탈퇴선언을 철회하는 것이 아니라 어디까지나 선언 발효 과정의 진행을 정지시

북한이 중요하게 생각한 것은 핵문제 논의보다 미국과 공식회담을 가졌다는 사실 자체였던 듯하다. 냉전기를 통해 북·미 간에는 푸에블로 납치와 같은 예외적인 상황에서 마주 보는 경우를 제외하고는 의미를 부여할만한 접촉이 없었다. 1992년 1월 김용순과 캔터 사이에 단 1회, 그나마 회담이라 할 수도 없는 접촉에서 미국 측의 입장을 일방적으로 통보받았던 북한으로서는 열흘간이나 마주앉아 대등한 회담을 했다는 사실에서 감회가 새로웠을 것이다.[330] 양측의 정식 국명이 사용되고 공동성명이 채택되었으며, 앞으로 '평등하고 공정한' 기초 위에서 협상을 계속해 나가기로 했다. 북한이 핵무기의 위력을 실감하는 계기가 있었다면 아마도 이 시점이 아니었을까 싶다. 핵문제, 특히 NPT 탈퇴라는 강수 덕분에 북한은 마침내 남한이 없는 자리에서 미국과 마주 앉아 한반도 안보 문제를 논의할 수 있게 되었다. 북·미직접대화의 모양새가 갖추어졌다.

대화를 계속한다는 약속에 따라, 1993년 7월 14-19일간 제네바에서 2단계 고위급회담이 열렸다. 북 측은 미국이 경수로를 제공하면 흑연감속로를 해체하겠다고 했다. 경수로 제공을 보장하면 IAEA 감시 하에 모든 핵활동을 동결할 것이며, 경수로 건설이 진행되는 동안 IAEA와 불공정성 문제 및 안전조치 이행을 협의하고, 경수로 건설이 완료되는 대로 NPT에 완전 복귀할 것이라 했다.[331] 기술적으로 보면 경수로는 흑연감속로에 비해 플루토늄 생산이 어렵고 안전조치를 실시

키는 것이라는 점을 강조하기 위해 표현에 애를 쓴 것으로 보인다. 미 측이 발표한 영문본에 없는 '임시'라는 표현이 북한이 발표한 조선어본에 들어있는 것도 북한의 의중을 보여 준다.

[330] 북한은 미 측이 협상과정에서 유엔의 일반원칙에 입각하여 북한에 대한 무력 불사용을 보장할 수 있다고 제의한 데 대해 이러한 보장을 "공동성명과 같이 공개적으로" 해줄 수 있는지를 별도 접촉을 통해 타진했는 데, 이는 북한이 공동성명 발표에 큰 의미를 부여했음을 나타낸다. Wit, Poneman & Gallucci, *Going Critical*, p. 57 참조.

[331] Wit, Poneman & Gallucci, *Going Critical*, p. 72.

하기 쉬우며, 연료를 해외에서 반입해야하는 만큼 핵활동을 감시하기
쉬운 이점이 있다. 그러나 미 측 입장에서는 북한이 원한다고 해서 당
장 경수로 제공을 약속할 수는 없는 노릇이었다. 정치적인 이유가 아
니더라도, 경수로 지원이 가능하기 위해서는 미국 국내법에 따라 북한
의 NPT 의무 이행이 선행되어야 했다. 뿐만 아니라, 수십억 불에 달하
는 소요경비를 확보하는 것은 더 큰 문제였다.

　미국은 북한의 NPT 의무 이행과 IAEA 사찰이 우선되어야 한다고
했다. 북한은 미국이 경수로 제공을 보장하기 전에는 IAEA와 대화하
지 않겠다고 했다. 결국 미국은 북한의 경수로 제공 요구를 긍정적으
로 검토키로 했다.

　7월 19일 양측은 사전에 협의한 동일한 내용의 보도문을 각각 발표
했다.[332] 북 측은 경수로 제공에 관한 미 측 언질을 확보한 대신 IAEA
및 남한과 대화를 개시하겠다고 약속했다. 미국은 IAEA 사찰과 남·북
상호사찰을 통해 2개 의심장소를 확인할 수 있는 근거를 마련하는

---

[332]　"제네바 조미회담에 관한 보도문 발표", 『로동신문』, 1993년 7월 21일 1면.
　　　〈보도문 전문〉
　　　쌍방은 1993년 6월 11일자 공동성명의 원칙들을 재확인했다.
　　　미합중국은 특히 핵무기를 포함한 무력을 사용하지 않으며 이러한 무력으로 위협도 하지 않
　　　는다는 것을 담보하는 원칙에 대한 공약을 재확인했다.
　　　쌍방은 조선민주주의인민공화국이 현존 흑연감속원자로와 그와 관련된 핵시설들을 경수로
　　　로 교체하는 것이 바람직하다는 데 대하여 인정한다. 미국은 핵문제의 종국적 해결의 일환으
　　　로서 경수로의 해결이 실현될 수 있다는 것을 전제로 하면서 경수로 도입을 지지하며 그를
　　　위한 방도를 조선민주주의인민공화국과 함께 탐구할 용의를 표명한다.
　　　쌍방은 국제원자력기구의 담보를 완전히 그리고 공정하게 적용하는 것이 국제적인 핵전파
　　　방지체제를 강화하는 데서 필수적이라는 데 대하여 견해를 같이했다. 이에 기초하여, 조선민
　　　주주의인민공화국은 담보와 관련한 현안문제와 기타 문제들에 관한 국제원자력기구와의
　　　협상을 가능한 빠른 시일 내에 시작할 용의를 표명한다.
　　　조선민주주의인민공화국과 미합중국은 또한 조선반도의 비핵화에 관한 북남공동선언 리행
　　　의 중요성을 재확인했다. 조선민주주의인민공화국은 핵문제를 포함하여 쌍방 사이의 문제
　　　들에 대한 북남회담을 가능한 빠른 시일 내에 시작할 용의를 의연히 가지고 있다는 것을 재확
　　　인했다.
　　　조선민주주의인민공화국과 미합중국은 경수로 도입과 관련한 기술적 문제들을 포함하여 핵
　　　문제 해결과 관련된 현안문제들을 토의하며 조선민주주의인민공화국과 미합중국 사이의 전
　　　반적 관계개선의 기초를 마련하기 위하여 2개월 안으로 다음 회담을 진행하기로 합의했다.

대신 막연한 용어로 경수로 제공 의사를 표명했다. 북한은 IAEA 및 남한과 대화를 하고, 미 측은 경수로 교체를 위한 방안을 검토한 후, 2개월 이내에 관계개선을 위한 협의를 재개한다는 요지였다.

회담결과에 대해 강성산 북한 총리는 "40년 적대관계를 종식"시키는 기초를 마련했다고 평가했다.[333] 한국 언론에서는 부정적인 평가가 대세를 이루었다.[334]

3. 북·미직접대화관계 구축을 위한 북한의 노력

북한은 2차례의 고위급접촉을 통하여 미국과 직접 한반도 안보문제를 협의하는 모양새를 만들어 냈으나, 결과만 놓고 보면 NPT 탈퇴에 이르는 과정에서 한번 실패해 본 대화구도로 되돌아간 것에 다름 아니었다. 미국은 탈냉전기의 IAEA 역할 강화 필요성과 한미동맹관계를 고려하여 북한에게 IAEA 및 남한과 핵문제를 해결하도록 압박했지만, 이때로부터 이듬해 6월 전쟁위기를 넘길 때까지 약 1년간의 경과는 1992년 하반기에서 북한의 NPT 탈퇴 선언에 이르는 과정을 되풀이한 것이었다. 북·미직접대화관계를 구축하는 과정은 이제 시작이었다. 이때부터 북한은 모든 핵문제 논의 경로를 북·미대화로 단일화시키기 위해 노력한다. 그 결과 1994년 10월 제네바합의를 타결, 북·미·중 삼각관계의 핵심 축이 되는 북·미직접대화관계를 만들어냈다.

---

[333] Wit, Poneman & Gallucci, *Going Critical*, p. 78.
[334] "북·미 회담 보도, 「북한 시간벌기 악용」 지탄 일색", 『한겨레 신문』, 1993년 7월 29일.

3.1. IAEA·북한 및 남북협상 구조로의 복귀

북한·IAEA 대화와 남북대화가 재개되었지만 과거부터 논의해 온 입장이 되풀이되었다.

먼저, IAEA 사찰과 관련하여, 강석주는 7월 19일 기자회견에서 "NPT에 복귀하는 문제는 우리에게 가해진 IAEA의 불공정성이 해결되는 데 따라 결정"되며, "사찰문제는 IAEA와 논의하면서 그 결과에 따라 이루어질 것"이라고 했다. 갈루치는 "북한이 2개 미신고시설에 대한 방문 문제를 포함, IAEA와 대화를 재개하는 데 합의"했다고 하고, "그러나 북한이 방문을 수락한 것은 아니다"고 부언했다.[335] 8월 2일 노동신문은 북한이 IAEA와 협의하려는 것은 "《특별사찰》문제를 론하기 위해서가 아니라 어디까지나 기구가 불공정성을 시정하도록 하기 위한 것"이라는 논평을 게재했다.[336]

사찰 범위와 관련해서도, 북한은 다른 의견을 갖고 있었다. 북한은 미국과의 합의에 따라 NPT 탈퇴 과정을 일시 중단한 만큼 IAEA의 사찰 권한은 정상적일 수 없으며, "안전조치의 계속성"이 유지될 수 있는 최소한으로 국한되어야 한다고 했다. IAEA는 북한이 NPT에 잔류하고 있는 이상 안전조치규정을 완전하게 이행해야 한다고 주장했다.

7월 고위급회담의 합의에 따라, 북한은 8월 17일 IAEA측에게 안전조치협정 이행을 위한 협의를 평양에서 갖자고 제의했다. IAEA는 북한이 핵사찰에 대한 협상을 재개할 의사를 밝혔다고 발표했다.[337] 그러나 9월 1-3일간 개최된 협상은 양측이 이견만 확인한 채 종료되었다.

9월 21일 개최된 IAEA 이사회에서 블릭스 사무총장은 북한과의

---

[335] "강석주 북대표 1문1답" 및 "갈루치 미 대표 1문 1답", 『경향신문』, 1993년 7월 21일.
[336] "각자의 성의있는 노력이 필요하다", 『로동신문』, 1993년 8월 2일 6면.
[337] "North Korea Nuclear Chronology", *Nuclear Threat Initiative(NTI)*, p. 539.

협의 결과를 보고했다. 이사회는 북한 핵문제에 관한 결의안 채택을 논의하기 시작했다. 9월 23일 이사회는 북한 핵문제를 총회에 상정한다는 결의안을 찬성 29, 기권 5, 불참 1로 채택했다. 10월 1일 총회는 북한의 안전조치협정 이행을 촉구하고, 이 문제를 차기 총회의 의제로 채택한다는 결의안을 찬성 72, 반대 2, 기권 11로 채택했다. 북한과 리비아가 반대했다.[338] 1993년 10월 12일 북한은 최학근 원자력공업부장 명의 성명을 통해 더 이상 IAEA와 사찰문제를 협상하지 않을 것이라 선언하고, 이 문제를 해결하는 유일한 길은 미국과의 직접협상뿐이라고 주장했다.[339] 11월 1일 유엔총회는 140:1의 압도적 다수로 북한의 사찰수용을 촉구하는 결의를 채택했다. 반대한 국가는 북한이 유일했다. 중국과 쿠바도 기권에 머물렀다.

남북 차원에서는 5월 20일 안보리 결의가 채택된 직후 남한이 먼저 핵문제 논의를 위한 협의를 제의했다. 북한은 5월 25일 강성산 총리가 황인성 총리 앞으로 서한을 보내 남북정상회담 개최를 제의하고, 이를 협의하기 위해 부총리급 특사를 교환하자고 했다.[340] "민족 앞에 루적되여 있는 중대사들을 포괄적으로 풀어갈 수 있는 획기적인 제안으로서 쌍방 최고당국자들이 임명하는 특사들을 교환"하되, 특사는 '통일사업을 전담하는 부총리급'으로 하자고 제의했다.

특사교환은 남 측의 의표를 찌른 것이었다. 남북대화를 제의하면서도 핵문제 논의의 예봉을 피할 수 있었다. 6월 2일 남 측은 "회담 형식 문제로 남북 교착상태가 더 이상 방치되어서는 안 된다는 대승적 견지

338   "North Korea Nuclear Chronology", *Nuclear Threat Initiative(NTI)*, p. 541.
339   "국제원자력기구총회에서의《서한전달》놀음은 우리 공화국을 모해하려는 또 하나의 정치적 모략극이다: 원자력공업부장의 담화", 『로동신문』, 1993년 10월 12일 5면.
340   "조선민주주의인민공화국 정무원 강성산 총리가 남조선《총리》에게 편지를 보내였다", 『로동신문』, 1993년 5월 26일 3면.

에서 남북당국 간 실무대표 접촉을 통해 핵문제 해결의 돌파구를 마련하고 귀측이 제기한 특사교환 문제도 함께 협의하는 것이 바람직하다"고 하고, 6월 5일 실무접촉을 갖자고 회신했다.[341] 핵문제를 협의하면서 특사교환도 논의하자는 것이었다. 북 측은 거부했다. 북 측은 특사교환 논의만을 위한 실무접촉을 갖자고 했다. 남 측은 남북접촉에서 반드시 핵문제가 논의되어야 한다는 입장을 재확인했다. 6월 11일 북 측은 남 측에게 특사교환 제의를 대범하게 받아들일 것을 촉구했다.[342] 6월 14일 남 측은 의제를 명시하지 않은 채 남북접촉에 응하겠다고 했다.[343] 그러자 북한은 의제를 반드시 특사교환으로 명시해야 한다고 주장하면서 6월 24일 실무접촉을 하자고 제의했다.[344] 남 측은 특사교환이 핵문제를 논의하는 과정이 되어야 한다는 입장이었고, 북 측은 남한과의 핵문제 협의를 피하려는 의도가 역력하게 드러났다.

남북대화가 지지부진한 가운데, 북·미 간에는 1단계 고위급회담이 완료되고 2단계 회담 일정도 합의되었다. 남한에게는 정치적으로 부담이 되는 상황이었다. 6월 22일 남 측은 북 측의 6월 24일 접촉 제의를 수용하면서 "우리 쪽도 남·북관계 개선과 민족복리를 위해 특사교환을 성사시키자는 입장인 만큼 실무대표 접촉에서 핵문제에 관한 기초적 협의와 함께 특사교환을 위한 절차문제 협의도 병행할 수 있으리라고 본다"고 밝혔다.[345] 핵문제 논의의 비중을 줄인 제안이었다. 이에 대해, 6월 26일 북한은 강성산 총리 명의 담화를 발표, "특사교환 제의에 북남고위급회담 실무대표 접촉을 대치시키고 특사교환을 위한 실

341 "남북접촉 5일 갖자, 황 총리 대북전통문", 『한겨레신문』, 1993년 6월 3일.
342 "특사 교환 실무 접촉, 북 측 15일로 제의", 『경향신문』, 1993년 6월 12일.
343 "특사교환 실무접촉 내일 대표 2명 파견, 정부 대북 전화 통지", 『매일경제』, 1993년 6월 14일.
344 "북, 24일 접촉 수정 제의, 의제는 특사 논의 국한", 『경향신문』, 1993년 8월 16일.
345 "내일 남북접촉 무산될 듯, 「핵문제 협의」 대북전통문", 『한겨레신문』, 1993년 6월 23일.

무절차 토의안에 핵문제 토의를 대치시키면서 북남 사이에 새로운 대화의 길을 마련하는 데 인위적인 난관을 조성"했다고 비난하면서, "남측의 부당한 태도로 말미암아 우리의 특사교환 제안이 실현될 수 없게 된 데 대하여 매우 유감스럽게 생각한다"고 선언했다.[346]

특사교환은 결국 무산되었다. 북한은 왜 애당초 특사교환을 제의했고, 또한 이를 무산시켰을까? 첫째, 북한이 특사교환을 제의한 것은 무엇보다 북·미대화를 앞두고 남북대화의 모양새를 갖추는 데 목적이 있었다. 남북대화가 없는 상태에서 북·미대화가 진행될 경우 남한의 정치적 입지가 어려워지며, 그렇게 되면 북·미대화 진전도 함께 어려워질 수 있다. 따라서 북한 입장에서도 남북대화가 움직이고 있는 모습을 보여줄 필요가 있었다. 그렇다고 하여, 남북대화에서 실질적인 논의를 진전시킨다는 것은 아니다. 둘째, 북 측은 핵문제가 특사교환에서 논의할 의제가 아니라는 입장이었다. 이것은 핵문제와 한반도 평화문제가 미국과 협의할 사항이라는 기존 입장의 연장선에 있을 뿐 아니라, 북·미대화에 집중함으로써 남·북관계의 상대적 불리를 만회하겠다는 관점에도 부합한다.

제2차 북·미고위급회담의 결과에 따라, 남·북상호사찰 협의도 다시 추진되었다. 그러나 결과는 북한·IAEA 협의와 비슷했다. 8월 4일 남 측은 중단되어 있는 핵통제공동위JNCC를 8월 10일 재개하자고 제의했다. 북 측은 8월 9일 안병수 고위급회담 대변인 성명을 통해 JNCC 개최 제의를 거부하고 특사교환을 통해 문제를 해결할 것을 주장했다. 또한 핵전쟁연습 중단, 핵문제와 관련된 국제공조 중단, 범민족대회 허용을 남북대화 재개의 전제조건으로서 요구하고, 특히 T/S

---

[346] "남 측은 우리의 특사교환제의를 받아들이지 않음으로써 외세의존정책과 대결, 분렬주의 정책을 추구하고 있다는 것을 보여주었다", 『로동신문』, 1993년 6월 26일 3면.

훈련과 을지포커스렌즈 훈련 등 「핵전쟁연습소동」을 중지하지 않는
한 남북대화를 재개할 수 없다고 주장했다.[347]

　대화가 소강된 상태에서 북한은 8월 31일 안병수 대변인 담화를 통해
"남 측이 어떤 형태로든 성의 있는 대화 자세를 표시한다면 구태여 특
사의 급에 구애되지 않을 것"이라며 특사교환을 다시 제의했다.[348] 특
사가 논의할 의제로서는 한반도 비핵화, 긴장완화와 남북합의서 이행,
전민족의 대단결 도모, 최고위급회담의 실천에 관한 제반 문제 등을
언급했다. 남 측은 북한이 남북대화에서 핵문제를 협의하는 데 동의한
것으로 보고, 특사교환을 협의하기 위한 실무접촉을 9월 7일에 판문
점에서 갖자고 제의했다.

　그런데, 실무협의를 시작하려는 시점에 북한은 새로운 요구를 제시
했다. 남 측이 핵전쟁연습을 하지 않고 국제공조체제를 추구하지 않겠
다는 태도를 밝히는 것을 전제로 9월 10일 실무접촉을 할 수 있다는
것이었다.[349] 남 측은 전제조건 없는 실무접촉을 하자고 했고, 북 측은
"남쪽이 팀스피리트 훈련과 국제공조체제에 대한 태도 표명을 하지
않는 것은 대화와 양립될 수 없는 불순한 목적을 추구하고 있다는 것을
보여 주는 것"이라면서 9월 20일까지 이 문제에 대해 입장을 표명하라
고 요구했다. 안병수가 말한 9월 20일은 바로 제3차 북·미고위급회담
이 열리기로 예정된 날이었다. 북·미회담이 열릴 때까지 남북대화의 모
양새를 유지하되 핵문제 논의는 피하겠다는 북 측의 의도가 드러났다.

　9월 9-13일간 갈루치 차관보가 방한했다. 한·미 양측은 7월 2단계

347　"남 측은 대화에 대한 자기의 성실한 자세와 참된 의지를 실천행동으로 보여주어야 한다",
　　『로동신문』, 1993년 8월 10일 5면.
348　"남 측은 대화와 평화에 대한 명백한 태도표시가 있어야 한다: 북남고위급회담 북 측 대표단
　　대변인 담화", 『로동신문』, 1993년 9월 2일 5면.
349　"10일 실무접촉 희망", 『매일경제』, 1993년 9월 7일.

고위급회담에서 합의한 대로 제3단계 회담을 개최하려면 북한·IAEA 협의 및 남북대화에 실질적인 진전이 있어야 하며, IAEA 협의의 진전 여부는 IAEA 판단에 맡기되, 남북대화에서의 진전은 "남북 최고지도 자들이 지명하는 특사들이 양측을 교환 방문하는 구체적인 시기와 의제에 남북이 완전하게 합의하는 것"을 의미하는 것으로 했다.[350] 미 국이 나서서 남북대화 진전을 강요하는 모습이었다.

　IAEA 사찰과 남·북상호사찰 논의에서 진전이 없어 제3차 북·미고 위급접촉이 미루어지자, 북 측은 9월 21일 특사교환의 2개 전제조건 에 대한 입장을 9월 30일까지 표명할 것을 요구하고, 남 측이 성의를 보일 경우 10월 5일에 실무접촉을 갖겠다고 다시 제의해 왔다. 남 측이 답변을 보류하고 있는 가운데, 10월 2일 북 측은 10월 5일 접촉에 실무 대표를 보낼 것이라 하면서, "우리가 제의한 핵공격전쟁연습 중지, 국 제공조체제 철회 등에 대해 귀측의 명백한 태도 표명을 요구한 것은 어 디까지나 특사교환을 좋은 분위기에서 성공시켜 나가려는 염원에서 출발한 것"이라고 설명했다.[351]

　북한의 태도 변화였다. 그러나 이것은 미국이 북·미대화를 연기하 면서 북한을 압박한 결과였지, 남북대화에 대한 북한의 태도가 바뀐 것은 아니었다. 막상 실무접촉이 재개되자 북 측은 다시 전제조건을 들고 나왔다. T/S 훈련 중단이 특사교환 협의의 최대 안건이 되었다. 10월 15일 2차 접촉에 이어 10월 25일 제3차 접촉에서 남 측은 북 측 이 특사교환을 수용하면 T/S 훈련을 중지할 수 있다는 입장을 전했고, 북 측은 남 측이 T/S 훈련 중지를 먼저 발표하면 11월중 특사교환을 실시하겠다는 입장을 표명했다.[352]

350　"남북특사교환 일정 등 완전 합의해야 북·미 3단계 회담 개최 가능", 『매일경제』, 1993년 9월 20일.
351　"남북대화 5일 열릴 듯", 『매일경제』, 1993년 10월 3일.

11월 3일 북 측은 "남 측의 국방부장관이 2일 기자회견에서 있지도 않은 우리의 핵개발을 들어「군사적 대응도 불사할 계획」이라는 폭언을 했다"면서 4일 예정된 실무접촉을 거부한다고 했다. 북 측이 말한 폭언은 권영해 국방장관이 11월 2일 KBS 회견에서 "북한의 자세에 변화가 없어 제재를 할 경우 군사적으로 있을 수도 있는 우발적인 도발에 대응하는 것이 이번 한미안보협의회에서 논의하려는 문제"라고 언급한 것이었다. 넘어가려면 얼마든지 넘어갈 수 있는 발언이었다. 그럼에도 불구하고, 북한이 이 발언을 구실로 대화를 파탄 낸 이유는 다른 데 있었다. 이즈음 북한은 일괄타결 방안을 놓고 미국과 협상을 진행중이었고, 그 결과가 불투명한 상태에 있었다. 그러한 상황에서 남 측이 T/S 훈련 중단을 선언하고 나오면 북 측으로서는 특사교환에 응하지 않을 수 없고, 남 측과 핵문제를 협의하지 않을 수 없게 된다. 이것은 북한이 원하는 시나리오가 아니었다. 북한은 이 시점에서 남북대화가 더 이상 앞으로 나가는 것을 피해야 했다.

　11월 4일 안보협의회에서 한·미 양측은 1994년도 T/S 훈련 중단에 대한 결정을 일단 유보키로 했다.[353] 11월 9일 북 측은 권영해 국방장관 발언과 T/S 중단 결정 유보를 특사교환을 부정하는 행위라고 비난하고, "우리는 대화에는 대화로 전쟁에는 전쟁으로 대응하는 것을 기질로 하고 있다. 우리는 대화에도 전쟁에도 다 준비가 되어 있다"는 담화를 발표했다.[354]

352　"남북 특사교환 접근", 『동아일보』, 1993년 10월 26일.
353　"한미안보협의회 팀 훈련 중단 결정 유보", 『매일경제』, 1993년 11월 5일.
354　"우리는 남 측의 앞으로의 태도를 지켜볼 것이다: 북남최고위급의 특사교환을 위한 실무접촉 북 측 단장의 담화", 『로동신문』, 1993년 11월 10일 5면.

3.2. 미국에 의한 동시행동조치와 일괄타결 방안 협의

IAEA 사찰과 특사교환 협의가 난항을 겪는 동안, 한미 양국은 IAEA-북한 협상, 남북대화 구도를 살리면서도 문제 해결로 나갈 수 있는 방안을 찾기 위해 협의를 계속하고 있었다. 9월 9-13일간 갈루치 차관보 방한시 한국 측은 '4단계 협의'라는 새로운 개념을 만들어냈다. 즉, 일단 북미고위급회담을 재개한 다음 핵문제 해결과 북·미관계 정상화를 포괄하여 논의하는 2단계의 큰 틀을 만들자는 것이었다.[355] 10월초 미 측은 이 방안을 유엔총회에 참석중인 북 측 대표단과 협의했다. 이로서 3단계 협의로 가는 '동시행동조치small package' 방안이 구체화하기 시작했다.[356]

북 측은 애커만Gary Ackerman 하원의원의 10월 9-12일간 북한 방문을 수행한 국무부 직원을 통해 미 측 제의에 대한 수정안을 전달했다. 북 측은 동시행동조치로서 IAEA 사찰 확대 수용, T/S 훈련 중단 및 3단계 고위급회의 개최, 일괄타결의 내용으로서 NPT 잔류, IAEA 안전조치 완전 이행, 남북비핵화공동선언 이행 약속commit, 북·미평화협정 체결, 대북무력불사용 보장, 경수로 제공 책임 부담, 외교관계 정상화, 남·북 간의 균형정책 약속commit 등을 포함시켰다.[357] 북한이 제의한 동시행동조치에 남북대화 요소가 빠져 있는 것이 전체 대화구도에 대한 북한의 의도를 보여 주고 있었다.

북한의 수정안에 대응하기 위한 한미협의가 시작되고 동시행동조치와 일괄타결 방안을 구체화하기 위한 북·미 간 실무접촉도 진행되었다.[358] 한국은 핵문제 해결을 전제로 북·미수교에 반대하지 않는다

---

[355] Wit, Poneman & Gallucci, *Going Critical,* p. 92.

[356] Wit, Poneman & Gallucci, *Going Critical,* p. 93.

[357] Don Oberdorfer & Robert Carlin, *The Two Koreas-A Contemporary History,* p. 229. & Wit, Poneman & Gallucci, *Going Critical,* pp. 95-96.

는 입장을 정했다.[359] 북·미 양측은 10–11월에 걸친 실무접촉에서 IAEA 사찰과 남북대화 개시, T/S 중단 발표, 제3단계 북·미회담 개최 등 4요소의 내용과 이행 시기를 두고 협의를 계속했다. 남한을 따돌리고 북·미대화를 이끌어 가려는 북한과 한반도 안보문제를 북·미 협의에만 맡겨둘 수 없다는 남한의 입장이 줄다리기를 계속했다.

3단계 고위급회담이 지체되자, IAEA 사찰을 실시하지 못하여 "안전조치의 계속성"이 단절될 수 있다는 우려가 확산되었다. 아스핀Les Aspin 미 국방장관은 북한이 IAEA 사찰을 전면 수용하고 남북대화를 재개하지 않으면 북한과 더 이상 대화하지 않을 것이라고 했다.[360]

문제는 북한에 대한 압력이 한계를 갖고 있다는 사실이었다. 첫 번째 압력 방식은 제재였다. 그러나 제재에 대한 국제적 지지는 견고하지 않았다. 일본은 북한에 대한 강경조치에 신중했다. 11월 2일 아스핀 장관이 일본을 방문했을 때, 미 측은 대북제재를 할 경우 일본이 조총련 자금 송금을 차단할 수 있는지 타진했다. 일본은 사회당이 반대할 것을 우려했고, 특히 외무성은 북한을 고립시킬 경우 테러공격으로 반발할 가능성이 있다면서 소극적이었다.[361] 중국은 아예 제재조치에 반대했다. 11월 19일 APEC 계기 한·중정상회담에서 장쩌민 주석은 한반도 비핵화를 지지한다는 원론적 입장과 함께 "핵문제의 평화적 해결"을 강조했다.[362] 중국이 참여하지 않는 제재조치는 효과를 기대할 수 없었다.

궁극적인 압박수단은 군사력 사용이다. 미국은 정밀타격으로 북한의

[358] "North Korea Nuclear Chronology", *Nuclear Threat Initiative(NTI)*, pp. 543-544.

[359] "「북핵-수교」일괄 타결, 한국, 지지 미에 통보", 『경향신문』, 1993년 10월 29일.

[360] "North Korea Nuclear Chronology", *Nuclear Threat Initiative(NTI)*, p. 546.

[361] Wit, Poneman & Gallucci, *Going Critical*, p. 101.

[362] "북핵 해결 중국협조 요청", 『한겨레신문』, 1993년 11월 20일.

핵시설과 핵물질을 완벽하게 제거할 수 있다는 확신이 없었다. 전면전을 각오하지 않고는 군사적 조치를 취할 수 없다는 결론을 갖고 있었다. 당시 미 측은 전쟁이 일어날 경우 한미연합군이 궁극적으로 승리하겠지만, 개전 초기 90일 이내에 미군 52,000명과 한국군 49만 명이 희생되고, 다수의 민간인 희생과 610억 불이 넘는 전비가 들어갈 것으로 추산하고 있었다.[363]

압박수단에 한계가 보이게 되자, 논의는 다시금 외교적 노력으로 돌아올 수밖에 없었다. 11월 15일 미 측은 두 단계로 이루어진 일괄타결 방안을 마련했다. 첫째 단계에서 IAEA 사찰 개시, 남북대화 재개, T/S 훈련 중단, 북·미 3단계 고위급회담 개최를 시행하고, 두 번째 단계에서 2개 의심장소에 대한 특별사찰 실시, 북한에 대한 외교적 승인, 경제협력 및 투자 개시 등을 타협한다는 것이었다.[364] 3단계 고위급회담 개최 조건으로서 남북대화는 9월 갈루치 차관보 방한시 합의한 "특사 교환의 시기와 의제 합의"에서 "남북대화 재개"로 완화되었다. 11월 17일 워싱턴포스트는 미 측이 준비하고 있는 일괄타결 방안의 개요를 전하면서, 미국의 대북정책이 부시행정부 때의 강경일변도 정책, 클린턴 정부 출범 이후 '선 핵문제 해결, 후 관계 개선' 도식에서, 이제는 동시적 해결 방식인 일괄타결을 적극 받아들이는 쪽으로 방향을 틀고 있다고 보도했다.[365] 11월 23일 한·미정상회담에서 새로운 대북정책이 확정될 것으로 예상되었다.

이 단계에서 한국이 새로운 문제를 들고 나왔다. 당시 한국 정부에는

---

363 Don Oberdorfer & Robert Carlin, *The Two Koreas-A Contemporary History*, p. 247.

364 Don Oberdorfer & Robert Carlin, *The Two Koreas-A Contemporary History*, p. 231.

365 "미국의 북한 정책 대 변환", 『한겨레신문』, 1993년 11월 18일; "미, 북핵 새 협상안 마련 「팀」훈련 곧 취소", 『동아일보』, 1993년 11월 18일.

일괄타결에 호의적인 견해와 핵투명성 확보가 선행되어야 한다는 견해가 혼재하고 있었다.[366] 후자의 경우는 특히 핵문제 논의과정에서 남북대화의 역할이 없다는 점을 문제시했다. '남북대화 재개'가 합의를 보장해 주지는 않는다. 요식행위로 끝나버릴 수 있다. 실질적인 논의가 필요했다. 또 하나의 문제는 「일괄타결」이라는 용어에 있었다.[367] 정상회담이 개최되기 전날 밤, 국내 언론은 김영삼 대통령의 방미를 수행하던 익명의 고위관리를 인용, "한·미 간에는 북한이 통상적인 핵사찰을 수용하고 특사교환에 합의할 때만 3단계 고위급협의를 개최할 수 있다는 기존 입장에 변화가 없으며 이번 회담에서 이를 재확인할 것"이라고 보도했다.[368] 그동안 한·미 간에 논의되고 있던 안과 비교할 때, '특사교환에 합의할 때'와 '기존입장을 유지한다'는 부분에 주안점을 둔 발언이었다.

11월 23일 정상회담에서 김영삼 대통령은 북한이 핵사찰을 수용하고 남·북 간에 특사교환이 이루어져 상호사찰 문제를 협의할 수 있어야 북·미회담으로 갈 수 있다고 강력히 주장했다. 대화재개 조건을 강화할 것인가를 두고 회담이 예정보다 길어졌고, 그 사이 정종욱 외교안보수석과 레이크 안보보좌관은 「일괄 타결」 대신 「철저하고 광범위한 접근thorough and broad approach」이라는 새로운 이름의 합의안을 만들었다. T/S 훈련은 북한 특사가 남쪽을 방문하여 남·북 간 진지한 협

---

366 "긍정 뒤 말썽나자 후퇴, 한부총리, 안기부장", 『한겨레신문』, 1993년 11월 14일.

367 오버도프는 김영삼 대통령이 일괄타결 방안을 거부한 데는 정치적 앙숙인 김대중 대표가 북한과의 일괄타결을 주장하고 있었기 때문이라고 주장했다. Don Oberdorfer & Robert Carlin, *The Two Koreas-A Contemporary History*, p. 231 참조. 공교롭게도 김대중 대표는 한미 양측이 일괄타결 방안을 논의하고 있던 중인 11월 11일 중앙대학교 신문대학원 초청강연에서 유사한 내용의 일괄타결 방안을 제시했다. "북핵 문제 일괄타결 강조", 『한겨레신문』, 1993년 11월 12일. 한국 정부, 특히 김영삼 대통령으로서는 한미가 협의하여 북한과 일괄타결 방안에 합의하는 것이 마치 김대중 대표의 정책제안을 수용하는 모양세가 된다고 생각했을 수 있다.

368 "북 주장 일괄타결안 배제", 『동아일보』, 1993년 11월 23일.

의가 이루어진 후 취소하는 것으로 정리되었다. "진지한 협의"가 무엇을 의미하는지는 정하지 않았지만, T/S 훈련 중단 시기가 "특사교환을 위한 남북접촉 재개"에서 "특사 방문 및 진지한 협의 실현"으로 엄격해졌다. 김 대통령으로서는 하나의 반전을 이룬 셈이었다.[369] 한미가 합의한 「철저하고 광범위한 접근」은 11월 24일 뉴욕 채널을 통해 북 측에 전달되었다.

1993년 12월 2-3일 IAEA 이사회에서 영변 핵사찰문제가 다시 제기되었다. 블릭스 사무총장은 사찰을 실시한지 오래 되어 북한 핵이 평화적으로만 이용되고 있다는 것을 확인하기 어렵다고 보고했다.[370] 미국은 북한이 IAEA 사찰을 받아들일 때까지 북·미대화는 없으며 이 문제를 유엔안보리에 회부할 수밖에 없다고 선언했다.[371] IAEA 사찰에 대한 북한의 협조를 확보하는 것이 시급한 과제로 대두했다. 12월 3일 북한은 한·미정상회담에서 합의하여 미 측이 전달한 「철저하고 광범위한」 제안에 대해 아래와 같은 내용의 회답을 보내왔다.[372]

– 7개 통상사찰 대상 핵시설 가운데, 5개 시설에 대해서는 IAEA 사찰관의 무제한적인 접근을 허용한다. 단, 5MW 원자로와 방사화학실험실에 대해서는 감시 카메라의 필름과 배터리 교체만 허용하며, 이들에 대한 접근을 확대하는 문제와 관련하여 IAEA 측과 협의할 용의가 있다.

---

[369] 한·미 간에 논의되던 「일괄타결(Package Deal)」 방안이 「철저하고 광범위한 접근 Through and Broad Approach)」으로 바뀐 이 반전의 이야기는 Wit, Poneman & Gallucci, *Going Critical*, pp. 107-112.에 상세하게 정리되어 있다.

[370] "UN Agency Finds No Assurance on North Korean Atomic Program", *The New York Times*, December 3, 1993.

[371] "핵사찰 허용 때까지 북한과 대화 안한다", "북핵 감시카메라 작동 중단상태 - IAEA Blix 총장 이사회 보고 요지", 『동아일보』, 1993년 12월 4일.

[372] "U.S. Sees Problems in Nuclear Offer", *The New York Times*, December 5, 1993; Wit, Poneman & Gallucci, *Going Critical*, pp. 114-115.

- IAEA 사찰관이 현장에 도착하는 것과 동시에, 한미 양국은 T/S 훈련 중단을 발표하며, 북·미 양측은 외교적 승인을 포함하여 경제, 외교 관계 확대를 논의하기 위한 3단계 회담 개최일자를 결정, 발표한다.
- 이들 조치가 이루어진 다음 북한은 남한과 특사교환 문제를 논의한다. 남 측과의 생산적인 실무접촉이 이루어지기 위해서는 남 측이 핵전쟁연습을 중단하고 국제 공조를 중단함으로써 진지한 태도를 보여야 한다.

교묘한 제안이었다. 북한이 제시한 것은 핵물질 전용이 일어나지 않고 있다는 것을 입증할 수 있는 최소한의 사찰이었다. 이것을 수용하면 IAEA는 북한에게 예외를 적용하는 것이 되며, 거부하면 "안전조치 계속성"의 단절을 선언하게 된다. 그렇게 되면 국제사회는 대북제재로 돌입하지 않을 수 없으며, 북한은 이것을 선전포고로 간주한다고 선언해 놓고 있었다. 일대 위기가 올 수 있었다. 판단이 쉽지 않은 상황이었다.

남한의 입장은 난감했다. 11월 23일 한·미정상회담에서 남북대화의 중요성을 부각했으나 북한은 들은 척도 하지 않았다. 게다가 T/S 훈련 뿐 아니라 핵전쟁연습과 국제공조까지 중단하라고 요구해 왔다. 한미 양국의 대응이 쉽지 않았다. 한국과 미국, 그리고 IAEA의 이해관계가 엇갈리는 부분을 교묘하게 배합하여 선택을 어렵게 하고, 대화가 결렬될 경우 그 책임을 한국 정부에게 돌릴 수 있는 절묘한 수였다. 북한은 '안전조치의 계속성'이라는 애매한 개념을 담보로 하여 또 하나의 위기를 조성하고 있었다. 미 측에서는 의미있는 조치라는 긍정적인 평가와 '신중할 필요가 있다'는 조심스러운 반응이 함께 나왔다.[373]

---

[373] "North Korea Softens Nuclear Stance", *The New York Times*, December 4,

미국은 타협을 선택했다. 12월 6일 클린턴 대통령이 참석한 안보관계 장관회의에서 북한이 IAEA측에 협조하면 '특사교환 실무협의가 마무리'되는 대로 T/S 훈련 취소와 3단계 고위급협의를 발표한다는 안을 마련하고 이를 북 측에 제의하기로 했다. 당초 북·미 간에 논의하던 '남북대화 재개'보다는 엄격하지만 '특사교환에서 진지한 협의가 이루어진 다음 T/S 훈련을 취소한다'는 한·미정상회담 합의에서는 한 발 물러선 것이었다. 정상회담 합의를 변경하는 것임을 감안하여, 클린턴 대통령이 직접 김영삼 대통령에게 전화하여 양해를 구했다.[374]

12월 29일 뉴욕접촉에서 3단계 회담 개최에 대한 합의가 이루어졌다. IAEA가 지정한 7개 장소 사찰, 특사교환 합의를 위한 실무협의 재개, T/S 취소 발표, 3단계 회담 일자 발표 등 4가지 조치를 동시에 취한다는 데 합의가 이루어졌다. 다만, 7개 장소 사찰과 관련, 미 측이 전면사찰을 주장한 데 대해 북 측은 NPT 탈퇴를 유보한 지위에서 안전조치 계속성 유지에 필요한 사찰만 허용할 수 있다는 주장을 포기하지 않았다. 따라서 12월 29일 북·미합의에도 불구하고, 현장에서 어떠한 조치를 취할 수 있는가에 대한 IAEA·북한 사이의 추가 협의가 필요했다. 남북특사교환 시점이나 실무협의 완료 시점에 대해서도 합의가 없었다. 북·미대화를 중심으로 전체적인 구도를 만들어가려는 북한의 의도가 여기에서도 선명하게 드러난다.

이전과 비슷한 상황이 재현되고 있었다. IAEA·북한 및 남북대화에 진전이 없는 상황에 미국이 개입하여 동력을 보충했지만, 다시금 IAEA·북한 및 남북 사이의 협상이 필요하게 되었다.

이 상태에서 북한은 12월 29일자 북·미합의 내용을 공개해 버렸다.

1993.

[374] Wit, Poneman & Gallucci, *Going Critical*, p. 116.

12월 30일자 외교부 대변인이 기자 질문에 답변하는 형식으로, 북·미 양측이 3단계 고위급회담을 열어 핵문제를 일괄타결하기로 했다고 발표했다.[375] 미국은 북한에 대한 핵위협 제거의 일환으로 T/S 훈련 중지 의사를 표명했고, 북한은 신고한 핵시설에 대해 순수 담보의 연속성 보장에 필요한 사찰을 허용키로 했으며, 3단계 회담에서는 미국의 대북 핵위협과 적대시 정책 종식, 북·미관계개선, 북한 핵시설에 대한 IAEA 사찰 재개 등 "핵문제를 근원적으로 해결하기 위한 문제들을 일괄 타결하기로 했다"고 설명했다. 북·미 간에 합의가 미진했던 부분을 포함하여 논란이 있는 부분을 북한에게 유리한 방향으로 발표하여 선수를 친 것이다. 전체 대화구도에서 남북대화 요소는 드러내지 않았다.

3.3. IAEA-북한 및 남북협상구조로 돌아온 일괄타결 끝내기 작업

12월 29일 합의에 따라 IAEA-북한 간 협의가 재개되었지만, 이견은 즉각 드러났다. 북한은 '순수 담보의 연속성을 보장'하는 수준의 사찰만 허용할 수 있다고 했고, IAEA는 사찰 대상국이 사찰 내용을 임의로 선택할 수 없다고 했다. 2월 4일 미국은 안보리 상임이사국 비공식 협의를 통해 IAEA 이사회가 열리는 2월 21일까지 문제가 해결되지 않으면 사안을 안보리에 회부할 것이라고 통보했다.[376]

핵문제의 안보리 회부 문제가 논의되면서 여론도 강경으로 선회했다. 1993년 12월 2일 뉴욕타임스는 미국이 주한미군과 한국군의 전투력 강화 방안들을 검토하기 시작했으며, 주한미군 경계태세 강화,

---

[375] "우리는 조미회담을 통한 핵문제의 완전한 해결을 위해 계속 노력할 것이다: 조선민주주의인민공화국 외교부 대변인 기자의 질문에 답변", 『로동신문』, 1993년 12월 31일 6면.

[376] "North Korea Nuclear Chronology", *Nuclear Threat Initiative(NTI)*, p. 476.

첩보위성 활동 강화, 한반도 인근으로 항공모함 이동 배치, 패트리어트 미사일 배치 등이 포함된다고 보도했다.[377] 1994년 1월 26일에는 럭Gary Luck 주한미군사령관의 요청에 따라 패트리어트 미사일 36기가 한국에 배치될 것이라고 보도했다.[378] 신문은 럭 사령관이 북한의 공격 가능성에 대비하여 단계적인 전력 강화 계획을 수립했으며, 그 일환으로 주한미군 정보수집활동을 강화하고 있다고 하고, 앞으로 북한에 대한 경제제재가 시행될 경우 항공모함과 전투기 추가 배치 등의 조치가 취해질 것이라고 보도했다.

북한은 반발했다. 1월 30일 노동신문은 "최근 미국의 움직임은 전쟁 전야에서만 있을 수 있는 극히 위험한 행동"이며 "우리는 평화를 사랑하지만, 그것을 절대로 구걸하지 않는다"고 했다.[379] 같은 날 조평통 대변인도 미국이 "조선반도의 정세를 극히 위험한 전쟁 접경으로 몰아가고 있다"고 비난했다.[380] 1월 31일 북한 외교부 대변인은 지난 연말 뉴욕 실무접촉에서 쌍방이 T/S 훈련중지와 IAEA의 '담보연속성 보장에 필요한 한정된 범위'의 사찰 수용 등에 합의했음에도 불구하고 미국이 시한까지 정해서 IAEA 전면사찰을 받아들이라고 하는 것은 파렴치한 배신행위라고 비난했다. 이어 "미국이 우리와 한 약속을 끝내 뒤집어엎는다면 우리도 더 이상 미국과 한 약속에 구속되지 않을 것"이라 하고, 여기에는 "핵무기전파방지조약의 탈퇴 효력 발생 정지, 핵활동의 동결, 흑연감속원자로체계의 포기 등 모든 선의적인 조치와

---

[377] "News Summary: US Weighs Korea Options", *The New York Times*, December 2, 1993.

[378] "US Said to Plan Patriot Missiles for South Korea", *The New York Times*, January 26, 1994.

[379] "군사적 위협으로는 누구도 놀래울 수 없다", 『로동신문』, 1994년 1월 30일 5면; "North Korea Warns US on Patriot Missiles", *The New York Times*, January 30, 1994.

[380] "우리 인민은 미국과 남조선 통치배들의 위험한 새 전쟁 도발책동을 절대로 용납하지 않을 것이다", 『로동신문』, 1994년 1월 31일 5면.

공약들이 다 포함된다"고 했다.[381] 같은 날 강석주 부부장 명의의 갈루치 차관보 앞 서한이 전달되었다. 미국이 약속을 지키지 않는다면 북한은 5MW 원자로 연료 재장전으로부터 시작하여 그동안 동결되었던 핵 활동을 재개할 것이라고 했다.[382]

사태가 이렇게 진행된 데는 12월 29일 북·미합의의 내용이 정확하지 않았던 데도 원인이 있었다. IAEA 사찰의 성격과 내용이 불분명했고, 남북대화 진전에 대한 합의도 모호했다. 양측이 상반된 주장을 굽히지 않는 상황에서 서로 다른 해석이 가능한 문안에 합의하고 나면, 이행 단계에서 서로 다른 목소리가 나올 수밖에 없다.

북한 핵문제를 둘러싼 미국내 분위기가 강경으로 치닫자 한국에서는 전쟁 발발 가능성을 우려하는 목소리가 터져 나왔다. 한승주 외무장관이 2월 10-12일간 급거 미국을 방문했다. 미국 언론의 강경한 분위기를 반전시키려는 시도였다. 2월 11일 고어Al Gore 부통령과 레이크 안보보좌관을 만난 다음, 한 장관은 북한에 대한 경제제재를 결정하기 전에 대화에 기회를 주어야 하며, 적어도 IAEA 정기이사회까지는 대화노력을 계속할 것이라고 발표했다.[383] 한 장관은 방미를 마치는 2월 12일 한국 특파원간담회를 통해, "미국이 적어도 정책결정자 차원에서는 가능한 한 북한과 채널을 열어놓고 마지막 순간까지 대화를 통해 문제를 해결하려는 기존의 정책에 변함이 없다", "(북한을 불필요하게 자극할 필요가 없기 때문에) 시한인 IAEA 이사회 이전에는 미사일 배치 문제를 더 이상 협의하거나 합의하지 않기로 했다"고 설명했다.[384]

---

381 "미국은 저들의 배신행위로 하여 조선반도에 초래될 파국적 사태에 대하여 전적인 책임을 저야 한다", 『로동신문』, 1994년 2월 1일 4면.

382 Wit, Poneman & Gallucci, *Going Critical*, p. 126.

383 "North Korea Nuclear Chronology", *Nuclear Threat Initiative(NTI)*, p. 476.

384 "한 외무, 방미 결산 회견", 『경향신문』, 1994년 2월 14일.

2월 11일 뉴욕타임스는 사설을 통해, 클린턴 행정부가 "더 이상 IAEA로 하여금 (북·미합의의) 범위를 넘어가고, 그렇게 함으로써 북한과의 대결을 촉발하도록 내버려 두어서는 안 된다"고 주장했다.[385]

한승주 장관이 미국을 방문하고 있는 2월 12일 북한은 각종 매체를 동원하여 강경과 온건의 상반된 메시지를 내보냈다. 2월 12일자 노동신문은 논평을 통해 "미국의 강경보수세력은 합의사항과는 전혀 어긋나게 전면 사찰을 받아들일 것을 우리에게 촉구하는 한편, 우리의 《핵문제》를 유엔안전보장리사회에 끌고 가려고 로골적으로 획책하고 있다"고 하고, "그 어떤 《제재》조치도 곧 우리에 대한 선전포고로 간주한다"라고 했다.[386] 『민주조선』도 "국제원자력기구 서기국이 진실로 조선반도의 핵문제를 평화적으로 해결할 의사가 있다면 담보연속성에 필요한 사찰 범위를 벗어나는 무리한 요구를 철회해야 한다"고 논평했다.[387] 같은 2월 12일 북한 외교부 대변인은, 조선중앙통신 회견을 통해, "미국이 3단계 북·미회담이 열리면 핵문제와 북·미관계의 전반을 토의하겠다는 내용을 통보해 왔다", "국제원자력기구 이사회가 순수 담보의 연속성 보장을 위한 사찰을 하겠다는 시사가 있었다"고 하면서, 이러한 태도 변화를 "다행스러운 일"이라 하고, 대화를 통한 문제 해결 의지를 강조했다.[388] 2월 15일 북한은 7개 시설 모두에 대한 정상적인 통상사찰을 수용하겠다는 입장을 IAEA측에 통보했으며, IAEA는 즉각 사찰단을 파견하기로 했다.[389]

---

[385] "Who is Running our Korea Policy", *The New York Times*, February 11, 1994.

[386] "우리는 빈말을 하지 않는다. 미국은 이것을 똑똑히 알아야 한다", 『로동신문』, 1994년 2월 12일 6면.

[387] "무리한 요구는 철회해야 한다", 『민주조선』, 1994년 2월 12일 4면.

[388] "북·미 접촉 가능성 안팎, 북핵 막판 돌파구 열리나", 『경향신문』, 1994년 2월 14일; "북 태도변화, 명분 세우기 포석", 『동아일보』, 1994년 2월 15일.

[389] "North Korea Agrees to Survey of Sites", *The New York Times*, February 16, 1994.

북한은 왜 이 시점에 갑자기 IAEA 사찰을 받아들이기로 했을까? 2월 21일의 IAEA 이사회를 염두에 두고, 다시 한 번 유엔안보리에 회부되는 상황을 피하려고 했을 수 있다. 혹은 주한미군 전력강화 등으로 한반도 무력 균형이 북 측에게 더욱 불리해지는 것을 보고 긴장을 완화시킬 필요를 느꼈을 수도 있다. 혹은 북한이 남북대화를 배재한 채 북·미대화로 가기 위해 확대사찰 수용을 미끼로 던지면서 IAEA와의 갈등수위를 낮추고자 했을 가능성도 있다. 어느 설명이든 사실을 입증할 근거는 없다. 다만, 앞뒤 흐름을 보면 북한은 남한과의 게임을 가장 중요시하고 있었다는 점에서 IAEA 사찰을 미끼로 특사교환을 우회코자 했을 가능성이 가장 크다.

IAEA 사찰에서 진전이 이루어짐에 따라 남북특사교환이 남은 과제로 되었다. 2월 17일 한미 양국은 (1)IAEA 사찰단이 북한에 들어가 활동을 시작하고, (2)특사교환을 위한 남북 실무접촉이 이루어지면, (3)이어서 3단계 고위급회담 일자를 발표하며, (4)특사교환이 실제로 이루어진 다음, (5)고위급회담을 실제로 개최한다는 시나리오에 합의했다.[390] 북·미 3단계회담 이전에 남북특사교환이 이루어지는 구도였다. 그러나 북한은 이러한 구도대로 움직여주지 않았다. IAEA 사찰단을 수용하겠다던 북한은 미국과의 대화가 우선이라면서 사찰단에 대한 비자발급을 지연시켰다.[391] 북·미대화를 앞두고 압박수위를 높인 것이다. 2월 23-24일간 진행된 뉴욕 접촉에서 미국 측은 북·미고위급회담에 앞서 특사교환이 이루어져야 한다고 문서로 못박으려 했으나, 북한은 반대를 굽히지 않았다.[392]

---

[390] "남북한 특사교환 전제, 북·미 3단계회담 개최", 『매일경제』, 1994년 2월 18일.
[391] "North Korea Nuclear Chronology", *Nuclear Threat Initiative(NTI)*, p. 478.
[392] "북·미 합의서 채택 못해 다음 접촉서 마무리 작업", 『한겨레신문』, 1994년 2월 25일.

특사교환 시점을 애매하게 둔 채로 1994년 2월 25일 북·미합의가 이루어졌다. 양측은 합의 결과를 3월 1일에 발표하기로 했으나, 허종 차석대사는 2월 25일 당일자로 협의 결과를 미리 공개해 버렸다.

- 남조선과 미국은 팀스피리트 중단을 발표한다.
- 조선민주주의인민공화국이 2월 15일 국제원자력기구와 합의한 핵 안전조치 담보 연속을 위한 사찰을 3월 1일부터 실시한다.
- 북남특사교환을 위한 실무회담을 판문점에서 재개한다.
- 조선민주주의인민공화국과 미국은 3단계 고위회담을 94년 3월 21일 제네바에서 개최한다.

북 측이 발표한 결과문서에 따르면, 고위급회담을 개최하기에 앞서 특사교환이 실현되어야 한다는 한국 측 입장은 관철되지 않았다. 북한 이 약속을 어기면서 합의내용을 미리 공개한 것은 1993년 12월 29일 북·미합의 때와 동일했다. 일방적인 해석과 조치로서 유리한 고지를 선점한 것이다. 북한은 어떻게든 남북대화 없이 북·미대화를 끌어나 가려고 했다.

북·미합의에 따라, 남한은 1994년 3월 1일 특사교환을 위한 실무 접촉을 개최하자고 북 측에 제의했다. 북 측이 이에 대한 답변을 지체, 3월 3일 실무접촉 준비가 갖추어졌다. 이날 미 국무부 대변인은 다음 과 같이 일련의 동시행동 조치를 발표했다.[393]

- IAEA 사찰이 시작되고 남북실무접촉이 시작되었다는 통보를 받 았다.

---

[393] "North Korea Nuclear Chronology", *Nuclear Threat Initiative(NTI)*, p. 480.

- 이러한 조치에 비추어 미국은 제3단계 협상을 시작하기 위해 제네바
  에서 북한 측과 만나기로 합의했다.
- 한국정부가 94년 T/S 훈련 중단을 결정했다는 발표에 동의한다.
- T/S 훈련 중단 결정이나 3단계 회담 개최는 IAEA 사찰이 충실히 이
  행되고 특사교환을 통해 남·북한 간 핵대화가 계속된다는 전제에 입
  각해 있다.

예상할 수 있었듯이, 특사교환을 위한 남북대화는 시작하자마자 다시 난관에 부딪쳤다. 3월 3일 판문점에서 시작된 회의에서 북 측의 박영수 대표는 핵위협 중단과 국제공조 포기 외에도 패트리어트 미사일 철수와 '핵무기를 가진 자와는 악수할 수 없다'고 한 김영삼 대통령의 발언을 철회하라고 요구했다. 3월 7일 노동신문은 "미국이 북·미 뉴욕 접촉 합의문의 완전한 리행에 장애를 조성하고 앞으로 북남특사교환과 같은 전제조건을 들고 나오면서 회담 앞에 인위적인 난관을 조성한다면 그것은 조선반도의 핵문제를 해결할 의사가 없다는 것을 스스로 드러내놓는 것으로 될 것이다"고 경고했다.[394]

IAEA 사찰에서도 차질이 생겼다. 북한은 5MW 원자로와 방사화학 실험실 등 핵심시설에 대한 사찰을 맨 나중에 실시하라고 주장하면서 시료 채취를 거부했다. 강석주는 미국이 계속 특사교환을 3단계 회담의 전제조건으로 고집할 경우 핵심시설에 대한 사찰을 허용하지 않겠다고 위협했다.[395] 특사교환 협의에서 입지를 강화하기 위해 IAEA 사찰 진행을 방해한 것이다. 3월 21일 미국은 유엔안보리에 북한의 사찰 수용을 촉구하는 결의안 초안을 제출했고, 같은 날 클린턴 대통령은

---

[394] "전제조건 없는 성실한 자세가 필요하다", 『로동신문』, 1994년 3월 7일 6면.
[395] "North Korea Nuclear Chronology", *Nuclear Threat Initiative(NTI)*, p. 480.

한국에 패트리어트 미사일을 배치할 것이라고 발표했다.[396]

결국 북한의 의도는 특사교환을 적어도 3월 21일 북·미고위급 접촉 이후로 늦추려는 데 있는 것으로 보였다. 어렵게 진행되던 남북대화는 3월 19일 제8차 실무접촉에서 북 측 대표 박영수가 소위 "서울 불바다" 발언을 하는 것으로 파탄이 났다. 이 상황은 TV로 전국에 방영되었고 남한의 여론은 비등했다.[397]

1994년 2월 25일 합의하여 3월 3일 공식 발표된 북·미 간의 동시행동조치는 이렇게 붕괴되었다. IAEA 사찰은 중단되었고 남북대화는 파탄 났다. 'IAEA 안전조치의 계속성'을 담보로 한 북한의 위기조성이었다.

3.4. 북·미직접협상으로 재복귀

'서울 불바다' 발언이 나온 다음 한반도의 긴장 수위는 급속하게 높아졌다. 미국이 북한 핵문제를 유엔안보리에 회부키로 한 3월 21일, 김영삼 대통령은 안보관계장관회의를 개최, 패트리어트 미사일을 조기에 배치키로 했으며, T/S 훈련을 중단키로 한 사유가 사실상 무효화되었다면서 T/S 훈련 재개를 위한 수순을 밟기 시작했다. 같은 날, 북한은 외교부 대변인 성명을 발표, 미국이 북·미회담을 회피하고 T/S 훈련을 재개하여 핵위협을 가중시키고, IAEA 사찰 결과를 왜곡하여 불공정성을 더욱 확대한다면 NPT를 탈퇴하는 방향으로 갈 수밖에 없다고 주장했다.[398] 전쟁 발발 가능성이 논의되고 긴장이 고조되면서 한국

---

[396] "North Korea Nuclear Chronology", *Nuclear Threat Initiative(NTI)*, p. 483.

[397] '서울 불바다'는 3월 19일 판문점 회담에서 북 측 대표 박영수가 "서울은 여기서 멀지 않다. 전쟁이 나면 서울은 불바다가 될 것이다", "(송영대 남 측 대표를 보며) 전쟁이 나면 당신도 살아남기 힘들 것이다"고 말한 것을 지칭한다. "전쟁 나면 서울 불바다 - 북 단장 폭언", 『동아일보』, 1994년 3월 20일; "서울 불바다 된다는 협박", 『경향신문』, 1994년 3월 20일.

국내 주가는 한 주 동안 11% 하락했고, 한국 기업들의 해외 차입금 부담이 급등했으며, 코리아펀드를 비롯한 해외 한국物 시세가 폭락했다.[399]

당장 현안으로 등장한 것은 유엔안보리 토의였다. 3월 24일 블릭스 IAEA 사무총장은 "북 핵시설에 대한 안전조치의 계속성을 유지하려면 앞으로 6주 이내에 사찰이 실시되어야 한다"고 하고, 특히 지난 번 사찰을 거부당한 방사화학실험실에 대한 사찰이 중요하다고 강조했다.[400]

북한에 대한 어떠한 조치도 중국의 입장이 관건이었다. 중국은 김영삼 대통령의 1994년 3월 26-30일간 국빈방문을 앞둔 3월 25일, "미국이 마련한 대북결의안의 내용과 형식에 반대"하며, "만약 안보리가 결의안 대신 안보리 의장성명을 채택하고, 그 속에 긍정적이고 객관적이며 온건한 방향의 북한 핵문제 해결책을 담는다면, 중국도 채택에 참여하겠다"는 입장을 한국 측에 전달했다.[401] 3월 29일 한·중정상회담 후 가진 기자회견에서 장쩌민 주석은 북한 핵문제에 대한 중국의 입장에 관해, 중국은 한반도의 비핵화를 지지하고, 관련 당사국들은 대화로 문제를 해결해야 하며, 중국은 나름의 역할을 할 것이지만 그 역할에는 한계가 있다고 설명했다.[402]

안보리에서는 '결의resolution' 형식을 고수하는 미국, 영국과, '의장성명chairman's statement'을 선호하는 중국의 입장이 대립했다. 결국 형식보다는 중국을 동참시키는 것이 더 중요하다는 판단이 이루어졌다.

398 "미국이 강권과 압력으로 나오는 경우 우리는 민족의 자주권을 수호하기 위한 조치들을 실천에 옮기는 방향으로 나갈 수밖에 없을 것이다: 조선민주주의인민공화국 외교부 대변인 성명", 『로동신문』, 1994년 3월 22일 4면.

399 "해외 자금 조달 금리 폭등", 『매일경제』, 1994년 2월 23일.

400 "북핵 6주내 재사찰 필요, 플루토늄 재처리 가능성도", 『경향신문』, 1994년 3월 26일.

401 "중, 북핵 해결 대안 제시", 『동아일보』, 1994년 3월 27일.

402 "강택민 주석 한국 기자회견: 북핵 관련 중 역할엔 한계", 『동아일보』, 1994년 3월 29일.

의장성명의 핵심은 북한과 IAEA에게 핵사찰 문제를 다시 협의하라는 것과 한미 양국에게도 북한과의 협의를 하도록 권고하는 것이었다. 한국과 미국은 북한의 사찰 수용과 남북대화 재개를 요구하고, 중국은 남북한과 IAEA 및 미국 4자 간의 "대화에 의한 해결"을 강조했다. 그러나 북한은 이 어느 것도 수용하지 않았다. 안보리 회의 직후 박길연 주유엔북한대사는 "핵문제는 정치, 군사적 사안이므로 미국과의 대화에 의해서만 해결될 수 있다"는 주장을 재확인했다.[403]

　　초점은 남북특사교환의 시기에 있었다. 원래 1993년 7월 2단계 고위급회담 결과에는 3단계 회담에 앞서 특사교환이 실현되어야 한다는 내용이 없었다. 이는 남·북관계보다 북·미관계가 앞서 나가는 것을 우려한 한국 정부가 나중에 추가한 것이었다. 1993년 9월 9–13일간 갈루치 차관보 방한시, 양측은 고위급회담 개최를 위해 필요한 남북대화의 진전을 "남북 최고지도자들이 지명하는 특사들이 양측을 교환 방문하는 구체적인 시기와 의제에 남북이 완전하게 합의하는 것"으로 정했다. 따라서 북한에게는 새로운 조건이 부과되었다고 볼 수 있고, 미국에게도 대화 진전을 가로막는 걸림돌로 비쳤을 수 있다. 4월 15일 한국 정부는 「선 특사교환」 조건을 철회키로 결정하고 이를 발표했다. 특사교환을 철회한 후에는, 북한이 IAEA의 일반사찰만 수용하면 3단계 북·미고위급회담 개최가 가능해진다. 새로운 동시행동조치 일자를 5월 2일로 정했다. IAEA 사찰을 시작하고, T/S 훈련을 다시 취소하며, 3단계 고위급회담 개최 일자를 발표하기로 했다. 남북특사교환은 3단계회담을 개최하는 날 같이 개최하는 것으로 추진하되, 여의치 않을 경우 완전히 분리하는 것으로 정리했다.

403　"북핵, 새로운 시작", 『경향신문』, 1994년 4월 2일.

3.5. 5MW 원자로 연료봉 인출과 6월의 위기

남한이 「선 특사교환」 조건을 철회할 즈음, 한반도는 또 다시 강도 높은 위기상황으로 치달았다. 4월 19-21일간 방한한 페리William Perry 미 국방장관은 방한 마지막 날인 4월 21일 북한이 수주일내에 영변 5MW 원자로에서 핵무기 4-5개를 만들 수 있는 양의 사용후 연료봉을 인출할 것이며, 이 작업에 IAEA 사찰관이 입회하는 것이 긴요하다고 밝혔다.[404] 이에 앞서, 북한은 IAEA측에 서한을 보내, 1986년에 장전한 5MW 원자로의 연료봉이 수명을 다했기 때문에 5월초 연료봉 인출을 개시할 것이라 하고, 여기에 IAEA 사찰관의 입회를 허용할 수 있다고 통보했다. 단, 입회witness라고 했을 뿐, 시료 채취와 실험 실시 허용 여부에 대해서는 언급하지 않았다.[405] IAEA의 통상 및 특별사찰 논의가 진행 중인 상황에서 북한은 5MW 연료봉 인출이라는 또 하나의 위기조성 카드를 꺼내든 것이다.

당시 북한 핵문제의 핵심은 북한이 과거 얼마만큼의 플루토늄을 추출하고 전용했는지를 확인하는 데 있었다. 전문가들은 북한이 접근을 거부하고 있는 2개 의심 장소에 대한 접근을 관철하거나, 가동한 후 한번도 연료를 교체하지 않았다는 5MW 원자로의 사용후 연료봉을 분석함으로써 과거 핵활동을 규명할 수 있다고 보았다. 지금까지 IAEA 차원에서 논의된 2개 의심장소 특별사찰과 5MW 원자로와 방사화학실험실을 포함한 핵시설에 대한 통상사찰은 그 목적이 첫 번째 방법에 관련된 것이었다. 한편, 폐연료봉 시료 분석으로도 과거 얼마만큼의 플루토늄을 추출하고 전용했는지를 확인할 수 있다. 즉, 이것은

---

[404] "Defense Chief Says North Korea Could Soon Build 4 A-Bombs", *The New York Times*, April 21, 1994.

[405] "North Korea Moves to Use Fuel for Bomb", *The New York Times*, April 22, 1994; "North Korea Nuclear Chronology", *Nuclear Threat Initiative(NTI)*, p. 487.

북한 핵활동의 과거와 현재로 가는 두 개의 열쇠중 하나에 해당하는 것이었다. 나아가, 연료봉 인출은 북한 핵문제의 미래에도 해당하는 사안이었다. 북한은 여기서 나오는 약 8,000개의 폐연료봉을 재처리함으로써 핵무기 4-5개를 만들 수 있는 양의 플루토늄을 추가 확보하는 길이 열린다. 뿐만 아니라, 연료봉을 인출하고 나면 그 자리에 새로운 연료봉을 장전할 수 있다. 핵물질을 추가로 만드는 길이 열린다.

　국제사회의 지지가 없고 한반도의 군사력 균형도 불리해지고 있는 상황에서 북한이 긴장을 더욱 고조시키는 연료봉 인출 카드를 꺼내든 이유는 무엇이었을까? 북한은 1986년 장전한 연료봉의 수명이 다했기 때문에 인출이 불가피하다고 설명했다. 그러나 북한은 1990년 등 간헐적으로 원자로를 폐쇄하고 일부 연료봉을 수리하거나 교체했기 때문에 8,000개의 연료봉을 한꺼번에 인출해야 할 기술적인 이유는 없었다. 북한은 전반적인 상황 판단에 따라 북한 특유의 방식으로 국면의 반전을 추구했다. 즉, 과거 핵활동의 흔적을 없애버리기 위해 정면돌파를 시도한 것이다.[406] 또 한 번 위기조성을 시도하는 것이었다.

---

[406] 김일성 주석은 이 당시 북한의 핵개발 의지를 부정하는 발언을 적어도 두 번 했다. 첫 번째 계기는 4월 21일 재미교포 언론인 문명자씨와 회견, "아무짝에도 쓸모없는 핵을 우리가 왜 가져야 합니까"고 되물으면서 핵개발 의지를 부인하고, 오히려 경수로 제공 합의가 이행되지 않고 있는 데 실망감을 나타냈다. IAEA 사찰 관련, 문제된 의심 장소는 군사기지이며 군사기지 사찰문제는 IAEA 사찰과 차원이 다른 문제로서 "북남합의서의 부속합의서에 따라 상호군축이 열려있으며 이 과정에서 저절로 해결될 것"이라고 주장했다. 문명자, "김일성 주석 인터뷰: 김영삼 대통령 각하, 나도 민족보다 더한 우방은 없다고 생각합니다", 『월간말』(1994년 6월호), pp. 36-44. 또 한 번은 이보다 며칠 앞서 자신의 82회 생일에 초청한 CNN등 외신과 1994년 4월 16일 가진 회견이다. 여기서 김 주석은 "국제사회는 우리에게 있지도 않은 핵무기를 내보이라고 한다"고 주장하고, 핵무기를 보유도, 개발도 하지 않을 것이라면서 핵무기와 운반체 개발의사를 전면 부인했다. 단, IAEA 사찰문제나 남북특사교환에 대한 구체적인 입장을 언급하지는 않았다. "핵무기 보유도 개발도 않겠다, 김일성 주석", 『매일경제』, 1994년 4월 17일자 참조. 이 당시 김일성의 언급과 북한 행동 사이의 괴리를 설명할 수 있는 방법은 두 가지다. 하나는 김일성 주석이 정확한 보고를 받지 못하여 상황을 충분히 파악하지 못하고 있었을 가능성이고, 다른 하나는 긴장 수위를 낮추면서 목적을 달성하기 위한 심리전을 전개하고 있었을 가능성이다.

북한의 통보에 대응하여, IAEA는 현장 입회를 하되, 시료 채취와 측정을 수반할 수 있어야 한다고 요구했다. 정확한 측정을 위해 연료 봉의 「역사」를 알 수 있는 '감마스펙트로스코피gamma spectroscopy'라는 최신 기계를 사용코자 했다. 그러나 북한은 NPT 탈퇴를 중단한 특수한 지위에서 핵활동의 모든 측면을 드러내 보일 필요는 없고 현재로서는 플루토늄을 추출하지 않고 있다는 사실만 확인하면 된다면서, IAEA의 최신 장비 사용을 거부했다.[407]

협상이 지연되면서, 북한이 약간의 타협안을 들고 나왔다. 연료봉 인출 일정을 미룰 수 없고, 시료 채취는 NPT상 특수한 지위라서 허용할 수 없으나, 그 대신 연료봉 교체 입회에 더하여 감시 장비 점검 및 방사화학실험실에 대한 추가사찰을 허용할 수 있다고 했다. IAEA는 시료 채취가 허용되지 않는 사찰은 무의미하다면서 사찰단을 파견하지 않기로 했고, 이를 5월 6일 선언했다. 미국은 북한이 나중에 시료 채취를 보장한다는 전제하에 이를 위해 일부 연료봉을 별도 보관하고 추가 및 후속사찰을 받는다면, 3단계 고위급회담을 열 수 있다고 했다. 그러나 북한은, 시료 채취는 NPT 복귀 문제가 해결된 다음의 문제라는 입장을 굽히지 않았다. 북한이 말하는 NPT 복귀 문제의 해결은 경제제재 해제를 포함하여 북·미관계가 정상화될 때 가능하다는 점에서, 북한의 입장은 그때까지 과거 핵문제 해결을 거부하는 것이었다.

북한의 태도는 협상을 직접 담당하고 있는 미국의 입장을 진퇴양난으로 몰아갔다. 이즈음 미국은 경제제재를 실시할 경우 북한의 반발을 억지하는 방안과 군사적 충돌에 대비한 비상계획을 검토하고 있었다. 4월 19-21일간 방한에서 페리 장관은 "미국은 전쟁을 시작하거나 도발하지는 않을 것이다. 그러나 (준비를 게을리 함으로서) 오히려 적으로

---

[407] "North Korea Nuclear Chronology", *Nuclear Threat Initiative(NTI)*, p. 488.

하여금 전쟁을 시작토록 하지는 않을 것이다"고 말했다.[408] 방한에 이어 일본을 방문, 한반도 유사 시 일본의 협조를 확보했다. 그리고 워싱턴에 돌아가서는 전군지휘관회의를 소집, 유사 시 한반도 전쟁계획을 점검했고, 5월 19일 클린턴 대통령에게 결과를 보고했다. 페리 장관은 북한 핵문제를 해결하기 위해 군사적 정밀타격을 가할 수 있으나 한국과 일본이 지지하지 않을 것이며, 경제제재를 취할 경우 북한이 반발할 가능성이 있는 만큼 주한미군의 역량강화가 필요하다고 보았다. 다만, 역량강화 조치가 북한을 자극할 가능성도 고려해야 할 것이라고 했다. 군사적 충돌이 일어날 경우, 궁극적으로는 한미연합군이 승리하겠지만, 그 과정에서 엄청난 대가를 치러야 할 것으로 전망했다. 그럼에도 불구하고, 이 회의를 계기로 미국은 "전쟁을 억지하되, 필요하면 전쟁을 치른다"는 것을 전제로 움직이기 시작했다.[409]

북한과 국제사회의 입장이 갈리는 지점은 인출한 연료봉의 일부를 별도 보관함으로써 과거 핵활동의 역사를 보존할 수 있도록 하느냐 그렇지 않느냐 하는 데 있었다. 북한은 분리 보관하라는 요청을 거부했으며, 남은 결정은 IAEA의 몫이 되었다. 표준사찰절차를 고수하여 핵확산을 방지하는 국제기구로서의 순수성을 택하느냐 아니면 인출 현장에 입회하여 가능한 범위에서나마 과거 핵활동의 흔적을 보존할 방법을 찾는 현실적 접근을 택하느냐의 갈림길이었다. 결국 IAEA는 후자를 택했고, 북한에 사찰단을 보내겠다고 통보했다.

여기서 북한은 또 하나의 승부수를 던졌다. 5월 15일 북한으로 떠난 사찰단은 방사화학실험실에 대한 추가사찰을 계속하는 한편, 5MW 원자로 연료봉 인출을 확인하기 위해 북한과 협상을 진행했다. 이러한

---

[408] Wit, Poneman & Gallucci, *Going Critical*, p. 179.

[409] Wit, Poneman & Gallucci, *Going Critical*, pp. 179-181.

가운데 북한은 5월 하순에 들어가면서 연료봉 인출 속도를 갑자기 높이기 시작했다. 속도를 빨리 했을 뿐 아니라, 인출한 연료봉을 마구잡이로 흩어놓음으로써 원래 위치를 확인할 수 없게끔 만들었다.

1994년 5월 30일 유엔안보리는 긴급회의를 소집, IAEA가 추후 계측을 할 수 있는 방식으로 사용후 연료봉을 인출하도록 북한에게 촉구하는 의장성명을 채택했다. 6월 2일 블릭스 사무총장은 5MW 원자로에서 인출한 연료봉을 추후에 계측하는 작업이 불가능하게 되었다고 유엔사무총장에게 보고했다.[410] 영변에 있던 사찰관의 보고를 토대로, "IAEA는 자체의 기준에 따라 연료봉을 추후 측정할 수 있도록 채취, 분리, 보관할 수 있는 제한된 남은 기회를 잃어버렸다는 결론에 이르렀다"고 했다. "북한이 추가정보 및 장소 접근을 거부함에 따라, 그리고 IAEA의 검증절차를 거치지 않고 노심을 제거함에 따라, IAEA는 이른바 핵물질의 비전용 사실을 확인하기 위한 북한에서의 포괄적 안전조치 이행 목표를 달성할 수 없다"고 했다. '안전조치의 계속성'이 단절되었다고 선언한 것이다.

같은 날, 미국은 3단계 고위급회담 계획을 취소하고, 북한에 대한 재재를 준비하기 시작했다. 대화 국면이 제재 국면으로 급전환되었다. 6월 3-4일간 워싱턴에서 한·미·일 3국 정책협의가 개최되었다. 2단계의 안보리 제재조치를 추진한다는 데 합의했으며, 인출된 연료봉 측정을 통한 과거 핵 검증가능성은 없어졌지만, 북한이 특별사찰을 수용하거나 다른 정보를 제공할 경우 핵투명성을 확보할 가능성은 아직 남아있다고 평가했다.[411] 한·미·일 3국이 북한의 연료봉 인출을 기정사실로 받아들이고 다시금 특별사찰을 논의하는 것이나 단계적인 대북

---

[410] "North Korea Nuclear Chronology", *Nuclear Threat Initiative(NTI)*, p. 493.
[411] "한-미-일 북핵 단계 제재 합의", 『동아일보』, 1994년 6월 5일.

압력을 추진키로 한 것은 고육지책이었다. 북한에 대한 국제사회의 입장을 통일하기 쉽지 않다는 것이 여전히 문제였다. 중국은 명백히 제재에 반대했다. 러시아도 제재조치에 앞서 국제회의를 개최해야 한다는 입장에서 즉각적인 제재조치에 반대했다. 심지어 일본도 조총련의 대북송금을 당장 중단하는 데는 난색을 표시했다.[412]

어려운 선택을 해야 하는 두 개의 상황이 대립하고 있었다. 북한으로서는 그동안 논란이 되어온 핵개발 계획이 별 것 아니었다고 확인되면 미국이 더 이상 관심을 기울이지 않을 것이고 그렇게 되면 미국과의 관계개선이 요원해질 수 있다. 반대로, 북한이 이미 1-2개 핵무기를 만들기에 충분한 핵물질을 확보한 것으로 확인되면 미국은 당장 제재조치에 돌입할 수 있다. 따라서 북한은 어떻게 하면 과거 핵활동을 명확하게 규명하지 않고 국제사회의 제재를 피하면서 미국과의 대화와 궁극적인 관계개선을 이끌어 내느냐가 관건이었다. 반면, 한국과 미국을 비롯한 국제사회는 북한의 과거 핵활동을 확인하기 위해 전쟁을 할 수 있느냐를 두고 결단을 내려야만 했다. 크게 보아 미국과 유럽국가들이 강경한 자세를 보이고, 중국, 러시아, 일본 등 주변 국가들은 평화와 안정을 선호했다. 그 가운데 한국은 강경과 온건 사이를 오가고 있었다. 북한의 핵무장을 받아들이기 어려운 것만큼이나 수십년에 걸쳐 이룩한 경제발전을 일거에 망가뜨리기도 어려웠던 것이다.

결정을 내리기 어렵고 행동으로 나서기는 더욱 어려울 수밖에 없는 상황에서, 북한은 북한대로 국제사회를 상대로 한 위험한 게임을 계속했다. 한반도의 긴장이 다시금 고조되는 가운데, 북한은 6월 4일 강석주 부부장 명의의 성명을 통해 어떠한 대북제재도 북한에 대한 선전포고로

---

[412] "U.S. FINDS IT HARD TO WIN CONSENSUS OVER NORTH KOREA", *The New York Times*, June 10, 1994.

간주할 것이며 미국이 대화를 포기하고 강경책을 사용할 경우 다음 단계의 핵계획을 실행하겠다고 경고했다. 또한 이러한 경고를 관련 국가들에게 이미 전달했으며, 이 경우 제재에 참여하는 국가들만이 아니라 이를 지원하는 나라들도 책임을 지게 될 것이라고 엄포를 놓았다.[413]

3.6. 카터Jimmy Carter 전 대통령 방북

카터 전 대통령이 북한에 가겠다고 제의했을 때 미국은 한창 안보리 제재 실시에 대비하는 중이었다. 클린턴 대통령은 증원군 전개 가능성을 염두에 두고 250명의 선발대를 한국에 파견하는 것을 승인했다. 1994년 6월 10일 아침 안보관계장관회의가 개최되어 다음 단계의 조치를 논의했다.[414] 주한미군사령부와 합참은 세 가지 선택지를 제시했다. 첫째, 대규모 증원군 접수를 준비하기 위한 추가 선발대 2,000명 파견, 둘째, 10,000명의 병력과 항공모함 1대를 포함하여 수 개 함대를 한반도 해역에 배치, 셋째, 병력 50,000명, 항공기 400대, 전함 50척을 한반도에 배치하는 방안 등이었다. 모든 증강 조치는 신속히 이루어져야 했다. 조치가 이루어지는 동안 북한이 가만히 있으라는 법이 없었다. 레이니James Laney 주한미국대사는 수만 명에 달하는 미국 민간인 철수 작업과 이것이 야기할 혼란 등을 들어 갑작스러운 증강 조치에 부정적이었다. 그럼에도 불구하고, 회의에 참석한 장관들은 "정치적 결의와 역량 부족이 1950년 한국전쟁을 일으킨 치명적 실수였으며, 다시 되풀이되어서는 안 된다"고 생각하고 있었다. 페리 장관과 합참의장은

---

[413] "미국이 강권의 길을 택한다면 우리가 갈 길도 달라질 것이다: 조미회담 조선민주주의인민공화국대표단 단장인 외교부 강석주 제1부부장 담화", 『로동신문』, 1994년 6월 4일 4면.

[414] 1994년 6월 10일의 안보관계장관회의 내용에 관해서는 당시 백악관 NSC에서 아·태지역을 담당한 Poneman 선임연구원 등이 공저한 책에서 상세히 서술하고 있으며, 여기에서는 이 책의 중요부분을 요약한 것이다. Wit, Poneman & Gallucci, *Going Critical*, pp. 204-206.

주한미군을 상당한 정도 증강할 것을 대통령에게 건의했다. 이와 함께, 예비군 소집, 미국 민간인 철수 및 대국민담화 발표 등도 함께 건의했다.

이러한 상황에서 카터 전 대통령의 등장은 미국 행정부를 난처한 입장에 세웠다. 북한 핵문제가 제재국면으로 바뀌고 국제사회가 단합된 전선을 구축하는 상황에서 전열을 흩트리는 측면이 있었다. 그러나 강력한 대북제재를 당장 시행하기 어렵고 그나마 북한의 섣부른 반응을 촉발할 위험성이 있는 상황에서는 카터 대통령의 방북을 통해 분명한 메시지를 전달하는 것이 의미가 있을 수 있었다. 특히 클린턴 대통령은 북한에게 체면을 살리면서 물러설 수 있도록 퇴로를 만들어주는 데 관심이 있었다.[415] 고심 끝에 '개인 자격의 방문이며 정부 차원의 메시지가 없다'는 것을 분명히 하면서 방북을 승인했다.

미국이 카터 전 대통령의 방북을 승인하고 있는 동안에도 상황은 계속 악화되고 있었다. 6월 13일 북한은 IAEA에서 탈퇴한다는 외교부 대변인 성명을 발표했다. 성명은 "지난 10일 국제원자력기구 관리이사회는 핵문제를 걸고 우리의 군사대상들을 개방할 것을 요구하면서 우리나라에 대한《기구 협조를 중단》[416]한다는 천만부당한《결의》를 채택했다"고 비난하고, 첫째, "국제원자력기구로부터 즉시 탈퇴한다", 둘째, "우리의 특수지위에서 받아오던 담보의 련속성 보장을 위한 사찰을 더 이상 지금처럼 할 수 없게 되었다는 것을 선언한다", 셋째, "유엔《제재》는 곧 우리에 대한 선전포고로 간주한다는 립장을 강력히 재확인한다"는 3개항을 담고 있었다.[417] 북한이 IAEA에서 탈퇴하고

---

415 Wit, Poneman & Gallucci, *Going Critical*, p. 207.
416 6월 10일 IAEA 이사회가 북한에 대한 25만 불 상당의 기술원조를 삭감키로 결정한 것을 말함.
417 "우리는 국제원자력기구 서기국의 오만무례한 책동을 결코 허용하지 않을 것이다", 『로동신문』, 1994년 6월 14일 3면.

사찰을 거부함에 따라 5MW 원자로 연료봉 인출에 입회하기 위해 영변에 들어와 있던 IAEA 사찰 요원들은 철수해야 되었다.

6월 14일 백악관 안보관계장관회의가 개최되어 상황을 재점검했다. 영변에 대한 군사적 조치방안도 검토했다. 첫째, 재처리 시설만 파괴하는 방안, 둘째, 재처리 시설과 5MW 원자로 및 사용후연료봉 저장소 등 핵심 시설을 파괴하는 방안, 셋째, 모든 핵시설과 주변의 군사력을 파괴하는 방안이 검토되었다. 플루토늄을 완벽하게 파괴할 수 있다는 자신감의 부족, 군사적 조치에 대한 국제적 지지의 불확실성, 그리고 전면전으로 확산될 위험성 등이 지적되었다. 어느 것이든 주한미군 강화가 완료된 다음에 시행하는 것을 원칙으로 했다.[418] 한 가지 문제는 민간인 철수였다. 실전을 가상한다면 민간인을 우선적으로 철수시켜야 했다. 그러나 민간인 철수는 전쟁이 임박했다는 신호가 될 수 있었다. 남한이 공황상태에 빠질 수 있고, 북한에게 선제공격의 빌미를 줄수도 있었다. 6월 13일 카터 대통령이 서울에 도착할 때는 위기를 인식한 일부 외국인들이 임의적으로 출국을 시작하는 상황이었다. 레이니 주한대사도 딸과 손녀를 귀국시켰다.

당시 미국은 어느 정도까지 전쟁을 실천적으로 준비하고 있었을까? 오버도퍼Don Oberdorfer 기자는 양국 정부에서 정책결정체계에 가까이 있던 사람일수록 전쟁 발발 가능성을 높게 보고 있었다고 평가했다.[419] 당시 한국의 지도자들은 전체적인 상황을 어느 정도 알고 있었을까? 사태진행을 근접에서 관찰하고 있었던 미 측 인사의 다음 기록은 참고할 만하다.

---

[418] Wit, Poneman & Gallucci, *Going Critical*, pp. 210-211.
[419] Don Oberdorfer & Robert Carlin, *The Two Koreas-A Contemporary History*, p. 263.

한미 양측 정치지도자들 사이에 충분히 토의되지 않은 사안은 북한이 IAEA 사찰요원을 추방할 경우 영변 핵시설을 선제공격하는 가능성이었다. 과거 한미 양국에서 선제공격에 관한 검토가 있었고, 미 국방부가 이것을 철저히 검토했다. 그러나 이러한 공격에 대한 최초의 공식적인 부처간 협의는 북한이 IAEA에서 탈퇴하고 사찰요원을 추방하겠다고 위협하고 난 다음, 6월 14일에 이루어졌다. 한국 지도자들과 충분히 협의하지 않고서는 선제공격을 실시할 수 없다는 것이 그 회의에 참석한 모두에게 분명했다. 선제공격에 대한 논의는 이틀 뒤 카터가 북한이 핵활동 동결을 재개할 용의가 있다고 전해오면서 사라졌다. 그리고는 더 이상 군사 타격에 대해 한국 측과 진지하게 협의할 필요는 없게 되었다.

미국 고위관리들이 6월 16일 대통령을 만나기 위해 백악관 West Wing에 모였다 (중략) 그 자리에 있었던 한 미국 외교관이 회상하듯이, 10을 공황panic으로 보고, 당시 상황을 1부터 10까지로 측정한다면, 당시 한국의 상황은 6에서 빠른 속도로 더욱 악화되는 방향으로 가고 있었다.[420]

중차대한 군사적 상황이 진행되고 있었지만 당시 미국은 추가 병력 파견을 결정하려는 6월 16일까지도 한국 측과 이 문제에 관한 진지한 협의를 시작하지 않았던 것으로 보인다.[421] 만약 상황이 반전되지 않은 채 6월 16일 백악관 회의에서 병력 증파에 대한 결정이 내려졌더라면,

---

[420] Wit, Poneman & Gallucci, *Going Critical*, p. 220.

[421] 대북군사행동과 관련하여 정종욱 외교안보수석은 당시 관련 상황을 다음과 같이 설명한다: "정밀공격이 이루어지면, 최대 피해자가 한국입니다. 한국의 입장을 고려하지 않은 상태에서 미국은 정밀공격을 할 수 없었다고 생각하고, 앞으로도 그럴 겁니다. 다만 정밀공격의 특성으로 극단의 기밀이 유지되어야 하기 때문에 얼마나 우리에게 알려줄지 모르겠습니다. (중략) 요약하면, 정밀공격을 고려한다는 정보를 미국으로부터 얻었습니다. 정밀공격에 대한 군사행동방식에 관한 자세한 설명은 없었습니다. 대화에 의한 해결노력이 이제는 더 이상 불가능해지면 제재 쪽으로 갈 수밖에 없고, 제재는 군사적 방법을 포함한다는 정도였습니다. 군사적 방법 가운데 정밀공격이 포함되었습니다. 미국은 정밀공격을 고려했지만, 정치적 부담으로 포기했습니다." 신욱희·조동준 면담 편집, 『구술사료선집 7: 고위관료들, '북핵위기'를 말하다』(과천: 국사편찬위원회, 2009), pp. 220-221.

그 결과는 어떠했을까?

카터 대통령의 출현은 이러한 흐름을 돌리는 데 결정적인 역할을 했다. 6월 15일 휴전선을 넘어 북한에 들어가기 전에 카터 전 대통령은 김영삼 대통령을 만났고, 그 자리에서 김영삼 대통령은 전제조건 없는 남북정상회담에 응할 수 있다고 했다. 6월 16일한국시간 6월 17일 백악관에서 안보관계장관회의가 개최되고 있던 시간에 카터 전 대통령은 CNN과 전화 인터뷰를 했다. 김일성이 IAEA 사찰요원의 잔류와 감시 장비의 정상적인 작동을 보장했으며, 한반도 비핵화를 전제로 흑연감속로를 경수로로 대체할 용의를 표명했다고 전했다. 또한 북한은 이 문제를 해결하기 위해 미국 측과 아무런 전제조건 없이 협상하기를 원하며, 미국은 언제, 어디서 협상을 개시할 것인지를 결정하면 된다고 말했다. 상황은 급반전했다. 클린턴 대통령은 "북한이 카터 전 대통령에게 밝힌 의사가 그들의 핵개발을 동결할 용의가 있는 것으로 밝혀진다면, 그것은 희망적인 사태 발전"이라 하고, "북한이 핵개발을 동결할 준비가 되어 있다면, 미국은 기꺼이 고위급회담 재개를 추진할 것"이라는 입장을 밝혔다.[422]

한국은 당초 카터 전 대통령의 방북 결과에 신중한 반응을 보였으나, 김일성이 남북정상회담 제의에 조건 없이 응했다는 설명을 듣고 태도가 바뀌었다. 6월 20일 남 측은 정상회담 준비 실무접촉을 북 측에 제의했고, 이틀 뒤 대화가 시작되었다. 북·미회담 재개와 관련, 미 측은 북 측이 카터-김일성 면담 결과를 확인하는 서한을 보낼 것을 요청했으며, 북한이 이에 동의함으로써 3단계 북·미고위급회담을 재개하기 위한 조건이 갖추어졌다. 3단계 고위급회담은 당초 예정보다 1년

---

[422] "Carter Optimistic after North Korea Talks", *The New York Times*, June 16, 1994.

이 늦어진 1994년 7월 8일 제네바에서 개최되었다.

　일촉즉발의 위기로 치닫던 한반도 위기는 대화국면으로 급반전했다. 카터 전 대통령이 방북하여 김일성을 면담한 가장 큰 의의는 북·미 양측으로부터 대화를 통해 문제를 해결하겠다는 동의를 이끌어 낸 데 있었다. 북한은 확실하게 얻은 것이 있었다. 첫째, 5MW 원자로 연료봉 분석을 통해 과거 핵활동의 역사를 규명할 수 있는 여지를 없애버렸다. 이제 북한 핵개발의 과거를 규명할 수 있는 남은 길은 두 개 의심 장소에 대한 특별사찰 또는 남·북상호사찰을 실현하는 것뿐이었다. 둘째, 미국과의 3단계 고위급회담 개최를 확보했다. 원래 3단계 회담을 개최하는 데는 IAEA 사찰 수용과 남북대화 재개가 전제조건으로 붙어 있었다. IAEA 사찰과 관련하여, 북한은 핵동결과 안전조치 계속성 유지에 동의했으며 위기 이전에 비하여 추가적인 부담을 진 것은 아니다. NPT 탈퇴를 유보한 특수한 지위에서 안전조치의 계속성을 유지할 정도의 사찰을 받는다는 당초 입장을 관철했다. 셋째, 남북정상회담 개최 제의를 수용함으로써 1년 이상 끌어온 특사교환 문제와 남·북 간의 핵문제 논의를 둘러싼 논란을 일거에 해소했다.

　남북정상회담 개최는 북한의 양보라고 볼 수 있는가? 어떻게든지 남한을 따돌리고 미국과 대화를 이끌어 나가려고 한 북한의 기존 입장과 태도를 감안하면 양보라고 볼 수 있다. 그러나 체제 보존을 위해 안정적인 대외환경이 필요하고, 이러한 맥락에서 남북기본합의서까지 채택했던 것을 상기해 보면 그 연장선에서 남북정상회담을 개최하는 것은 당연한 일이기도 했다. 뿐만 아니라, 결과적이지만, 분단 후 최초의 남북정상회담이 개최된다는 흥분 속에서 한반도 위기의 근원이 되었던 핵문제의 긴박성은 상당 부분 묻혀 버릴 수 있었다.

4. 북·미 제네바합의

3단계 북·미회담 개시 다음날인 7월 9일 김일성 사망이 발표되었다. 김일성 사망에 대하여 미국은 이제 막 시작한 북·미대화를 이어갈 수 있도록 하는 데 주안점을 두고 대응했다. 때마침 나폴리에서 G-7 정상회담에 참석하고 있던 클린턴 대통령은 주한미군사령관의 건의를 받아들여 주한미군에 대한 경계령을 내리지 않았다. 북한 측에 조의도 표하기로 했다. 다만, 북·미관계와 남·북관계를 감안하여 "북한 인민들"에게 하는 것으로 했다.[423]

제네바 현장에서는 김일성 사망 발표 다음날 갈루치–강석주 면담에서, 장례식이 끝나는 대로 일정을 정해 다시 만나기로 했다.

3단계 회담 재개를 앞두고 7월 20–22일간 갈루치 차관보가 방한했다. 미국은 김일성 사망에도 불구하고 대화를 통한 핵문제 해결을 계속 추진할 것이며, 3단계 회담을 핵문제 해결을 위한 마지막 기회로 보고 협상할 것이라는 기본 입장을 설명했다. 경수로 공급 문제와 남북대화 재개 방안이 집중 논의되었다.[424]

경수로 제공과 관련, 한승주 장관은 갈루치 차관보 방한 전 레이니

---

[423] 조전 내용은 다음과 같다: "미국 국민들을 대신하여, 본인은 김일성 주석의 서거에 즈음하여 북한 인민들에게 심심한 애도를 전합니다. 우리는 두 정부 사이의 대화를 재개하는 데 있어 고인의 지도력에 사의를 표합니다. 우리는 이 대화가 적절히 계속되어 나가기를 바랍니다 (On behalf of the people of the United States, I extend sincere condolences to the people of North Korea on the death of President Kim Il Sung. We appreciate his leadership in resuming the talks between our governments. We hope they will continue as appropriate)." 김정일은 클린턴 대통령이 보낸 이 조의에 두고두고 깊은 인상을 받았다고 한다. Don Oberdorfer & Robert Carlin, *The Two Koreas-A Contemporary History*, p. 270.

[424] "한-미, 북핵 카드 구체 조율", 『동아일보』, 1994년 7월 22일; "한-미 북핵 마무리 조율, 제네바 정상회담 '고리' 점검", 『한겨레신문』, 1994년 7월 22일; "한-미 북핵해법 의견 접근", 『경향신문』, 1994년 7월 22일; "북 경수로 지원 컨소시엄 추진", 『동아일보』, 1994년 7월 22일; "북 경수로「한국형」접근", 『경향신문』, 1994년 7월 22일; "3단계·정상회담 일괄 재개", 『매일경제』, 1994년 7월 22일.

주한대사를 만나, 한국회사가 핵심역할을 하게 된다면 한국정부가 자금지원을 할 용의가 있다는 언질을 주었으며, 갈루치 차관보 방한에서는 북한이 한국형 경수로에 반대하고 있음을 감안하여 한국회사가 실질적인 일을 다 하되 미국 대통령이 정치적 보증을 제공하고 미국 회사가 주계약자가 되는 방안이 가능하다고 논의했다.[425] 남북대화 관련, 미 측은 북·미 간의 최종 합의에 남북대화 재개 내지 비핵화공동선언의 이행이 반드시 필요하다는 내용을 넣을 것이라고 했다.[426]

8월 5일 제네바에서 3단계 북·미회담이 속개되었다. 8월 12일까지 회담을 진행한 다음 양측은 일단 휴회에 들어갔다. 양측은 9월 23일 회담을 재개키로 하면서, 이때까지의 협의를 정리하여 공동성명을 발표했다.[427]

---

[425] Wit, Poneman & Gallucci, *Going Critical*, p. 267.

[426] Wit, Poneman & Gallucci, *Going Critical*, p. 268.

[427] "조선민주주의인민공화국과 미 합중국 사이의 성명", 『로동신문』, 1994년 8월 14일 1면.
(공동성명 요지)
- 조선민주주의인민공화국은 흑연감속로들과 관련 시설들을 경수로발전소들로 교체할 용의를 표명했으며 미합중국은 가능한 빠른 시일 안으로 2백만킬로와트 발전능력의 경수로 발전소들을 조선민주주의인민공화국에 제공하며 그동안 조선민주주의인민공화국에 흑연감속로를 대신할 대용에네르기를 제공하기 위한 조치들을 취하기로 하였다. 조선민주주의인민공화국은 경수로와 대용에네르기 제공조치에 대한 미합중국의 담보를 받는 차제로 5만킬로와트, 20만킬로와트 발전능력의 흑연감속로들의 건설을 동결하고 재처리를 하지 않으며 방사화학실험소를 봉인하고 국제원자력기구의 감시밑에 두기로 하였다.
- 조선민주주의인민공화국과 미합중국은 정치, 경제관계의 완전한 정상화를 위한 조치로서 각기 상대방의 수도들에 외교대표부들을 설치하고 무역 및 투자장벽을 완화하기로 하였다.
- 조선반도비핵화와 평화 및 안전을 이룩하도록 하기 위하여 미합중국은 조선민주주의인민공화국에 핵무기를 사용하거나 핵무기로 위협하지 않는다는 담보를 제공할 용의를 표명하였으며 조선민주주의인민공화국은 조선반도의 비핵화에 관한 북남공동선언을 리행할 일관된 용의를 표명하였다.
- 조선민주주의인민공화국은 핵무기전파방지조약의 성원국으로 남아있으며 조약에 따르는 담보협정의 리행을 허용할 용의를 표명하였다.
- 쌍방은 조선민주주의인민공화국의 흑연감속원자로 계획을 경수로로 교체하는 사업과 폐연료의 안전한 보관과 처분, 대용에네르기의 보장, 련락사무소 개설을 추진시키기 위한 전문가급 협상들이 필요하다고 합의하였다. 이에 따라 전문가급 협상들이 조선민주주의인민공화국과 미합중국 혹은 합의되는 다른 장소에서 진행되게 된다.
- 조선민주주의인민공화국과 미합중국은 회담을 휴회하고 1994년 9월 23일 재개하기로 합의하였다. 그때까지 미합중국은 핵문제의 종국적 해결의 일환으로서 조선민주주의인민

회담 과정에서 어려웠던 부분은 경수로 제공 보장, 특별사찰 이행 및 남북대화 재개 문제였다. 경수로제공 보장 관련, 미 측은 대통령이 약속할 것이라 했고, 북 측은 그것을 어떻게 믿느냐고 했으며, 미 측은 대통령이 '전권full power을 행사하여 지원할 것'이라는 문안을 제의하여, 북 측이 이를 수용했다.[428] 법률적인 용어로서 '전권'은 '가능한 모든 권한'이라는 의미에 불과했지만, 북 측은 이 말에 상당한 의미를 부여했다고 한다.[429] 남북대화 관련, 북 측은 평양이 남북대화를 거론할 분위기가 아니라면서, 강석주 부부장은 "재처리를 포함한 모든 핵활동을 완전 동결시키면 남북비핵화공동선언 문제는 저절로 해결되는 것 아닌가"고 반문했다. 미 측은 "한반도 평화를 위해 남북대화를 재개하고 비핵화공동선언을 이행한다"는 문안을 제의했지만, 북한의 반대로 결국 남북대화 부분은 공동성명에 포함시키지 못했다.[430]

한국은 북·미합의를 핵문제 해결에 진일보한 것이라 평가하면서도 전체 그림 속에 남한이 보이지 않는 점을 우려했다. 8월 17일 클린턴-김영삼 통화가 이루어졌다. 청와대 대변인은 양국 정상이 "북한 핵시설에 대한 특별사찰이 이루어져 핵투명성이 보장되어야 경수로 지원이 가능하다"는 데 의견일치를 보았다고 발표했다.[431] 미 측 기록에는 당시 한국 측의 우려가 더욱 선명하게 부각되어 있다. 김 대통령은 클린턴 대통령에게 "어떠한 대북지원이든 핵문제에서의 완전한 투명성이 확보되고 한국형 경수로를 수용한다는 것이 전제"되어야 한다고 하고,

---

공화국에 경수로제공담보들을 주기 위한 조치들을 추진시키며 조선민주주의인민공화국은 강석주 제1부부장과 미국 국무성 로버트 엘. 갈루치 차관보 사이에 1994년 6월 20일과 22일에 교환된 메쎄지들에서 합의된 핵활동의 동결과 담보의 련속성을 유지하게 된다.

[428] Wit, Poneman & Gallucci, *Going Critical*, p. 274.
[429] Wit, Poneman & Gallucci, *Going Critical*, pp. 275-276.
[430] Wit, Poneman & Gallucci, *Going Critical*, p. 277.
[431] "영변 미공개 핵시설 특별사찰 이뤄져야", 『동아일보』, 1994년 8월 18일.

북·미 성명에 남북대화 요소가 빠져있다는 점을 지적했다.[432] 다시 말해서, 특별사찰을 받아야 경수로 제공이 가능하고, 북·미대화와 남북대화는 병행하여 진행되어야 한다는 입장이었다.

한미 양측이 특별사찰을 경수로 제공의 전제조건이라고 강조하는 가운데, 8월 20일 북한 외교부 대변인은 기자 질문에 대한 답변 형식으로, 경수로 제공의 전제조건으로 특별사찰을 요구하는 것은 "조미 합의 성명 자체를 뒤집어엎고 또 다시 조미 사이의 대결을 고취해보려는 불순한 정치목적이 깔려 있다고 볼 수밖에 없다"고 하면서 "《특별사찰》은 절대로 수용할 수 없다는 것을 다시금 명백히 한다"고 했다.[433] 원래 IAEA 사찰의 범주에 특별사찰이 포함되어 있었지만, 한 번도 실시된 적은 없었다. 또한, 북·미협상에서는 2개 의심장소의 성격 규정이 여전히 논란의 대상이었다. 특별사찰은 회담 후 나온 합의성명에도 언급되지 않았다. 따라서 양측이 자기 입장을 주장하는 것은 원론적으로 타당하다.

이렇게 볼 때 김영삼 대통령이 "특별사찰을 통한 핵문제의 투명성을 확보하는 것이 경수로 제공의 전제조건"이라고 한 것은 1차 협상에서 관철하지 못한 것을 재협상하여 관철하라는 요구였다. 미국을 사이에 두고 남북한의 주도권 싸움이 여전히 이어지고 있었다.

9월 7일 한승주 외무장관이 워싱턴을 방문했다. 한국의 관심은 4가지로 집약되었다. 북·미대화와 남북대화의 병행, 한국형 경수로 선택, 과거 핵투명성 확보, 그리고 남북당사자에 의한 평화체제 수립이었다. 미 측은 경수로 제공을 핵투명성 확보와 한국형 경수로 선정에 연계하는 데는 흔쾌히 동의했으나, 남북대화와 북·미대화를 병행해 달라는

Wit, Poneman & Gallucci, *Going Critical*, p. 280.
"《특별사찰》은 절대로 허용할 수 없다: 조선민주주의인민공화국 외교부 대변인 기자의 질문에 대답", 『로동신문』, 1994년 8월 21일 6면.

위기 탈출 233

요청에 대해서는 입장이 분명하지 않았다.[434]

9월 14-16일간 갈루치 차관보가 방한했다. 한국 정부는 북한이 "특별사찰을 포함한" 비확산 의무를 이행하고, "현재 한국에서 건설 중인 것과 같은 유형"의 원자로를 수용하겠다면 그 건설비용의 70%를 부담하겠다고 약속했다.[435] 이 약속은 김영삼 대통령의 클린턴 대통령 앞 서한으로 전달되었다.[436]

9월 23일 3단계 북·미회담이 속개되었다. 특별사찰과 경수로 제공을 포함한 남북대화가 핵심 쟁점으로 떠올랐다.[437] 특별사찰은 결국 '언제 실시하느냐'의 문제로 좁혀졌다. 미국은 10월 3일 장관회의에서 "핵심 부품이 제공되기 전까지"로 입장을 정리했다.[438] 제네바 협상에서 미 측은 핵공급자그룹Nuclear Suppliers Group의 'trigger list'와 미국의 수출통제법 때문에 더 이상 추가적인 공급이 불가능해질 때까지 약 75% 부품을 공급할 수 있고, 이는 공사 개시 후 약 5년이 지난 시점이 될 것이라고 설명했으며, 북한 측은 궁극적으로 IAEA가 과거 핵활동을 규명하기 위해 취하는 모든 조치를 수용하기로 했다.[439]

여기에 한국정부가 반발했다. 10월 8일 김영삼 대통령이 뉴욕타임스와 회견했다. 회견 후 기사 제목은 "한국 대통령, 미국을 질타하다"였다.[440] 김 대통령은 미국이 북한을 다루는 데 있어 "천진난만하고

---

434 "「북핵 공조」, 한미 틈새 봉합", 『경향신문』, 1994년 9월 9일.

435 Wit, Poneman & Gallucci, *Going Critical*, p. 293.

436 "경수로 지원, 美에 친서", 『매일경제』. 1994년 9월 23일. 당시 외교부는 친서 전달사실을 발표하면서, 우리 정부가 경수로 건설비용의 70%를 부담한다는 부분은 언급하지 않고, 한국이 '중심적 역할'을 할 것이라고만 설명했다. 한국의 경수로 부담 비율은 김영삼 정부 내내 한·미·일 간에 협상중이라고 설명되다가 1998년 신정부가 들어서면서 공식적으로 미국, 일본측에 재확인되고 공개되었다.("북 경수로 비용 분담 타결", 『동아일보』, 1998년 5월 28일.)

437 Wit, Poneman & Gallucci, *Going Critical*, p. 298.

438 Wit, Poneman & Gallucci, *Going Critical*, p. 305.

439 Wit, Poneman & Gallucci, *Going Critical*, p. 309.

지나치게 유연하다"고 비판했다. 이번에는 미 측이 반발했다. 클린턴 대통령이 크리스토퍼 국무장관을 시켜 한승주 장관에게 전화했고, 레이크 안보보좌관은 정종욱 외교안보수석에게 전화했다. 10월 12일 김 대통령은 CNN 인터뷰에서 "과거 핵을 규명해야 한다는 입장에 변화가 없으며 북한과 40번 이상 회담한 한국의 경험을 활용할 필요가 있다"고 부연했다. 10월 13일 클린턴 대통령은 김영삼 대통령과 통화하면서 미국이 북한과 협상하면서 한국을 배신하는 일은 없을 것이라는 점을 강조하고, 김 대통령이 대승적인 견지에서 결단을 내려줄 것을 요청했다.[441]

다음 난제는 남북대화였다. 북한은 남북대화 관련 내용을 합의서에 포함시키는 것을 한사코 거부했다. 북 측은 "한·소 및 한·중관계 정상화 등 그동안 남한이 이룬 외교적 성과를 상쇄할 수 있을 때까지" 기다려야 할 것이라고 말했다.[442] 다른 모든 사항에 대한 협의를 완료한 상태에서, 남북대화 문제에 대해서만 10월 15-17일의 3일간 논의한 끝에 양측은 다음과 같은 문안에 합의했다.

> 조선민주주의인민공화국은 이 기본합의문에 의하여 대화를 도모하는 분위기가 조성되는 데 따라 북남대화를 진행할 것이다.
> The DPRK will engage in North-South dialogue, as this Agreed Framework will help create an atmosphere that promotes such dialogue.

440   "South Korean President Lashes Out at U.S.", *The New York Times*, October 8, 1994.
441   Wit, Poneman & Gallucci, *Going Critical,* p. 319.
442   Wit, Poneman & Gallucci, *Going Critical,* p. 323.

핵심은 영어 단어 'as'에 있었다. '따라'로 번역된 이 영어 단어는 결과를 뜻하는 '때문에'라는 해석도 가능하고, 병행한다는 의미에서 '동시에'라는 의미도 될 수 있다. 서로 편리한 대로 해석할 수 있다. 양측이 이 단어에 합의한 이유가 바로 여기에 있었다고 할 수 있다.

10월 18일 북·미 간의 문안 협의는 종결되었다. 본국 정부의 최종 승인을 받은 다음, 10월 21일 합의문에 서명했다. 합의 요지는 다음과 같다.[443]

> 미합중국은 1994년 10월 20일부 미합중국 대통령의 담보서한에 따라 2003년까지 총 200만킬로와트 발전능력의 경수로 발전소들을 조선민주주의인민공화국에 제공하기 위한 조치들을 책임지고 취한다.
> 미합중국은 1호경수로 발전소가 완공될 때까지 조선민주주의인민공화국의 흑연감속로와 련관시설들의 동결에 따르는 에네르기 손실을 보상하기 위한 조치들을 취한다. 대용에네르기는 열 및 전기생산용 중유로 제공한다. 중유 대납은 매 해 50만톤 수준에 이르게 한다.
> 경수로 제공과 대용에네르기보상에 대한 미합중국의 담보들을 받는 데 따라 조선민주주의인민공화국은 흑연감속로와 관련 시설들을 동결하며 궁극적으로 해체한다. 동결은 합의문이 서명된 날로부터 1개월안에 완전히 실시된다. 경수로 대상이 완전히 실현되는 때에 조선민주주의인민공화국은 흑연감속로와 관련 시설들을 완전히 해체한다.
> 미합중국과 조선민주주의인민공화국은 5메가와트시험원자로에서 나온 폐연료의 안전한 보관방도와 조선민주주의인민공화국에서 재처리를 하지 않고 다른 안전한 방법으로 폐연료를 처분하기

---

[443] "조선민주주의인민공화국과 미합중국 사이의 기본합의문", 『로동신문』, 1994년 10월 23일 1면.

위한 방도를 탐구하기 위하여 협조한다.

쌍방은 정치 및 경제관계를 완전히 정상화하는 데로 나아간다.

쌍방은 합의문 서명후 3개월안에 통신봉사와 금융결제에 대한 제한조치들의 해소를 포함하여 무역과 투자의 장벽을 완화한다.

쌍방은 전문가 협상에서 령사 및 기타 실무적 문제들이 해결되는 데 따라 서로 상대방의 수도에 련락사무소들을 개설한다. 쌍방은 호상 관심사로 되는 문제들의 해결에서 진전이 이루어지는 데 따라 쌍무관계를 대사급으로 승격한다.

미합중국은 핵무기를 사용하지 않으며 핵무기로 위협하지도 않는다는 공식담보를 조선민주주의인민공화국에게 제공한다.

조선민주주의인민공화국은 시종일관하게 조선반도의 비핵화를 위한 북남공동선언을 리행하기 위한 조치들을 취한다.

조선민주주의인민공화국은 이 기본합의문에 의하여 대화를 도모하는 분위기가 조성되는 데 따라 북남대화를 진행할 것이다.

조선민주주의인민공화국은 핵무기전파방지조약의 성원국으로 남아 조약에 따르는 담보협정의 리행을 허용할 것이다.

경수로 대상의 상당한 부분이 실현된 다음 그리고 주요 핵관련부품들이 납입되기 전에 조선민주주의인민공화국은 국제원자력기구와 자기의 핵물질초기보고서의 정확성 및 완전성 검증과 관련한 협상을 진행하고 그에 따라 기구가 필요하다고 간주할 수 있는 모든 조치들을 취하는 것을 포함하여 기구와의 담보협정회람통보/403을 완전히 리행한다.

상기한 합의서와 별도로 클린턴 대통령은 "나의 모든 직권을 행사하여 조선민주주의인민공화국에 제공될 경수로 발전소 대상의 자금보장과 건설을 위한 조치들을 추진시키며 1호 경수로 발전소가 완공될 때까지 조선민주주의인민공화국에 제공될 대용 에네르기 보장에 필요한 자금조성과 그 리행을 위한 조치들을 추진시키겠다는 것을 당신께 확언"한다는 내용의 서한을 전달했다.[444] 북한으로서는 처음으로 미국 대통령의 서한을 공식적으로 받아보는 순간이었다. 같은 날, 한미 양국은 1994년도 T/S 훈련을 취소한다고 발표했다. 11월 1일 북한은 모든 핵활동의 동결을 선언했다. 북한은 마침내 미국과 일정한 공식관계를 수립하는 데 성공했다. NPT 탈퇴를 선언한 때로부터 약 1년 반, 북경에서 어렵게 참사관급 접촉을 시작한 때로부터는 약 6년만이었다.

5. 소결론 : NPT 탈퇴 선언을 통한 정면돌파

북한의 NPT 탈퇴 선언은 NPT 체제의 무기한 연장을 추진하던 미국에게 큰 도전이었다. 북한의 핵무기 개발을 저지하는 데 더하여 NPT 체제의 유지 강화를 위해서도 북한의 NPT 탈퇴는 막아야 했다. 이때까지 미국은 IAEA 사찰과 남북비핵화공동선언 이행을 통해 문제를 해결하려고 했지만, 이제는 스스로 전면에 나서기로 했다. 북·미직접대화가 시작되었다. 북한은 드디어 미국을 움직일 수 있는 패를 가졌다는 것을 확인했다.

일단 미국과 직접대화에 들어간 북한은 이듬해 10월 제네바합의에 도달할 때까지 여기에 모든 역량을 집중했다. 핵문제 해결을 위해서는 IAEA 사찰과 남북비핵화공동선언 이행이 실천적인 과제였고, 미국은 북한이 남한 및 IAEA와 문제를 해결할 것을 요구했지만, 북한은 미국의 요구에 따르지 않았다. 핵문제는 미국과 해결할 문제라면서 미국과의 협의에 모든 카드를 총동원했다. 북한이 핵무기를 만들도록 내버려

---

444 "친애하는 지도자 김정일 동지께 미합중국 대통령이 담보서한을 보내여왔다", 『로동신문』, 1994년 10월 23일 1면. 북한은 이 날자 로동신문 1면에 클린턴대통령이 김정일 위원장 앞으로 보내는 서한을 톱으로 하여 북·미제네바합의 전문을 게재했다.

둘 수 없다는 한국과 주변의 안정을 바라는 중국이 미국을 협상장으로 밀어내고 북한과 협상을 계속토록 하는 데 일조했다.

무엇보다 북한은 모든 역량을 미국과의 협상에 집중했다. 북한은 1992년 후반 북·일국교정상화 교섭이 핵문제로 좌초하는 것을 보았다. IAEA 임시사찰을 통한 핵문제 돌파 시도도 미국의 벽에 막혔다. 북한으로서는 미국과의 협상과 관계개선을 사활적인 요소로 보지 않을 수 없었을 것이다. 북한의 NPT 탈퇴로부터 1994년 10월 제네바 합의 체결까지 약 1년 반에 걸쳐 전개된 우여곡절의 많은 부분은 미국과의 협상에 모든 것을 거는 북한을 상대로, 미국과 IAEA 및 남한이 벌인 게임으로 설명할 수 있다.

북한이 모든 문제를 미국과 해결하기를 원한 반면, 미국은 냉전 후 비확산체제를 강화하려는 IAEA의 위상과 동맹국인 한국의 이해를 감안하려고 애썼다. 1, 2단계 협의를 거치면서 미국은 북한으로 하여금 IAEA 및 남한과 사찰 문제를 해결하도록 압박했고, 그것을 해결한다는 전제하에 경수로 제공을 포함하여 핵문제를 근원적으로 해결키로 했다. 문제는 북한이 미국을 직접대화로 불러낸 수단이 바로 핵무기 개발 위협이었다는 사실이었다. 미국이 북한에게 IAEA 및 남한과 이 문제를 해결하라고 요구했지만, 북한은 그렇게 해서는 미국과의 관계개선을 얻을 수 없다고 생각했다. IAEA·북한 간의 핵사찰 협의와 남·북 간의 상호사찰 대화가 순조롭게 진전될 수 없는 구조가 이미 존재하고 있었다.

둘째, 북한은 미국과의 직접협상을 위해 IAEA나 남한과의 협의는 최대한 회피했다. 2단계 북·미회담을 마치면서, 강석주는 북한이 NPT에 잔류하는 문제가 "미국의 핵위협과 IAEA의 불공정성을 얼마나 해소할 것인가에 달려있다"고 주장했다.[445] 북한은 IAEA와 협의할 사안이 특별사찰 이행이 아니라 IAEA의 불공정성 해소라는 입장이었다.

북·미합의에 따라, 1993년 9월 1-3일간 IAEA·북한 협의가 개최되었지만, 북한의 NPT상 지위와 사찰 범위에 관한 근본적인 입장 차이만 확인했을 뿐이었다. 이 과정에서 IAEA와 미국은 「안전조치의 계속성」이라는 전례없는 개념을 만들어 사찰의 형태를 유지하려고 애쓸 수밖에 없었다. 남북대화에서도 사정은 비슷했다. 남 측은 8월 4일 JNCC를 재개하자고 제의했으나, 북 측은 특사교환을 통해 남북정상회담을 마련하고 여기에서 모든 문제를 논의할 수 있다면서, 특사교환의 전제조건으로 핵전쟁연습중단, 국제공조 중단, 범민족대회 허용 등을 요구했다. 3단계 북·미고위급회담이 예정되었던 9월 20일이 지나고 10월에 들어서도 실무접촉이 계속되었으나, 특사교환에서 논의할 의제와 전제조건 문제로 진전을 보지 못했다. 급기야 북한은 11월초 권영해 국방장관의 발언을 문제 삼아 남북회담을 중단시켜 버렸다.

　IAEA-북한 및 남북대화가 교착되면서, 한미 양국은 「선 핵문제 해결」입장을 변경하여 양측의 요구사항을 포괄적으로 논의하자는 일괄타결 방안을 검토하기 시작했다. IAEA 사찰, 남북대화, T/S 훈련 중단 및 3단계 북·미회담 개최를 동시에 실시한다는 '동시행동조치'를 취하고, 이어 3단계 회담에서 핵문제 해결에 포함되는 모든 요소를 망라하여 일괄타결하자는 것이었다. 또 다시 IAEA 사찰과 남북대화가 문제로 되었다. IAEA 사찰의 성격과 범위를 제한하려는 북한과 이를 정상화하려는 미국의 입장이 줄다리기 했고, 특사교환을 가급적 앞당겨 남·북 간에 핵문제를 논의하겠다는 남한과 이를 피하려는 북한이 대립했다. 북한은 IAEA 사찰의 범위를 제한하고 시료 채취를 허용할 수 없다고 했으며, 남북이 직접 핵문제를 논의하는 것도 거부했다. 결국

445　"U.S.-North Korea Meeting Yields Some Gains on Arms", *The New York Times*, July 20, 1993.

1994년 4월 15일 남한은 「선 특사교환」입장을 철회했다. 북한은 북·미대화로 가는 과정에서 남북대화라는 걸림돌을 제거하는 데 성공했다.

남한이라는 장애물을 제거한 북한은 이제 IAEA를 배제하는 데 집중했다. 북한핵개발의 실체를 알 수 있는 방법은 2개 의심장소에 대한 특별사찰과 5MW 원자로의 사용후 연료봉 분석이 있다. 2개 의심장소는 북한이 군사시설이라면서 IAEA 접근을 거부했지만, 5MW 원자로는 의심할 여지없는 사찰 대상이었다. 5MW 원자로의 연료봉을 인출해야할 기술적인 이유가 무엇이었건, 북한은 IAEA 사찰요원의 입회 없이 인출을 단행함으로써 연료봉 분석을 통해 핵개발의 실체를 파악할 수 있는 길을 없애버렸다. IAEA로서는 닭 쫓던 개가 지붕 쳐다보는 격이 되었다. IAEA가 5MW 원자로에 대한 접근을 추구할 동인은 약화되었다. 남은 것은 특별사찰이며, 북한은 이것을 미국과의 협상에서 사용할 카드로 남겨 두었다. 북한은 제네바 합의에서 특별사찰 실시 시기를 '경수로의 핵심 부품이 공급되기 전'으로 설정하여 그 때까지 과거 핵의 실체 규명을 연기하는 데 성공했다.

북한이 북·미직접협상 구도를 추구하는 과정에서 1994년 5-6월 한반도는 일촉즉발의 전쟁 위기를 겪었다. 카터 전 미국 대통령의 중재로 양측은 전쟁 위기를 넘길 수 있었다. 북한의 벼랑끝외교는 성공했다.

절대적인 힘의 열세에 있는 북한이 남한의 의지를 거스르면서 미국과의 직접협상을 할 수 있게 된 궁극적인 원인은 북한에 대한 강압조치가 효과적이지 못하다는 데 있었다. 경제제재는 실행에 옮기기가 쉽지 않았다. 북한 경제는 자력갱생을 원칙으로 한다. 경제제재에서 오는 타격이 크지 않다. 나아가, NPT 체제가 재처리와 농축을 금지하지 않는다는 점도 제재를 어렵게 하는 요인의 하나였다. 남북비핵화공동선언만으로 국제사회의 지지를 규합하는 데는 어려움이 있었다. 군사적 행동을 선택하기는 더욱 어려웠다. 1차 핵위기를 통해 김영삼 대통령이 강경한 입장을 몇 차례 천명했지만, 막상 전쟁 위기가 현실로 나타날 때는 오히려 미국이 일방적인 조치를 취할까봐 경계를 했다. 김영삼 정부는 1994년 2-3월과 5-6월에 걸쳐 적어도 두 번이나 전쟁위기를 겪었고, 전쟁이 일어나서는 안 된다는 입장을 재확인했다. 남한은 전쟁을 할 준비가 되어 있지 않았다.

1994년 10월 서명된 북·미제네바합의는 이러한 북한 측의 입장과 노력의 결과물이었다. 미국은 북한에게 경수로를 제공하기 위해 협력키로 했고, 대북제재 해제와 외교관계 수립을 포함한 정치경제관계의 정상화를 약속했으며, 핵무기로 위협하거나 사용하지 않을 것을 약속하는 클린턴 대통령의 서한을 제공했다. 북한은 국가존립의 위기를 겪었지만, 마침내 남한과 IAEA를 통하지 않고 미국과 마주앉아 한반도 안보문제를 논의할 수 있는 기회를 잡았다. 북·미·중 전략적 삼각관계를 구성하는 가장 중요한 한 축이 만들어졌다.

제7장

북·중동맹의 복원(1993-1994)

1. 한·중수교의 후유증

한·중수교에 대한 북한의 반응은 수교 후 거의 한 달이 지난 9월 18일 전금철 조평통 부위원장이 평양을 방문한 일본 언론인들과 만난 자리에서 나왔다. 전금철은 "남조선이 우리를 고립시키려는 의도를 갖지 않고 통일을 방해하려는 외적 요인을 만들려는 것이 아니라면 반대하지 않는다"고 했다.[446] 10월 1일 김영남은 뉴욕에서 한국기자단과 만난 자리에서 "중국은 자주자립원칙에 따라 외교를 하는 것이고, 우리는 우리식대로 주체사상을 중심으로 모든 정책을 시행하고 있다"고 했다.[447] 한·중수교를 대범하게 받아들이는 듯하지만, 듣기에 따라서는 이제부터 북한과 중국은 '각자 갈 데로 간다'는 뜻이 될 수도 있었다.

한편, 중국 측은 북·중관계를 보존하기 위해 애쓰는 모습을 보였다.

---

446 "북한, 한·중수교 반대 안 해, 첫 공식 반응", 『한겨레신문』, 1992년 9월 19일.
447 "주한미군 문제될 것 없다, 북한 김영남 일문일답", 『경향신문』, 1992년 10월 2일.

8월 25일 우지엔민吳建民 외교부 대변인은 "이제까지 중국과 북한은 훌륭한 관계를 유지했다. 두 나라는 앞으로도 평화공존 5원칙에 따라 선린우호협력관계를 계속 발전시켜 갈 것이다", "북조선과 중국 사이에 이미 서명된 모든 협정과 조약은 앞으로도 변하지 않을 것"이라고 했다.[448] 같은 날, 장쩌민 총서기도 일본 사회당의 다나베 마꼬도田邊誠 위원장을 만난 자리에서 한·중수교는 역사의 흐름으로서 당연한 것이라 하고, 북·일 국교정상화를 촉구하고 북·미관계개선을 기대한다고 말했다.[449] 한·중수교에 호응하여 미국과 일본도 북한과의 관계를 개선해 줄 것을 요청한 것이다. 9월 30일 리펑 총리는 제43회 중국 국경절 연회에서 중국의 대외관계를 설명하는 가운데 북한을 맨 먼저 언급했고, 북한과 "우호협력관계를 발전시키는 것은 중국의 움직일 수 없는 방침"이라고 말했다.[450]

한·중수교와 관련하여, 김영남이 한국기자단을 상대로 의연한 반응을 보였지만, 한·중수교의 파장이 여기서 끝나고 말 일은 아니었다. 한·중수교는 북·중관계에서 큰 획을 긋는 사건이 될 수밖에 없었다. 중국은 '혈맹'과 '순치관계'의 적대적 상대방인 남한과 화해하고 수교했다. 그 과정에서 주한미군을 문제 삼지도 않았다. 북한의 궁극적인 안전보장에 대한 정치적 합의가 마련되지 않은 상태에서, 동맹국인 중국이 한반도의 현상유지에 합의한 것이다. 소련이 남한과 수교한 지 약 2년 만에 중국마저 남한과 수교함으로써 북한은 국제적인 혁명역량이 소멸되어 가는 것을 느꼈을 것이다.

노태우 대통령 방중이 이루어지고 있는 9월 30일, 중국 정권수립

"중국-북한 관계 변함 없다", 『한겨레신문』, 1992년 8월 25일.
"미.일에 대북관계 개선 촉구", 『경향신문』, 1992년 8월 26일.
"「대북한 우호 강화」, 이봉 총리 강조", 『매일경제』, 1992년 10월 1일.

43주년을 맞아 김일성은 장쩌민 총서기, 양상쿤 주석, 완리 전인대 상무위원장 등 중국 지도부에 보내는 축전을 통해 "중국 인민이 나라의 부강발전을 위한 사업에서 거두고 있는 훌륭한 성과들에 대하여 기뻐하고 있으며, 나라의 통일을 위한 당신들의 위업에 련대성을 보내고 있습니다"고 치하했다.[451] 10월 1일 중국 정부 수립 43주년을 맞아 노동신문은 사설에서 "오늘의 국제정세는 의연히 복잡하다. (중략) 조중 두 나라 인민들 사이의 친선협조 관계를 발전시키는 것은 매우 중요하다"고 강조했다.[452] 김일성의 축전에도, 노동신문 사설에도 '혈맹'이라는 표현은 쓰이지 않았다. 1993년 3월 5일 홍콩의 중국계 신문 징빠오 鏡報는 북한이 한·중수교에 항의하여 북·중우호협력조약 파기와 대사 소환까지 제기해 놓고 있으며 12월에는 총 250억위안에 달하는 부채 탕감을 요구했다고 보도했다.[453]

1993년 4월 뉴욕타임스는 한·중수교 직후 서해상에서 북한군이 중국 어선에 총격을 가해 사망자가 발생했고, 9월 노태우 대통령 방중 때 북한이 5명의 암살단을 파견하여 살해를 기도했으나 중국 당국에 의해 좌절되었으며, NPT 탈퇴 당시 3월 11일부터 2주간 북한이 북·중 국경을 폐쇄했다고 보도했다.[454] 4월 27일 워싱턴포스트는 북한의 NPT 탈퇴 철회를 위한 중국 측의 노력이 북한의 외교접촉 거절과 국경지역에서 북한군의 발포로 중국군 수명이 사망한 사건 등 평양측의 완강한 저항으로 성과를 거두지 못하고 있다고 보도했다.[455]

---

451 "위대한 수령 김일성 동지께서 중화인민공화국 당 및 국가령도자들에게 축전을 보내시였다", 『로동신문』, 1992년 10월 2일 1면.
452 "사설-중화인민공화국 창설 43돐", 『로동신문』, 1992년 10월 1일 1면.
453 "'북한, 중에 우호조약 파기요구', 日誌, '작년 한·중수교 항의'", 『경향신문』, 1993년 3월 5일.
454 "China and North Korea: Not-So-Best of Friends", *The New York Times*, April 11, 1993. 노대통령 암살 기도에 대해서는 1992년 10월 국내언론이 보도한 바 있다. "북, 노대통령 방중 때 위해 기도", 『매일경제』, 1992년 10월 24일.

양국관계의 경제적 기반에도 변화가 일어나고 있었다. 1992년 12월 29일 중국 신화통신은 리란칭 중국 대외경제무역부장이 중국을 방문하는 북한 대외경제위원회 강정모 부위원장에게 다음 해부터 무역대금의 현금결제를 시행할 방침을 통보했다고 보도했다.[456] 또한 1993년 1월 3일에는 "강정모 북한 대외경제위원회 부위원장이 지난달 29일 원유를 비롯한 상품들의 수입을 위해 이른 시일 안에 차관공여에 관한 협정을 체결해 줄 것을 중국 측에 요청"했다는 보도가 있었다.[457] 뒤집어 보면 중국 측은 1991년 리펑 총리 방북에서부터 북한 측에게 경화결제를 이야기해 왔으나 실제로 이행하지는 못한 상태에서, 결국 외화가 태부족한 북한이 중국에게 차관 제공을 요구하는 모양이 된다. '경화로 결제할 테니 경화를 빌려 달라'고 한 셈이다.

앞서 언급한 홍콩의 중국계 신문 징빠오鏡報는 1993년 3월 5일자 보도에서 리펑 총리가 2월 어느 외교관계회의에서 한·중수교 이후 "현 수준에서 더 이상 북한과 군사협력을 확대하지 않으며, 남북대화와 한반도의 평화통일을 위한 협상을 지지한다"는 것을 한반도에 대한 기본

---

455 "북한-중국 관계 악화", 『동아일보』, 1993년 4월 29일. 중국 측은 북·중 국경지역에서의 총격설과 관련, "그런 일이 없다"고 공식 부인했다. "중국 국경 충돌 부인", 『동아일보』, 1993년 4월 29일.

456 "Cash Only, No Bartering, China Tells North Koreans", *The New York Times*, December 30, 1992; "중, 대북현금결제 요구", 『경향신문』, 1992년 12월 31일. 이상옥 전 외무장관은 1992년 8월 치엔치첸이 방북하여 김일성을 만나 한·중수교 계획을 통보할 때 "1993년부터 적용하게 되어 있는 경화결제에 대해 전과 같은 우대를 제공"하는 등 경제협력을 계속할 것이며, 또한 북한을 고립시키는 행동을 하지 않을 것임을 언급했다고 한다. 또한, 같은 해 11월 익명의 정부 당국자는 "중국은 최근 우리나라와 외교관계를 수립한 데 대한 북한의 불만을 무마하기 위해 내년부터 적용하려던 무역에서의 경화결제 방식을 일단 연기하기로 하고, 이를 북한 측에 통보한 것으로 알고 있다"고 언급했다. "중, 대북경화결제 연기", 『경향신문』, 1992년 11월 23일. 그러나 신화통신 보도를 중국의 공식발표로 보지 않을 수 없으며, 그렇다면 이상옥 장관이 회고록에서 설명한 치엔치첸의 언급은 경화결제 방침의 변경이 아니라 물품의 가격을 국제가격보다 우대해 준다는 의미로 해석해야 앞뒤가 맞다. 뿐만 아니라, 치엔치첸이 한·중수교와 같은 중대한 사안을 김일성에게 통보하면서 경화결제 유예라는 경제적 혜택을 대가로 제시할 수 있었을까 하는 의문도 남는다.

457 "북한, 중국에 차관 요청", 『한겨레신문』, 1993년 1월 5일.

정책으로 결정했다고 보도했다.[458]

　이상과 같은 보도들의 진위를 일일이 검증하기는 쉽지 않다. 한·중수교 직후 한·중관계와 북·중관계의 분위기가 어수선했던 사정에 비추어 억측과 과장이 많을 수밖에 없을 것이다. 그럼에도 불구하고 이러한 보도가 이어졌다는 사실 자체가 당시 북·중관계의 불편하고 불안정한 분위기를 나타내준다.

　한·중수교 이후 북한은 중국과의 고위급 인사교류를 사실상 중단했다. 다만, 북한은 한·소수교 직후 소련을 대했던 태도와는 달리, 중국과는 일정한 수준의 관계를 유지하는 모습을 보였다. 북한은 중국이 갖는 전략적 의미를 망각하지 않았다. 특히 군사부문의 관계를 유지하기 위해 노력을 기울인 것으로 보인다. 수교 직후인 9월초 북한 해군사령관 김일철 대장을 단장으로 하는 친선군사참관단이 중국을 방문하여 중국 공산당 중앙위 양바이빙楊白氷 비서장과 면담했다.[459] 10월 6일에는 중국 인민해방군 총참모부 장비부장이 이끄는 군사사절단이 방북, 오진우 인민무력부장을 면담했다.[460] 10월 25일 중국 인민해방군의 한국전쟁 참전 기념일을 맞아, 노동신문은 "앞으로도 조·중 두 나라 당과 인민들 사이에 피로써 맺어진 전통적인 친선과 단결이 사회주의, 공산주의 위업의 승리를 위한 공동 투쟁 속에서 더욱 강화 발전되리라고 믿고 있다"는 사설을 게재했다.[461] 국경절 계기 사설에는 없던 '피로써 맺어진'이라는 표현이 나타난 것이 특이했다. 11월 24일에는 북한 인민군 부총참모장 전재선 대장이 이끄는 군사친선대표단이 방중했다.[462] 단, 이러한 교환 방문에서 북한이 군사협력 강화로 이어질

458　"북한과 군사협력, 중국 확대 않기로", 『동아일보』, 1993년 3월 5일.
459　"북한-중국 군사교류 불변", 『한겨레신문』, 1992년 11월 29일.
460　"방북 중국 군사사절단, 오진우 무력부장 접견", 『동아일보』, 1992년 10월 7일.
461　"사설-조중친선의 역사 우에 길이 빛날 위훈", 『로동신문』, 1992년 10월 25일 1면.

수 있는 실무단 파견에 치중한 반면, 중국은 북·중유대를 상징적으로 나타내는 우호대표단 파견에 치우치고 있었다.[462]

한·중수교 이전 연 2회의 정상회담을 가지면서 긴밀하게 작동하던 북·중 간의 협력 및 협의체제는 한·중수교를 계기로 사실상 붕괴했다. 한·중수교의 후유증은 이듬해 상반기로 이어졌다. 북·중관계는 사상 최저점으로 떨어졌고, 동맹은 형해화되었다.

2. 북·중동맹의 복구

한·중수교로 인한 북·중 간의 불편한 관계가 고위급 인사교류에서 일정 부분이나마 회복된 것은 그로부터 1년이 지난 다음, NPT 탈퇴 문제를 둘러싸고 북한과 미국이 고위급 접촉을 시작할 무렵이었다.[464] 리슈정李淑錚 중국 공산당 대외연락부장 일행이 방북, 6월 11일 주북한 중국대사관에서 열린 김정일 중국 방문 10주년 기념 영화감상회와 사진전시회에 참석했다.[465] 리슈정은 건배사에서 "김정일 동지께서 다시 한 번 중국을 방문"하기를 희망했으며, "피로써 맺어진 중조 두 당, 두 나라 인민들 사이의 친선을 중시하고 있다"고 강조했다. 중국 외교부의 탕쟈시엔 부부장이 동행했다.

중국은 1993년 7월 27일 북한의 「조국해방전쟁 승리 40주년」을

---

462   "북한-중국 군사교류 불변", 『한겨레신문』, 1992년 11월 29일.

463   이종석, 『북한-중국 관계 1945-2000』(서울: 중심, 2000), p. 281.

464   북한이 NPT 탈퇴에 앞서 중국에게 '탈퇴할 가능성이 있다'는 것을 설명했으며, 탈퇴 직전에도 다시 통보한 것으로 미 정부 소식통이 확인했다고 일본의 마이니찌신문이 워싱턴 발로 보도한 바 있으나 보도의 사실 여부는 확인되지 않았다. "북 核擴禁 탈퇴, 중국 측에 사전 통보", 『경향신문』, 1993년 3월 21일.

465   "김정일 동지 력사적인 중국 방문 10돐 기념행사", 『로동신문』, 1993년 6월 14일 2면.

기념하여 후진타오 공산당 상무위원과 츠하오티엔 국방장관을 단장과 부단장으로 하는 사절단을 파견했다. 북한이 중국 측에 고위당정대표단 파견을 요청했다고 한다.[466] 대표단은 북한 방문 직전 단둥에서 "새로 개건확장된 항미원조기념관 개관식"을 가졌다.[467] 이어 도착 당일인 7월 26일 대성산혁명열사능과 우의탑에 헌화했다.[468] 노동신문은 7월 27일 중국 대표단을 위해 개최한 연회에서 북 측 대표인 노동당 중앙위 계응태 비서가 "중국인민지원군 용사들이 우리 인민군대와 한 전호속에서 생사고락을 같이하며 자기 수령의 가르치심에 충실했으며 국제주의의 산 모범을 보여 준 바에 대해서와 우리 인민의 전후복구건설을 성심성의로 도와준데 대하여 언급하고 자기의 고귀한 청춘과 생명을 바쳐 싸운 중국인민지원군 용사들의 불멸의 위훈은 우리 인민의 기억속에 영원히 간직되어 있다"고 말했으며, 후진타오는 "중조 두 당과 두 나라, 두 인민들 사이의 친선과 협조를 부단히 공고발전시키는 것은 중국 당과 정부의 확고부동한 방침이라고 하면서 준엄한 력사의 시련을 이겨내고 두 나라 인민들의 마음속에 깊이 뿌리내린 전통적인 중조친선이 두 나라 령도자들의 따뜻한 배려 밑에 앞으로도 반드시 계속 공고발전되리라는 것을 확신한다"고 말한 것으로 보도했다.[469]

북·중관계는 이 시기를 전후하여 조금씩 회복 기미를 보이기 시작했다. 9월 24일 챠오종화이 喬宗淮 신임 중국대사의 신임장을 받는 자리에서,

---

466 김하중 구술·김한권 면담, 『한국 외교와 외교관: 김하중 전 통일부 장관: 한·중수교와 청와대 시기』(서울: 국립외교원 외교안보연구소 외교사연구센터, 2018), p. 152.

467 "항미원조기념관 개관식 성대히 진행", 『로동신문』, 1993년 7월 30일 5면.

468 "중국인민공화국 당 정부대표단이 대성산혁명렬사능과 우의탑에 화환을 증정", 『로동신문』, 1993년 7월 27일 7면.

469 "조선로동당 중앙위원회와 공화국 정부에서 중국의 대표단들을 위하여 연회를 차렸다", 『로동신문』, 1993년 7월 29일 3면.

김일성은 "조중 양국국민은 한 집안 사람이자 친형제로 더욱 단결, 공고하게 사회주의를 지키고 건설해 나가야 할 것"이라 했고, 챠오종화이는 "양국 간 우의는 모택동, 등소평, 주은래 등 혁명 1세대와 김 주석이 공동으로 발전시킨 것으로 전통적 우의를 더욱 공고하게 발전시키는 것이 중국정부의 확고한 방침"이라고 응답했다.[470] 9월 27일 중국 공산정권 수립 44주년 기념 리셉션에서 정준기 북한대외문화연락위원장은 "국제정세가 복잡하지만 전통적인 조중친선은 오늘도 계속 좋게 발전하고 있다"고 했으며, 챠오종화이 대사는 "중조친선은 반드시 대를 이어 전해질 것"이라고 화답했다.[471] 11월 5일에는 중국군사사절단이 방북했으며, 신화통신은 김일성이 11월 8일 대표단장인 중국 군원로 홍쉐즈 정협 부주석 겸 과학군사학회 고급고문을 접견했다고 전했다.[472]

북·미 간 일괄타결 논의가 합의와 파기를 반복하면서 낙관적인 전망과 비관적인 전망이 교차하던 1994년 1월, 한·중수교 이후 최고위급의 북한 인사가 중국을 방문했다. 1월 15-22일간 황장엽 노동당 비서 겸 최고인민회의 외교위원장이 방중, 장쩌민을 면담하고, 주하이 경제특구를 시찰했다. 1월 17일 황장엽을 만난 장 주석은 "양국 간의 전통적 우호관계가 양 공산당 원로 지도자들에 의해 설립, 공고화되었으며 이 관계는 피로써 맺어진 관계로서 이의 발전을 위해 최선을 다할 것"이라 했으며, 황장엽은 "중국적 특색을 지닌 사회주의 건설에서 중국이 이룩한 성과를 찬양"했다.[473] 황장엽 방중 시 전체 일정을 동행했

470 "위대한 수령 김일성 동지께 우리나라 주재 중화인민공화국 신임 특명전권대사가 신임장을 봉정했다", 『로동신문』, 1993년 9월 25일 1면; "북·중 관계개선 움직임 분주", 『경향신문』, 1993년 10월 10일.
471 "중화인민공화국창건 44돐에 즈음하여 연회", 『로동신문』, 1993년 9월 28일 4면.
472 "중국 군사사절단 북한 방문", 『한겨레신문』, 1993년 11월 9일.
473 "북-중국 우호협력 불변, 강택민 황장엽 접견, 중앙통신 보도", 『동아일보』, 1994년 1월 19일.

던 리슈정李淑錚 대외연락부장이 2월 22일 다시 북한을 방문했다.[474]

이 즈음하여 북한은 한·중수교와 한·중관계 발전에서 오는 상처를 극복하고 중국의 개혁개방에서 오는 충격을 점차 벗어나기 시작했을 터였다. 동북아 정세가 급변하고 있는 상황에서 북한은 중국이 사실상 유일한 강대국 후원국이라는 현실을 수용하지 않을 수 없었을 것이며, 중국도 북한의 전략적 중요성을 감안하여 양국관계 개선에 더 적극적으로 나왔을 것이다. 2월 1일 공관장회의 참석차 일시 귀국한 황병태 주중대사는 "한때 북한이 중국을 '배신자'라 비난할 정도로 악화되었던 관계가 황장엽 북한 노동당 비서의 중국 방문을 계기로 완전정상화된 것으로 보인다"고 평가했다.[475] 1994년 3월 중국이 북한에 제공하는 특수항목 차관에 관한 중화인민공화국 정부와 조선민주주의인민공화국 정부 사이의 협정을 체결하고 다음해 1월 같은 내용의 협정을 다시 체결했다.[476]

북한에 대한 안보리 제재조치가 논의되고 한반도에 일촉즉발의 위기가 고조되는 상황에서, 1994년 6월 6–10일간 최광 북한 인민군 총참모장이 중국을 방문했다. 중국 측에서 장완니엔張萬年 인민해방군 총참모장이 영접했고 장쩌민 총서기가 최광을 접견했다.[477] 최광 총참모장의 방문은 북·중 간의 '혈맹관계'를 재확인하는 계기가 되었다. 장쩌민 총서기는 최광 면담에서 "피로 맺은 양국관계를 더욱 강화 발전시키는 것이 중국의 흔들리지 않는 정책"임을 강조했다.[478] 최광 방중에

---

474 "중국공산당중앙위원회 대외연락부장 일행 도착", 『로동신문』, 1995년 2월 23일 4면.
475 "북한-중국 관계 완전정상화, 김 대통령 방중 실무 작업 매듭", 『한겨레신문』, 1994년 2월 1일.
476 이종석, 『북한-중국 관계 1945-2000』, p. 279.
477 "북 군사대표단 방중", 『동아일보』, 1994년 6월 7일; "북·중 혈맹관계 재확인", 『한겨레신문』, 1994년 6월 8일.
478 "China Tells Why It Opposes Korea Sanctions", *The New York Times*, June 13, 1994.

대한 북한 언론 보도는 없었으며, 중국 측도 양측이 논의한 실질적인 내용에 대해서는 공개한 것이 없다. 그러나 수 년 만에 이루어지는 군 최고수뇌부의 교류에서 군사협력과 지원문제가 논의되지 않았을 리 없다. 경제발전을 위해 대외환경의 안정을 필요로 하는 중국이 북한의 도발을 부추길 정도의 지원을 약속하지는 않았겠지만, 실질적이고 상징적인 측면에서 북·중관계의 특수성을 보여 주는 조치는 취했다고 보아야 할 것이다. 최광의 방중이 끝날 무렵 장쩌민 주석은 일본 NHK 방송 회견에서 "중국은 《제재》에 찬성하지 않는다. 그것은 《제재》가 문제 해결에 도움을 주지 못하고 오히려 사태가 격화되어 각 측이 바라지 않는 엄중한 후과를 초래할 수 있기 때문"이라고 말했고, 이 내용은 6월 11일 노동신문에 그대로 보도되었다.[479] 한반도 위기가 최고조에 달하고 있던 때 중국 최고지도자가 이러한 메시지를 발송하고 북한 언론이 이를 보도한 것이 우연은 아니었을 것이다.

1994년 7월 8일 김일성 사망에 대해 덩샤오핑은 바로 다음날 조전을 보내 "김일성 동지의 서거는 조선인민이 위대한 수령을 잃은 것으로 되며 저에게도 한 분의 친근한 전우와 동지를 잃은 것으로 됩니다"고 했다. 7월 10일 장쩌민 총서기, 리펑 총리, 차오스 전인대 상무위원장 공동명의의 조전을 보냈다. 김일성에 대해 "한 생을 오로지 조선인민의 민족해방을 이룩하고 독립을 수호하며 사회주의를 건설하는 거창한 위업에 바치시어 불멸의 력사적 공헌을 하시였습니다"라고 찬양하고, "조선인민이 김일성 동지의 뜻을 이어 김정일 동지를 수반으로 하는 조선로동당 중앙위원회의 두리에 굳게 뭉쳐 자기 조국을 훌륭히 건설하고 조선반도의 공고한 평화를 이룩하기 위하여 계속 전진하

---

[479] "중국은 《제재》에 찬성하지 않는다 - 대화와 협상을 견지하는 것이 문제해결의 효과적인 방도이다: 강택민 동지가 조선반도의 핵문제와 관련한 중국의 립장을 천명", 『로동신문』, 1994년 6월 11일 6면.

기를 굳게 믿습니다"고 하여 김정일 체제를 인정하는 모양새를 취했다.[480] 7월 11일 장쩌민 총서기가 주중북한대사관이 마련한 조문소에 조문했으며, 유럽순방에서 돌아온 리펑 총리가 7월 13일 차오스 상무위원장 등과 함께 조문했다. 중국은 김일성이 사망한 어려운 시기에 가장 먼저 후계체제를 안정시키고 평화와 안정을 강조하는 모습을 보임으로써, 김일성 생전부터 추구해 온 한반도에 대한 외교목표를 이룰 수 있도록 북한의 새로운 정권과 관계를 구축코자 했다.

북·미고위급회담이 재개되고 핵문제 해결이 가닥을 잡아가던 1994년 9월 7일 조선중앙방송은 「동지적 우정과 혁명적 의리에 기초하고 있는 불패의 조중 친선」 제하의 논설을 통해 "조중 두 나라 인민들 사이는 진정한 혁명적 동지들 사이에서만 있을 수 있는 특별한 친선 관계"라고 강조했다.[481] 9월 27일에는 이종옥 부주석이 당정 대표단을 인솔하여 8일간의 일정으로 중국을 방문했다. 김일성 사후 최고위급으로서 10월 1일 중국 건국기념행사 축하가 목적이었다. 9월 29일 평양 인민문화궁전에서 개최된 중화인민공화국 창건 45주년 기념행사에는 김영남 부총리 겸 외교부장이 참석했으며, 양측은 "피로써 맺어진 전통적인 친선과 단결"을 위하여 건배를 했다.[482] 북·중 간의 인적 교류는 계속 확대되어 1994년 10월 북한이 초청한 20개 외국대표단 가운데 8개가 중국 대표단으로 집계되었다.[483] 이로부터 1년여가 지난 1995년 10월 장쩌민 총서기는 노동당 창립 50주년에 즈음하여 김정일 앞으로 보낸 축전을 통해 "중조 두 나라는 산과 물이 잇닿아 있는 친선

---

[480] "중국의 등소평 동지와 당 및 국가령도자들이 조전을 보내여 왔다", 『로동신문』, 1994년 7월 10일 1면.
[481] "북, 대중 협력 강조", 『경향신문』, 1994년 9월 8일.
[482] "중화인민공화국창건 45돐에 즈음하여 연회", 『로동신문』, 1994년 9월 30일 4면.
[483] "북·중 인적교류 최근 들어 활발", 『매일경제』, 1994년 10월 22일.

적인 린방"이라 하고, "오늘의 복잡다단한 국제정세 하에서 중조친선을 수호하고 강화하며 부단히 공고발전시키는 것은 우리 두 당, 두 나라 인민들의 근본리익에 부합"되는 것이라고 유대를 강조했다.[484]

전체적으로 볼 때 한·중수교 직후 단절위기에 갔던 북·중관계는 1993년 7월 후진타오 방북을 전후로 호전되기 시작하여 점차 개선되는 모습을 보여주었다. 그럼에도 불구하고, 정상간의 교류는 2000년 5월 김정일 위원장이 중국을 방문할 때까지 회복되지 않았다. 또한, 북·중관계가 한·중수교 이전의 수준으로 돌아가기를 기대하기도 어려웠다.

첫째, 한·중수교는 북·중 간의 전략적 이해가 다를 수 있다는 것을 명백하게 보여주었다. 북한 핵문제를 둘러싸고 긴장이 고조되던 1994년 6월 16일 중국 외교부 대변인은 북한이 전쟁에 휩쓸릴 때 중·조원조조약에 의해 중국이 의무적으로 개입하는 「자동개입 조항」이 있느냐는 기자 질문을 받고, "내가 알고 있는 한 그런 조항은 없다"고 답변했다.[485] 북·미 3단계회담이 일시 휴회중이던 8월 30일~9월 2일간 송호경 북한 외교부 부부장이 방중했다. 송 부부장은 8월 31일 탕쟈시엔 부부장과 회담했으며, 9월 1일 선궈펑 중국 외교부 대변인은 송호경의 방문 주목적이 휴전협정을 대체할 새로운 협정에 관해 중국 측에 설명하는 데 있었다고 언급했다.[486] 같은 9월 1일 신화통신은, 이날 있었던 송호경과 탕쟈시엔 부부장 사이의 회담 결과에 따라, 중국이 판문점 군사정전위원회로부터 인민지원군 대표단을 소환하기로 결정했으며, 이는 북한이 이미 군사정전위 대표를 대신할 인민군 대표부를 설치했고

---

484 "위대한 령도자 김정일동지께 중국 공산당 중앙위원회 총서기가 축전을 보내왔다", 『로동신문』, 1995년 10월 10일 3면.

485 "한반도 유사 시 「자동개입」 없다", 『경향신문』, 1994년 6월 17일.

486 "휴전협정 대체 논의, 북한대표 방중 활동", 『한겨레신문』, 1994년 9월 2일.

군사정전위의 기능이 사실상 정지되어 있다는 점을 감안하여 내린 결정이라고 설명했다.[487] 한국 외교부는 논평을 통해, 중국의 조치에 강력한 유감을 표시하면서, "중국의 이번 결정이 현 정전협정의 효력에 어떠한 영향도 끼치지 않을 것"이라고 했으며, 중국도 판문점 대표단을 소환하지만 "새로운 평화협정이 체결되기 전까지는 정전협정이 계속 유효하고 협정 당사자들은 협정 내용을 반드시 준수해야 한다"고 강조했다.[488]

둘째, 이때까지도 북·중 간의 소통은 완전히 회복되지 않았다. 1994년 8월 24일 치엔치첸 부장은 일본의 미츠즈까 히로시三塚博 전 외상과 면담하면서, 북한에서 새 지도체제가 발표되지 않고 있는 것이 '이상한 일'이라 말했다고 지지時事통신이 보도했다.[489] 이 사례는 북한의 권력승계 동향에 관해 중국조차 감을 잡지 못하고 있었음을 나타내며, 북·중 최고상층부에서 대화가 이루어지지 않고 있었다는 것을 확인해준다. 고위급 인사교류가 없는 만큼 원활한 소통이 이루어질 수 없었던 것은 당연하다.

셋째. 북한이 극심한 경제난에 처해 있을 때도 중국이 국가적인 차원에서 최대한의 지원을 하지는 않았다. 또한 이 시기에 북한이 중국의 경제적 지원을 얼마나 요청했는지도 불분명하다. 1994년 9월 6일 중국 흑룡강성방송은 7월초 이성대 북한 대외경제위원장이 중국 측에 경제원조 확대를 요청했고 중국 측이 이에 동의했으며, 중국 측은 김일성 사후 조선에 대한 원조를 늘릴 결의를 채택하고 양곡, 석유의 공급을 증가했다고 보도했다.[490] 또한, 중국은 북한의 강력한 요청에 따라 식량

---

487 "정전협정 체제 급변 가능성", 『한겨레신문』, 1994년 9월 3일. .
488 "중국 외교부, 새 평화협정 때까지 현 협정 준수돼야", 『동아일보』, 1994년 9월 3일.
489 "중, 북한 권력 승계 지연 당혹", 『한겨레신문』, 1994년 8월 26일.
490 "북, 대중협력 강조", 『경향신문』, 1994년 9월 8일.

70만톤, 유류 130만톤을 제공키로 합의했다는 보도도 있었다.[491] 그럼에도 불구하고, 중국은 북한이 필요로 하는 전량을 공급해 주지 않은 것은 분명하다. 9월 9일자 신화통신은 북한이 방글라데시와 구상무역으로 쌀 수입을 추진하고 있으며, 총 5,600만 불 상당의 구상무역 중 3,700만 달러가 쌀이 될 것이라고 보도했다.[492] 신화통신의 보도는 당시 중국이 북한의 식량난이 심각하다는 것을 알고 있었지만, 북한이 필요로 하는 전량을 지원하지는 않았던 것을 시사하고 있다.

핵위기를 통해, 중국이 북한에게 적극적인 방식으로 대화를 시도한 몇 가지 사례가 있다. 1994년 3월 24일 우지엔민 외교부 대변인은 정례 기자회견에서, 중국은 '한반도의 안정유지가 지역평화에 매우 긴요하고, 한반도의 비핵화를 지지하며, 북한과의 우호관계를 존중한다'는 세 가지 기본입장에서 출발하여 현재 북한을 상대로 핵문제를 평화적으로 해결하기 위해 접촉 중에 있다고 밝혔다.[493] 이 접촉이 어느 정도 수준에서 이루어지고 있었는지에 대해서는 설명하지 않았다. 또한 이러한 접촉으로부터 의미 있는 결과가 있었는지를 가늠하기는 쉽지 않다.[494] 1994년 5월 9일 장팅옌 주한중국대사는, 중국이 북한에게 5MW 연료봉 인출을 자제할 것을 요청했다고 홍순영 외무차관에게 설명했다.[495] 한국 측의 요청에 따른 것이었으며, 북한 측 반응이 어떠

---

491 "중, 북에 식량, 유류 원조, 중경 소식통", 『동아일보』, 1994년 9월 17일.
492 "구상무역 형식, 북한 방글라 쌀 구입 추진", 『동아일보』, 1994년 9월 11일.
493 "중, 「북과 핵 접촉」", 『동아일보』, 1994년 3월 25일.
494 유엔안보리 의장성명이 채택된 3일후, 중국이 한국전쟁에 참전한 퇴역 장성을 활용하여 북한으로 하여금 경제개혁과 정치적 개방 및 비핵군사전략을 모색하도록 조용한 외교를 전개하고 있다는 보도가 있었다. 이들 중국 장성은 1992년까지 중국군의 병참을 담당한 Hong Xuezhi 장군과 오랜 동안 참모차장을 지낸 Xu Xin 장군이라 했다. 중국은 또한 북한군 장성들을 초청하여 경제개발 현장을 보여주기도 한다고 보도했다. 다만, 이러한 메시지가 북한 측에 전달되고 있는지에 대해서는 중국 측도 확신할 수 없다고 부연했다. "China's Balancing Act: Trying to Chastise an Old Ally", *The New York Times*, April 3, 1994.
495 "중, 북 핵연료봉 교체 자제 요청", 『동아일보』, 1994년 5월 11일.

했는지에 대해서는 밝혀진 것이 없다. 6월 10일 탕쟈시엔 외교부 부부장은 주중북한대사를 초치하여 중국의 인내심이 소진되고 있다고 경고했으며, 이와 관련하여 6월 28일 LA타임스는, 김일성-카터 회담전 중국 측이 주중북한대사에게 미국과의 타협이 건설적이며 중국은 북한의 대미강경책을 무한정 지원할 수 없다는 경고성 메시지를 전달했다고 보도했다.[496]

　9월 23일 제네바에서 3단계 북·미고위급회담이 속개되고 나서 제네바합의에 이르기까지 한미 양국은 적어도 3회에 걸쳐 중국 측과 협의했으며, 매 계기마다 북·중 간에도 핵문제를 둘러싼 교감이 있었다고 추측할 수 있다. 9월 26일 강석주가 5MW 원자로를 재가동하겠다는 새로운 입장을 내놓았을 때, 미국 측은 주제네바중국대사에게 "북한의 새로운 입장이 대화의 기초를 파괴할 수 있다"는 경고를 보냈다.[497] 미국이 중국을 통해 북한에 메시지를 전하고 있었다는 의미가 된다. 9월 30일 제네바회의가 휴회된 직후, 뉴욕에서 한미외무장관이 회동했을 때, 한 장관은 '중국 측에 의하면 북한은 합의를 원하며 강경한 태도는 전술적'이라고 언급했다.[498] 그 사이 한·중 간에 북한 핵문제를 두고 접촉이 있었으며, 같은 사안을 논의하는 접촉이 북·중 간에도 이루어졌을 가능성을 시사한다. 10월 3일 유엔에서의 미·중외무장관 회담에서 미 측은 북한 핵문제가 다시 안보리에 회부되지 않게끔 북한이 융통성을 발휘하도록 중국이 영향력을 행사해 줄 것을 요청했으며,

[496]　Jim Mann, "China Assisted U.S. Efforts on North Korea, Officials Say", *The Los Angeles Times*, June 28, 1994. 박홍서, "북핵 위기 시 중국의 대북동맹안보딜레마 관리 연구: 대미관계 변화를 주요 동인으로", 『국제정치논총』, 제46권 1호(2006.4), p. 112에서 재인용함. "중, 북핵개발 동결 막후 역할, LA타임스 보도", 『동아일보』, 1994년 6월 30일.

[497]　Wit, Poneman & Gallucci, *Going Critical* (Washington DC: Brookings Institution Press, 2004), p. 301.

[498]　Wit, Poneman & Gallucci, *Going Critical*, p. 304.

중국 측은 최근 북한의 이종옥 부주석이 중국을 방문한 기회에 제네바 회담이 진전을 거두기를 바란다고 말했으나 이종옥은 기존 입장을 반복했다고 하면서, 미국이 인내심을 가져야 하며 북한에 대한 중국의 영향력은 줄어들고 있다고 설명했다.[499]

국제사회는 북한 핵문제를 풀어가는 데 있어 중국의 영향력이 중요하다는 시각을 지속적으로 보이면서 중국이 보다 적극적인 역할을 해줄 것을 주문했다. 그러나 전체적으로 볼 때 1993-1994년 핵위기 과정을 통해 중국이 적어도 대외적으로는 적극적으로 개입하려는 모습을 보이지 않았다.

만일 이 시기에 중국이 북한에 대해 보다 더 적극적인 설득과 개입을 시도했더라면 북한이 과연 이를 수용했을까? 한·중수교를 거치면서 북·중 간의 고위급 교류가 사실상 중단되고 중국의 대북 영향력이 약화되었을 뿐 아니라, 북한은 오히려 중국의 영향력을 배제하려는 의도적인 움직임도 보여 주고 있던 상황이었다. 북한은 1994년 4월 중국이 당사자로 되어 있는 정전체제의 무용화를 선언하는 대신, '새로운 평화보장체제 수립'을 논의하기 위한 북·미직접협상을 제의했다. 5월 27일에는 판문점 대표단을 철수시키고 조선인민군 판문점 대표부를 설치했다. 중국과 사전 협의 없이 이루어진 조치들이었다.[500] 1994년 8월 북한은 송호경 부부장을 중국에 파견하여 판문점 중국 대표단의 철수를 요구했고, 중국은 이를 수용했다. 1990년대 초반의 핵문제 논의 과정에서 중국은 북한에게 압력을 넣거나 중재를 강요할 생각이 없었다고 할 수 있다. 그럼에도 불구하고, 중국은 북한의 NPT 탈퇴선언이 있고 난 다음부터 북한과의 관계개선 움직임을 적극화했으며, 북한은

499   Wit, Poneman & Gallucci, *Going Critical*, p. 306.
500   이종석, 『북한-중국 관계 1945-2000』, p. 273.

한반도 핵 위기가 고조되고 있을 때 중국에 적극적으로 다가서는 모습을 보여주었다. 우연의 일치라고 보아 넘기기에는 시점과 정황이 너무나 공교롭다. 이러한 움직임은 양측이 모두 북·중동맹이 갖고 있는 전략적인 함의를 염두에 두고 있었다고 해야 설명이 된다.

그러나 한·중수교 직후의 북·중관계는 양측이 전략적 고려에 따라 움직일지라도 더 이상 '혈맹'으로 돌아갈 수는 없었다고 보아야 할 것이다. 이 시기의 북·중관계를 "전략적 협력관계"라고 본 견해가 있다.[501] 중국의 입장에서 "북한의 국가존립에 관한 문제에 대해서는 자신의 근본적인 이익으로 간주해서 적극 대처하지만, 그 밖의 문제에 대해서는 선택적으로 협력하거나 지원하는 관계"라고 정의했다. 즉, 중국은 북한의 핵개발에 반대하고 남한과 관계개선을 바라며 북한의 개혁개방을 종용하지만, 북한체제가 위기에 처할 때는 대규모 지원을 아끼지 않는다는 것이 중국 입장에서 본 '전략적 협력관계'의 특징이라는 것이다.

한·중수교 이후 북·중관계의 실상을 정확하게 이해하기 위해 당시의 한·중관계와 비교해 보는 것이 유익할 수 있다. 한·중관계는 수교 이후 실질적인 정상화의 길을 밟아 나가고 있었다. 경제협력 부문에서 수교의 효과는 괄목할 만했다. 한·중수교를 결정한 중국의 목표가 경제협력 강화에 있었다면, 목표는 충실하게 달성되고 있었다. 북한이 NPT 탈퇴를 선언한 1993년 한·중 교역은 전년도 63.8억 불에서 42.3%가 늘어난 90.8억 불을 기록했다. 한국의 대중투자도 1991년 4,300만 불에서 1992년 1.4억 불, 1993년 2.6억 불로 급증했다. 1995년 중국은 한국의 해외직접투자 1위 대상국이 되었으며, 1996년에는 한국 해외투자의 46%가 중국에 집중되었다. 적어도 경제부문에서는 국교정상화의 성과가 톡톡히 나타나고 있었다.

---

[501] 이종석, 『북한-중국 관계 1945-2000』, p. 282.

그러나 정치부문의 상황은 한국의 기대를 충족시키기에 많이 부족했다. 수교가 이루어진 한 달 후 노태우 대통령이 중국을 공식 방문했지만 중국은 정상 차원의 답방을 미루었다. 중국의 답방이 없는 상태에서 1994년 3월 27–29일간 김영삼 대통령이 다시 중국을 방문했다. 정상회담의 핵심의제는 북한 핵문제였다. 중국 측은 핵문제 해결을 위해서는 대화가 유일한 길이라 하고, "한반도의 안정이 깨지면 그 피해는 우선 한반도에, 다음으로 중국과 일본에 미치며 세계의 안정에도 영향을 미칠 것"이라고 강조했다. 김 대통령은 "북한을 흡수통일하지 않겠다", "북한의 고립을 진정으로 원하지 않고 우리 스스로 돕겠다"는 입장을 거듭 밝혔다.[502] 중국 측은 남한과의 관계를 심화하는 것보다 북한과의 관계를 회복하는 데 더 관심이 있었던 듯하다. 중국이 한국과 국교를 정상화한 주된 동기가 경제협력이었다고 보면 1990년대 초의 급속한 경제교류 확대로 국교정상화가 소기의 성과를 거두고 있다고 평가하는 중국으로서는 한국과의 정치협력 강화보다 손상된 북·중관계 회복에 더 전념하는 것이 합리적이었을 것이다.

중국이 한국과의 고위급접촉에 정치적인 융통성을 보이기 시작한 것은 김일성이 사망하고 북·미 간 제네바 기본합의서가 합의된 후, 리펑 총리가 1994년 10월 31일부터 11월 4일까지 한국을 방문한 때부터라고 할 수 있다. 이 시기 한반도에 대한 중국 측의 시각에 영향을 미쳤을 수도 있는 사건이 있었다. 김영삼 대통령 중국 방문 중 황병태 주중대사가 언론브리핑에서 한 발언이 국내외에서 논란을 일으켰다. 3월 28일 장쩌민 주석과의 정상회담 뒤 가진 회견에서 김영삼 대통령은 북한 핵문제 해결을 위한 가장 효과적인 방법은 대화라면서 '대화

---

[502] "North Korea Nuclear Chronology", *Nuclear Threat Initiative(NTI)*, p. 484; "중 대화 거론은 안정 강조의 뜻/김 대통령 방중 결산 기자간담회", 『조선일보』, 1994년 3월 31일.

를 통한 해결'을 강조했고, 그날 밤 황병태 대사는 별도 기자간담회에서 다음과 같이 부연설명을 했다.

> 핵문제를 비롯한 남북문제 해결을 위해 중국이 적극적인 중재역할을 하기로 한 것이 한·중정상회담의 큰 성과이다. 북한은 곧 국제원자력기구IAEA와 대화를 시작하게 될 것이다. 북한 핵문제에 관한 한·중 간의 논의는 과거 한·미 간에 협의를 끝낸 뒤 중국 측에 이를 통보하는 방식에서 벗어나 한국이 중국과 처음부터 논의하고 같이 행동해나가야 한다. 이제 한국의 외교는 대미, 대일 일변도에서 탈피해야 한다.[503]

당시 국내의 어느 언론은 "한국 외교정책의 일대전환이 주중대사의 입을 통해 선언되는 순간"이었다면서 이제 한국 외교가 미국과 중국에 비슷한 비중을 두어야한다는 뜻이라고 그 의미를 해석했다.[504] 이 발언은 당일 즉시 황 대사 본인과 청와대 관계자에 의해 철회되고, 이튿날 김영삼 대통령도 "누구나 기본적으로 자신의 의견을 가질 수 있는 일"이라 하여 결국 하나의 해프닝으로 끝나고 말았지만, 당시 황 대사의 발언에 국내적으로 공감하는 의견도 상당했으며, 일부 언론은 오히려 "한국 외교의 균형과 방향감각을 잘 잡은 것"이라고도 평가했다.[505]

이러한 논란은 그 발단과 처리과정이 어찌되었든 한·중정상회담 과정에서 일어난 핵심적인 안보 관련 논란이었던 만큼 중국 측도 당연히

---

503 "북핵 대화해결 거듭 강조/김대통령 북경회견", 『조선일보』, 1994년 3월 31일; "외교전략 「중구난방」 해프닝 - 황병태 대사 「발언파문」 전말, 『동아일보』, 1994년 3월 31일.

504 "북핵정책 어리둥절", 『조선일보』, 1994년 3월 31일.

505 안병찬, "황병태 대사 귀언(鬼言) 안했다", 『시사저널』, 제233호(1994년 4월 14일). 황병태 대사의 발언이 가질 수 있는 외교적인 의미 관련 상세한 논의는 정재호, 『중국의 부상과 한반도의 미래』(서울: 서울대학교출판문화원, 2011), pp. 245-246 참조.

관심을 갖고 지켜보았을 것이며, 한·중 국교정상화가 한국의 정치와 외교에 미치는 함의에 다시 한 번 주목하는 계기가 되었을 것이다.

3. 북한 핵문제에 대한 중국의 입장

북·중동맹이 한·중수교의 후유증을 벗어나는 과정과 동맹 복구의 현주소는 북한 핵문제에 대응하는 중국 정부의 입장에 명확하게 나타났다.

3.1. 북한 핵문제에 대한 중국의 입장(1) :
「한반도 비핵화」 vs 「대화를 통한 해결」

중국은 제1차 북핵위기 전 과정을 통해 나름 일관성 있는 입장을 유지했다. 1994년 3월 28일 한·중정상회담 직후 기자회견에서 장쩌민 총서기는 다음과 같이 북한 핵문제에 대한 중국의 입장을 언급했다.[506]

– 북한 핵문제에 대한 중국의 입장은 한반도의 정세완화와 안정을 희망하고, 한반도의 비핵화를 지지하는 것이다.
– 관련 당사자들이 건설적인 대화로서 해결해야 한다.
– 중국은 이 원칙에 따라 나름의 역할을 할 것이지만, 그 역할은 제한되어 있다.
– 모순을 격화시키는 행동을 취하는 것은 문제해결에 도움이 되지 않는다. 긴장과 불안정으로 가장 먼저 피해를 받는 측은 한민족이다.

---

[506] " '북핵문제 대화 통한 해결을', 강택민 주석 일문일답", 『매일경제』, 1994년 3월 29일.

장쩌민 총서기의 발언은 북한 핵문제에 대한 중국의 세 가지 기본 입장, 즉 한반도 비핵화, 대화를 통한 문제 해결, 그리고, 중국의 영향력에는 한계가 있다는 인식을 가장 전형적으로 보여 준다.

중국은 한반도 비핵화를 지지한다는 원칙을 오래 전에 공식화했다. 1991년 10월 4일 비엔나를 방문한 치엔치첸 외교부장은 "중국은 남북한 어느 쪽도 핵무기를 보유하는 것을 원치 않는다"고 했다.[507] 북한의 핵무기 개발에 반대하는 동시에, 남한에도 핵무기가 없어야 한다는 입장을 천명한 것이다. 이후 한반도 비핵화를 지지한다는 입장은 북한 핵문제 해결에 관한 중국의 기본원칙의 하나로 자리 잡았고, 중국은 기회가 있을 때마다 이를 재확인했다. 1992년 9월 28일 한·중정상회담에서 양상쿤 국가주석은 "중국은 한반도 어느 쪽도 핵무기를 보유하는 것을 찬성하지 않는 입장"이라 했다.[508] 1993년 5월 27일 치엔치첸 외교부장은 서울에서 한·중외무장관회담 후 기자회견에서 북핵문제에 대한 공식 입장을, 첫째, 중국은 한반도 비핵화 실현을 지지, 즉 한반도에 핵이 존재하는 것에 반대하며, 둘째, IAEA·북한 간 핵사찰을 둘러싼 대립은 양측이 협상이나 대화로 해결방안을 찾아야하고, 중국은 압력을 가하는 방법에는 반대한다는 것이라고 설명했다.[509] 한반도 비핵화를 지지하고 대화를 통한 문제해결을 지지한다는 말이다. 1994년 3월 28일 장쩌민 총서기가 이 입장을 재천명한 것은 앞서 본 바와 같다. 한반도 비핵화 지지는 중국의 북한 핵문제, 나아가 한반도 정책에서 기본적인 요소의 하나로 확립되었다.

대화를 통한 해결을 지지한다는 주장은 북한 핵문제에 관한 중국의

---

507 "중국, 북한 핵개발 반대", 『동아일보』, 1991년 10월 5일.
508 "한·중 북경서 역사적인 정상회담, 한반도 비핵화 원칙 합의", 『동아일보』, 1992년 9월 28일.
509 "전기침 중국 외무장관 일문일답", 『동아일보』, 1993년 5월 28일.

입장과 태도를 가장 특징적으로 보여 주는 부분이다. 북한이 NPT 탈퇴를 선언한 직후, 3월 13일 유엔 5개 상임이사국 비공식 협의에서 주유엔중국대표부 측은 "이 문제가 안보리 소관사항이 아니다"는 입장을 강력히 개진했다.[510] 3월 17일 노재원 주중대사가 쉬둔신徐敦信 외교부 부부장을 만나 북한의 NPT 탈퇴 철회를 설득해 주도록 요청했으나, 중국 측은 준전시상태 선포 등 북한내 분위기를 볼 때 지금 설득한다고 해서 성과를 기대할 수 없으며, T/S 훈련이 끝난 다음 4월초 전후로 남북한을 포함한 관련 당사국들이 대화를 통해 문제해결을 모색하는 것이 바람직하다는 견해를 피력했다.[511]

대화를 통한 핵문제 해결을 지지한다는 중국의 입장은 몇 가지 구체적인 형태로 나타났다. 첫째, 중국은 북한에 대한 제재나 압력에 반대했다. 치엔치첸 외교부장은 3월 24일 인민대회당에서 가진 기자회견에서 NPT 탈퇴국가에 대해 제재를 가한다는 규정은 없다면서 북한에 대한 제재에 반대한다는 입장을 분명히 했으며, 리펑 총리도 3월 31일 기자회견에서 북한 핵문제의 안보리 회부에 반대한다는 입장을 천명했다.[512] 4월 15일 탕쟈시엔 외교부 부부장도 요미우리讀書신문 회견에서, "압력을 가하는 형태로 문제를 해결하려는 방식에 반대한다"고 언급했으며, 이는 안보리 회부시 거부권을 행사할 가능성을 내비친 것으로 해석되었다.[513] 리펑 총리는 1993년 10월 22일 니혼게이자이日本經濟신문 회견에서, 북한은 주권국가이기 때문에 명령이나 지시를 할 수는 없다면서, "압력을 가하는 방법은 문제 해결에 도움이 되지 않는다"고 했다.[514] 다음해인 1994년 3월 19일 장팅옌 주한대사는, 북한

---

510 "중, 안보리 회부 반대, 유엔주재 외교관", 『동아일보』, 1993년 3월 13일.
511 "중, 북한 설득 요청 거절, 남북대화로 해결 촉구", 『동아일보』, 1993년 3월 17일.
512 "북한 핵 안보리 회부, 李鵬 총리 반대 밝혀", 『경향신문』, 1993년 4월 1일.
513 "북한 핵 안보리 상정 땐 중국, 거부권 행사 시사", 『동아일보』, 1993년 4월 15일.

핵문제가 대화와 협상을 통해 해결되어야 한다는 것이 중국정부의 입장이라 하고, 중국은 "북한 핵문제의 유엔안보리 회부와 북한에 대한 제재조치에 반대한다"고 말했다.[515] 3월 20일 호소가와細川護熙 일본총리를 맞아 장쩌민 주석은, "중국은 유엔의 대북제재는 물론 이 문제의 안보리 상정도 반대한다"고 하고, "중국이야말로 한반도 비핵화를 그 어느 나라보다도 더 절실히 바라며", "문제를 원만히 풀려면 북한이 원하는 것을 주는 것도 중요하다"고 했다.[516] 이틀 뒤인 3월 22일 리펑 총리는 전인대 폐막 기자회견에서 중국이 "압력에 찬성하지 않는다"고 하고, "북한에 압력을 가한다면 한반도 정세를 악화시키고 긴장을 더할 뿐"이라고 했다.[517] 1994년 3월 28일 한·중정상회담 직후, 중국 외교부 대변인은, 중국은 문제를 복잡하게 만들 수 있는 어떠한 조치에도 반대한다고 하고, "군사훈련이나 미사일 배치 등 한반도의 평화유지와 긴장완화에 해로운 어떤 행동이나 조치도 지지하지 않는다"고 했다.[518]

둘째, 북한에 대한 제재나 압력에 반대한다는 입장에서, 중국은 1994년 3월 IAEA가 안전조치 계속성 단절을 선언했을 때 유엔안보리의 대북압박을 완화하려고 적극 노력했다. 중국은 서방 측이 주장하는 결의안 형식을 반대했고, 서방측안에 포함된 '시한'과 '추가 조치'도 삭제할 것을 요구했다.[519] 중국은 1994년 5월 21일 북한이 5MW 원자로 연료봉의 무단 인출을 시작했을 때도 사안을 안보리에 회부하는 데 반대했다. "기술적 요소의 문제를 유엔안보리에 제기하는 것은

514 "리펑, '북 제재 핵 해결 도움 안돼'", 『한겨레신문』, 1993년 10월 24일.
515 "중국, 「북핵 제재 반대」, 장 주한 대사, 대화 해결 촉구", 『경향신문』, 1994년 3월 20일.
516 "북한, 제재보다 협상을 - 「북핵 안보리 회부」 중국 입장", 『동아일보』, 1994년 3월 22일.
517 "북핵 유엔상정 반대 - 이붕 중국총리 밝혀", 『경향신문』, 1994년 3월 23일.
518 "중, 대북압력행사 거부", 『한겨레신문』, 1994년 3월 29일.
519 "중국, 북핵 담보 「힘 과시」", 『동아일보』, 1994년 4월 1일.

도움이 되지 않을 것"이라는 이유였다.[520] 연료봉 인출이 끝난 다음, 6월 2일 중국은 "우리는 이 시점에서도 (한반도의) 모순을 쉽게 격화시키는 조치에 찬성하지 않는다"고 하면서 제재 반대 입장을 표명했다.[521] 치엔치첸 외교부장은 1994년 6월 7일 중국을 방문한 몰타 총리를 만난 자리에서 "제재는 문제해결의 좋은 방법이 아니라 모순을 격화시키게 된다"고 하고, "중국은 조선의 핵문제가 「삼각 4축IAEA-북한, 남-북한, 북-미」의 범위에서 담판을 통해 해결되기를 바란다"고 말했다.[522] 6월 9일 치엔치첸 부장은 한승주 장관과의 회담에서, "북핵 문제의 심각성을 인정하고 문제 해결을 위해 앞으로 최선을 다하겠다"고 하면서도 한·미 양국에게 대화의 문을 열어둘 것을 강조했다.[523] 6월 10일 장쩌민 주석도 NHK 회견에서 "이처럼 복잡한 사안은 참을성 있게 다룰 필요가 있다"고 하면서, 제재 반대 입장을 거듭 천명했다.[524] 치엔치첸 부장은 6월 12일 가키자와 고지柿澤 弘治 일본 외상을 면담한 자리에서 "제재는 갈등을 더욱 격화시켜 모든 당사국들이 원치 않는 결과를 초래할 수 있다", "관련 당사국들이 인내심을 갖고 대화를 통해 단계적으로 문제를 해결하기 바란다", "북한이 이미 고립되고 국제사회와 접촉이 거의 없기 때문에 제재가 효과가 없을 것"이라고 했다.[525]

셋째, 대화를 통한 해결을 강조하면서, 중국은 관련국 간의 대화를 촉진하기 위한 노력도 기울였다. 앞서 본 것처럼, 4월 21일 방콕에서 개최된 한·중외무장관회담에서 중국 측은 북·미고위급회담이 열릴

---

[520] "북한 핵 연료봉 문제, 중, 안보리 회부 반대", 『한겨레신문』, 1994년 5월 22일.

[521] "중국, 북한 제재 반대 표명", 『한겨레신문』, 1994년 6월 3일.

[522] "중, '북핵 대화해결 희망', 전기침 외교부장, 제재보다 「삼각4축」 협상으로", 『경향신문』, 1994년 6월 9일.

[523] "중국도 북핵 심각성 인정", 『경향신문』, 1994년 6월 10일.

[524] "중국, 「북한 제재 반대」, 장쩌민 국가주석", 『한겨레신문』, 1994년 6월 10일.

[525] "China Tells Why It Opposes Korea Sanctions", *The New York Times*, June 13, 1994; "중 제재 반대 재확인, 대화 해결 거듭 강조", 『한겨레신문』, 1994년 6월 13일.

수 있다면 유엔안보리가 의장성명 형식으로 북핵문제에 대한 입장을 표명하는 데 반대하지 않겠다고 했다. 4월 22일 타노프 국무차관이 방한, 김영삼 대통령을 면담하여 북·미 간 고위급회담을 개최할 용의가 있다고 하면서, "미국이 지금까지 취해 온 입장을 실질적으로 완화하는 이 제의를 하는 것은 중국이 요청해 온 데 따른 것"이라고 설명했다.[526] 북·미협의를 격상하는 문제에 대해서는 1993년 3월 한승주 장관 방미 이래 한미 양측이 긴밀히 협의해 온 것이지만, 미국은 한국이 이 문제를 중재하여 중국으로 하여금 미국에게 요청토록 만들었다는 사실에 유의하는 모습이었다. 미국이 북한과 직접대화를 가질 것이라고 발표했을 때, 중국 외교부 우지엔민 대변인은 정례브리핑에서 이를 적극 환영했다.[527]

넷째, 중국은 북한의 핵능력이나 핵문제의 심각성을 평가절하하는 경향을 보였다. 1994년 2월 19일자 아사히朝日신문은, 중국 외교부가 북한 핵사찰 관련 독자적인 노력을 기울이고 있음을 밝혔다고 보도하면서, 중국내에는 '북한에 핵무기가 없으며 핵카드를 이용하여 미국과 일거에 관계 정상화를 이뤄 체제의 존속을 기하려고 한다'는 분석이 강하다고 보도했다.[528] 1994년 3월 IAEA 안전조치의 계속성 단절 위기가 고조되고 있을 때, 중국 측은 지난 1년 여 동안 다방면에 걸친 탐색 끝에 북한의 핵개발 수준이 탄두개발에는 미치지 못하고 재처리를 하는 수준인 것으로 결론을 내렸다는 보도가 있었다.[529] 다음달 4월 11일 우쉐치엔 부총리는 김영삼 대통령을 예방한 자리에서, "중국은

---

[526] "U.S. Agrees to Discuss Arms Directly with North Korea", *The New York Times*, April 23, 1993.
[527] 1993년 4월 22일 우지엔민 중국 외교부 대변인 성명. "중, 미-북 핵 회담 환영", 『동아일보』, 1993년 4월 23일.
[528] "「중국 북핵 사찰 독자 노력」, 日誌 보도", 『경향신문』, 1994년 2월 20일.
[529] "중, 북 핵탄 개발 수준 못된다", 『동아일보』, 1994년 3월 9일.

북한의 핵개발이 어느 정도인지, 그 진전 여부를 정확히 모르고 있다"고 말했다.[530] 4월말 치엔치첸 외교부장은 중국을 방문한 일본 참의원 대표단과의 면담에서 "북한이 정말 핵무기를 개발하려는 것인지, 아니면 평화적 목적에 이용하려는 것인지, 또는 이를 미국과의 관계개선에 이용하려는 것인지, 정확한 진의를 파악하지 못하고 있다"고 했다.[531] 1차 핵위기 전 과정을 통해 중국은 대화를 통한 문제해결을 주장했으며, 이러한 입장에서 북한 핵문제의 심각성을 완화하려는 경향을 보였다.

마지막으로, 중국은 유엔총회 또는 안보리 토의에서 작지만 상징적인 입장 변화를 보이기는 했다. 앞서 본 대로, 북한의 NPT 탈퇴 직후, 리펑 총리는 안보리 상정에 반대한다는 입장을 밝혔다. 중국은 1993년 4월 1일 IAEA 이사회가 북한을 안전조치 불이행 국가로 지정, 핵문제를 유엔안보리에 회부키로 결의하는 과정에서 반대했다.[532] 그렇지만, 사안이 안보리에 상정되었을 때 중국은 거부권을 행사하지 않았을 뿐아니라, 1993년 4월 8일 안보리가 "북한의 특별사찰 거부와 NPT 탈퇴선언으로 야기된 사태를 우려하고, 사태 해결을 위한 각국의 노력과 IAEA의 계속적인 대북 협의를 권장"하는 의장성명을 채택할 때는 찬성했다. 구속력이 없는 의장성명이지만, 안보리 토의 자체를 반대한 중국으로서는 분명히 입장을 바꾼 셈이다. 다만, 사안의 본질로 보면 중국은 찬성하는 것이 맞다. 중국은 NPT 당사국이고,[533] 1992년 2월 25일 IAEA 이사회가 특별사찰제도를 도입할 때도 이를 지지했다.[534]

---

[530] "중국, 대북영향력 행사 한계", 『경향신문』, 1994년 4월 12일.

[531] "'북핵 실태 몰라', 전기침 밝혀", 『동아일보』, 1994년 5월 1일.

[532] "북핵 안보리 회부", 『동아일보』, 1993년 4월 2일. 34개 이사국 가운데 28개국이 찬성한 이 결의안에 중국은 리비아와 함께 반대표를 던졌다.

[533] 중국은 1992년 3월 9일 NPT에 정식 가입했다.

[534] "북핵 특별사찰 결의", 『동아일보』, 1992년 2월 26일.

의장성명 자체도 북한에게 압력을 가하는 것이라기보다는 대화를 권장하는 것이었을 뿐이다. 중국은 약 한 달 뒤인 5월 11일 안보리가 북한에게 NPT 탈퇴를 재고하고 IAEA 사찰을 수용토록 촉구하면서, 불응할 경우 '다시 심의한다'는 결의안을 채택했을 때 기권했다.[535] '다시 심의한다'는 것이 압력으로 해석될 수 있고, 북한이 반발하고 있다는 점을 감안했을 것이다. 당시 한국을 비롯한 국제사회는 중국이 이 결의안에 거부권을 행사하지 않을까 걱정하고 있었다. 1993년 4월 21일 한·중외무장관회담에서 한승주 장관이 북·미고위급접촉을 수용해 주는 대신 중국이 안보리 결의안에 거부권을 행사하지 않겠다는 약속을 요구한 적이 있다. 사안의 내용을 보았을 때, 막상 표결에 들어갔다면, 중국이 거부권을 행사하기 거북했을 수 있다. 중국은 1993년 11월 2일 유엔총회의 대북결의안 표결에서 기권했다. 이 결의안은 IAEA의 기능과 역할에 대한 신뢰를 표명하고 북한에게 조속히 IAEA 사찰을 수용할 것을 촉구하는 내용이었다. 북한에 제재를 가하는 내용도 없었고, 법적 구속력이 없는 일종의 경고 결의안이었다. 북한만 반대표를 던졌다.

중국은 1994년 3월 21일 IAEA 이사회가 북한의 안전조치 불이행 문제를 안보리에 회부하는 결의를 채택할 때 기권했다. 사안이 안보리에 회부되자 중국은 토의 결과를 「결의」 대신 「의장성명」 형식으로 하고 내용을 가급적 완화하도록 적극 노력했다. 3월 31일 안보리는 IAEA가 사찰을 완료하도록 할 것을 북한에게 촉구하고, 북한이 이를 수용하지 않을 경우 안보리가 추가 심의한다는 내용의 의장 성명을 채택했고, 중국은 여기에 찬성했다. 중국은 IAEA가 추후 계측이 가능한

---

[535] "북핵 결의안 채택, 안보리", 『매일경제』, 1993년 5월 12일. 안보리 15개 이사국 중 13개국이 찬성했으며, 중국과 파키스탄만 기권했다.

방식으로 5MW 연료봉을 인출할 것을 북한에게 촉구하고, 북한이 이에 응하지 않을 경우 안보리가 추가 심의한다는 내용의 5월 30일자 의장 성명에도 찬성했다. 이 의장성명이 향후 북한에 대한 단계적 제재로 이어질 것이라는 당시 전망에 비추어, 한반도 비핵화를 위한 중국의 긍정적인 태도로 평가할 수 있었다. 1994년 6월 9일 한·중외교장관회담에서 중국은 유엔안보리에서의 제재 논의에 대한 찬반 입장을 미리 밝히지 않았지만, 제재에 반대한다는 명시적인 언급도 하지 않았다. 그 대신 한국 측이 의도하는 결의안의 세부 내용에 많은 관심을 보였다.[536] 6월 10일 탕쟈시엔 부부장은 주중북한대사를 불러, 중국의 인내심이 소진되고 있음을 시사하면서 제재 문제를 해결하는 데 있어 중국의 능력이 '제한적'이라고 설명했다. 중국 측은 그 다음날 면담 내용을 미국 측에 설명했다.[537] 안보리의 대북 제재조치의 내용에 따라 중국은 결의안 표결에서 거부권을 행사하지 않을 수 있다는 것을 북한과 미국 양측에 미리 알린 셈이다. 그럼에도 불구하고 중국은 1차 핵위기 전 과정을 통하여 한 번도 북한에 대한 제재에 찬성한다는 입장을 나타낸 적이 없다.

중국은 한반도 상황이 위기로 치닫던 1994년 6월 6-10일간 최광 북한 인민군 총참모장의 방문을 접수했다. 장쩌민이 최광을 접견하고 "피로 맺은 양국 관계"를 강조했다. 국제사회의 대북제재 움직임이 있는 엄중한 상황에서 중국 국가주석이 북한 인민군 총참모장에게 "피로 맺은 관계"를 강조하고, 언론을 통해 이를 보도한 것은 국제사회의 강압에 반대한다는 중국의 분명한 메시지가 담겨 있었다고 보아야 할 것이다.

---

536 "韓외무 귀국회견, '중, 북핵 해결 건설적 역할 약속'", 『동아일보』, 1994년 6월 10일.
537 Wit, Poneman & Gallucci, *Going Critical*, pp. 208-209.

정리해 보면 중국은 1차 핵위기를 거치는 동안 한반도 비핵화를 지지하되 북한 핵문제가 대화를 통해 해결되어야 한다는 기본입장을 견지했다. 북한 핵문제의 유엔안보리 토의에 대해서는 상징적인 수준의 변화를 보였다. 「안보리 논의 반대」에서 「안보리 결의 기권」으로, 다시 「안보리 의장성명 찬성」으로 이동했다. 중국은 북·중동맹의 명분을 유지하면서, 안보리 상임이사국이라는 입장과 북한 핵문제 논의과정을 통한 국제적 위상을 염두에 두고 점진적인 입장 변화를 시도했다고 볼 수 있다.

3.2. 북한 핵문제에 대한 중국의 입장(2) : 「영향력 제한」

1994년 3월 28일 한·중정상회담에서 장쩌민 주석이 북한 핵문제와 관련하여 천명한 세 가지 가운데 나머지 하나는 스스로 북한에 대한 영향력이 제한적이라고 주장한 부분이다. 1차 핵위기 과정에서 중국은 이 말을 여러 번 했다. 북한이 NPT 탈퇴를 선언한 직후, 1993년 3월 17일 한승주 장관은 고려대 특강에서 "중국 측으로부터 북한의 탈퇴 철회 설득을 위해 노력하고 있다는 이야기를 들었다"고 하고, "중국은 자신들이 행사할 수 있는 영향력은 한계가 있으며, 미국과 한국이 관건이라는 입장을 보이고 있다", "특히 미국이 북한과 직접대화를 통해 제의할 것이 있지 않겠느냐"고 한다고 소개했다.[538] 1993년 11월 19일 장쩌민 총서기는 시애틀에서 호소카와 총리를 만나, 중국은 요즈음 김일성에게 영향력이 없으며, 따라서 북한의 행태를 바꾸는 데 별로 도움을 줄 수 있는 입장이 아니라고 말했다.[539] 1994년 4월 11일 우쉐

---

[538] "중, 북-미직접대화 주선", 『동아일보』, 1993년 3월 17일.
[539] "China Chooses Not to Prod North Korea", *The New York Times*, November 28, 1993.

치엔 부총리는 김영삼 대통령 예방에서, "중국의 북한에 대한 영향력 행사에는 한계가 있다"고 언급했다. [540]

1993-1994년 시기 핵문제에 관한 중국의 대북한 영향력을 어떻게 평가할 것인가? 이미 본 바와 같이 1차 핵위기 과정에서 중국은 대체로 사태를 관망하면서 대화를 촉구하는 모습을 보였다.

실제로 한·중수교 시점부터 중국의 대북 영향력은 많이 상실되었다고 보아야 할 것이다. 한반도 전체가 핵문제로 진통을 겪던 1993년 봄부터 1994년 상반기까지 북·중관계는 여전히 불편한 상태에 있었다. 1993년 5월 27일 한·중외무장관회담 직후 기자회견에서, 치엔치첸 외교부장은 '방한 직전 핵문제 협의를 위해 북한에 고위급 인사를 파견했다는 설이 있다'는 질문에 대해 "최근 북한에 대표단을 보낸 일이 없다"고 잘라 말했다. 5월 25일 북한이 부총리급 특사교환을 전격 제의한 것과 관련하여 '북·중 간에 사전조율이 있었느냐'는 질문에는 '한승주 장관으로부터 처음 듣는 이야기'라고 답변했다.[541] 1993년 11월 19일 장쩌민 총서기는 호소가와 총리 면담에서 '중국이 요즈음 김일성에게 영향력이 없다'고 말했다. 치엔치첸 부장은 1년 후인 1994년 3월 16일 "중국은 지금 중재역할을 수행하고 있지도 않을 뿐 아니라, 앞으로도 그 같은 역할을 맡을 계획이 없다"고 말했다.[542] 관련 당사국들 간의 직접대화를 촉구하는 차원에서 나온 발언이라고 볼 수도 있지만, 북한에 대한 직접적인 영향력에 한계가 있다는 말도 된다. 이 시기에 북·중 간에 핵문제를 둘러싸고 긍정적이든 부정적이든 활발한 교류가 이루어졌다고 볼 수 있는 근거는 발견되지 않는다.

---

540 "중국, 대북영향력 행사 한계", 『경향신문』, 1994년 4월 12일.
541 "전기침 중국 외무장관 일문일답", 『동아일보』, 1993년 5월 28일.
542 "중국, 북핵 중재역 거부 - 전기침 외교부장 밝혀", 『경향신문』, 1994년 3월 17일.

중국이 북한과 핵문제 관련 대화를 나누거나 압력을 행사하기 어려웠던 이유로서 또 하나 지적할 것은, 비확산 문제에 관한 중국의 입장이 그다지 당당하지 못했다는 사실이다. 1964년 중국이 최초로 핵실험에 성공한 이틀 후인 10월 18일 노동신문은 "중국에서 성과적으로 진행한 핵시험은 국방력을 강화하여 조국을 보위함에 있어서 중국 인민이 달성한 커다란 승리이며 동시에 전 세계 평화를 수호함에 있어서 중국 인민이 이룩한 커다란 기여"라는 논평을 게재했고, 김일성 내각 수상과 최용건 최고인민회의 상임위원장 명의의 축전까지 보냈다.[543] 중·소분쟁의 와중에서 북한의 지지를 받았던 중국이 지금 와서 북한을 압박하는 데 주저할 수밖에 없다고 하더라도 이상할 일은 아니다. 뿐만 아니라, 중국은 국제적인 비확산 문제 논의에도 적극 참여하지 않았다. 중국은 1992년 3월 9일에야 NPT 당사국이 되었다. 거기에다 중국은 1993년 10월 3일 지하 핵실험을 실시했다. 신화통신은 이 실험이 "전적으로 자위를 위해 소량의 핵무기를 개발 보유하려는 것"이라고 설명했다.[544] 핵실험 후 중국은 "핵 보유 국가들이 비핵국가 및 비핵지대에 대해 핵무기의 불사용을 보장하는 동시에 궁극적으로는 핵무기를 전면 폐기하는 조치를 취할 것을 촉구"하는 성명을 발표했다. 그러나 이것이 북한에 대한 중국의 입지를 강화해 주었을 것이라고 생각하기는 힘들다. 자신은 지금 당장 핵실험을 하면서 북한에게 IAEA 사찰을 수용하고 핵무기개발을 중단하라고 말한들, 얼마나 설득력이 있었을까? 중국의 핵실험에 즈음하여 클린턴 대통령은 미국도 다음 해 핵실험 실시가 가능하도록 준비할 것을 에너지부에 지시했다. 중국은

---

[543] 중국의 핵무기 개발에 대한 북한의 입장과 이것이 나중에 북한의 핵개발 정당화에 투영되는 과정에 관해, 구갑우, "북한 '핵 담론'의 원형과 마음체계, 1947-1964년", 『현대북한연구』, 제17권 1호(2014), pp. 197-250 참고.
[544] "WORLD MORATORIUM ON NUCLEAR TESTS IS BROKEN BY CHINA", The New York Times, October 6, 1993.

이듬해인 1994년 6월 10일에도 핵실험을 실시했다.

이렇게 보면 핵문제와 관련하여 중국이 북한에 대해 영향력이 없다고 말한 부분은 어느 정도 진실을 반영하고 있다. 1993년 5월 28일 방한중인 치엔치첸과 2차 회담을 마친 후 한승주 장관은 "중국이 북한에 영향력을 행사하는 것은 제한적이나, 북한이 핵문제를 해결했을 때 얻는 이익과 그렇지 못했을 때 받는 불이익을 인식시키는 역할을 하게 될 것"이라고 언급했는 데, 당시 중국의 대북 영향력에 대한 정확한 표현이었다고 본다.

그러나 다른 한편으로 중국은 북한의 조약동맹국이며, 북한과 정치적, 경제적으로 실질적인 관계를 유지하고 있는 유일한 역내 강대국이자 거부권을 가진 안보리 상임이사국이라는 지위에서 북한 핵문제에 대한 국제적 논의의 방향을 정하는 데 결정적인 영향을 미쳤다. 무엇보다도 중국은 첫째, 한반도 전체의 비핵화를 지지한다는 원칙을 내세우면서도, 둘째, 그 실현 방법은 어디까지나 제재나 압박이 아닌 대화를 통해야한다는 입장을 견지함으로써 국제사회가 북한에 대해 취할 수 있는 조치의 상한선을 결정하는 역할을 했다. 1994년 3월 북한핵시설에 대한 안전조치의 계속성이 위협받고 있는 상황에서 중국은 안보리 조치의 형식과 내용을 완화하는 데 핵심적인 역할을 했다. 이어 5월 북한이 5MW 원자로 연료봉을 무단 인출했을 때도 중국은 안보리 회부에 반대했다. 1차 핵위기의 전 과정을 통해 북한에 대한 압박으로 경제제재 조치를 취하는 방안은 중국의 반대 때문에 한 번도 추진되지 못했다. 이런 면에서 본다면, 북한 핵문제 논의에서 중국이 갖고 있었던 영향력은 결코 작다고 할 수 없다. 한반도 비핵화를 지지하되, 그것을 실현하는 방법은 대화가 되어야 한다는 기본입장에서 출발하여, 중국은 북한 핵문제 논의의 형식과 실질을 정하는 데 막대한 영향력을 행사해 온 셈이다. 그렇게 함으로써 중국은 한·중수교 이후 북·중관계가 고위급 소통이 단절될 정도로 악화된 상황에서도 북한을 위한 바람막이 역할을 충실하게 해 주었다.

중국이 이러한 역할을 하는 과정에서 북한과 어느 정도 협의하고 공조했는지를 알려주는 자료는 많지 않다. 북한은 북·중관계에 대한 중국의 고려와 북한 핵문제에 대한 중국의 입장을 감안하면서, 위기시의 배후지로서 중국의 역할에 의지했을 것이다. 1994년 1월 한반도의 긴장이 고조되고 있던 무렵 황장엽 노동당 국제담당비서가 중국을 방문했을 때, 북한과 중국 양측이 모두 양국관계 개선이 의미하는 바를 충분히 이해하고 있었을 것이다. 1994년 6월 최광 참모총장의 중국 방문은 더욱 두드러진 사례였다. 한반도 전쟁위기가 논의되고 있던 때, 중국이 북한 인민군 참모총장을 초청하고 장쩌민 주석이 만나 양국 간의 "피로써 맺어진" 관계를 강조한 것은 실질적인 논의 내용은 차치하고서도 그 상징적인 의미가 클 수밖에 없었다.

4. 소결론 : 지정학의 재등장

중국은 핵위기 전 과정을 통해 한반도 비핵화 지지와 대화를 통한 문제 해결이라는 두 가지 원칙을 갖고 대응했다. 또한, 북한에게 영향력을 행사해 달라는 국제사회의 요청에 대해서는 '영향력이 제한되어 있다'는 말로 일관되게 대응했다.

1차 핵위기 당시 중국은 북한의 NPT 탈퇴를 안보리에 가져가 논의해야 할 정도의 심각한 안보현안으로 다루지 않았던 듯하다. 중국은 미국에게 북한과의 직접협상에 나서도록 지속적으로 종용했으며, 적어도 1993년 말까지는 북·미협상 경과를 비교적 제3자적 자세로 관망하고 있었다고 할 수 있다.

북한의 입장에서 볼 때 북한 핵문제에 대한 중국의 기본입장은 긍정적인 측면과 부정적인 측면을 모두 포함하고 있었다. 중국은 1991년 9월경 한반도 비핵화를 지지함으로써 북한의 핵개발에 반대한다는 입장을 공식화한 만큼, 이때부터 북한이 핵사찰을 받도록 압박한 것으로 볼 수 있다. 동시에 중국은 핵문제가 어디까지나 대화를 통해 해결할 일이지, 압력이나 제재를 동원해서는 안 된다는 입장을 견지했다. 비핵화를 지지하지만 이것을 달성하는 과정에서 북한의 붕괴나 한반도의 불안정이 초래되는 것은 원하지 않았다. 중국이 비핵화에 관한 입장을 전달하고 종용하는 것은 어디까지나 간접적인 방식에 머물고 있었다고 볼 것이다.

이러한 추론은 한·중수교 직후 북·중 간에 사실상 모든 협의와 협력체제의 가동이 중단되었다는 사실과 부합한다. 북한 고위인사의 중국 방문은 전면 중단되었으며, 중국으로부터도 1993년 7월 후진타오 상무위원 방북 때까지 고위급교류가 단절되어 있었다. 1차 핵위기가 시작되는 1993년 3월에도 북·중관계는 여전히 한·중수교의 후유증을 겪고 있었다. 이런 상태에서 핵문제와 같은 중차대한 문제를 두고, 양국이 진지하고 전략적인 협의를 했을 가능성은 없다. NPT 탈퇴 선언 당시 북한이 중국 측에 이를 사전 통보했다는 보도가 있었으나 근거는 확인되지 않는다. 설사 통보했다고 하더라도, 탈퇴 선언 이후의 상황에 대처하는 과정에서 양측이 공조를 하고 있었다는 단서는 보이지 않는다. 뿐만 아니라, 1993년 6-7월에 걸쳐 북한은 미국과 양자협상을 갖는 데 성공했기 때문에 중국의 도움을 받거나 조언을 구할 필요를 크게 느끼지 않았을 것이다. 따라서 이 시기 북한에 대한 영향력이 제한되어 있다고 한 중국 측의 언급을 액면 그대로 받아들여도 무리가 있어 보이지 않는다.

1993년 7월 후진타오 상무위원 일행이 북한을 방문함으로써 북·중

간의 고위급 정치대화가 재개될 수 있었다. 양측이 이 방문에 어느 정도의 정치적 의미를 부여하고 있었는지는 명확히 알기 어렵다. 다만, 당시 중국은 한·중수교 과정에서 북 측에게 진 빚이 있었을 뿐 아니라 북·미직접대화가 시작된 상황에서 북한과의 소원한 관계를 그대로 방치해 두지 않아야 한다는 실질적인 고려를 했을 것이다.

북한과 중국이 양자관계를 전략적인 차원에서 재검토하기 시작한 것은 미국이 북한에 대한 경제제재 실시를 염두에 두고 주한미군을 비롯한 한반도 주변 군사력 강화를 추진한 1993년 11월 즈음이었을 것으로 본다. 그해 11월 중순 미국은 북한에 대한 군사력 사용 가능성을 진지하게 검토했고, 12월 2일자 뉴욕타임스는 미국이 핵문제가 악화될 경우를 대비하여 한반도 및 주변 지역의 군사력 강화방안을 검토하고 있다고 보도했다. 1월 26일에는 미국이 패트리어트 미사일을 한국에 배치할 것이라는 보도가 나왔다. 북한으로서는 한반도 주변의 전반적인 무력균형을 감안해보지 않을 수 없었을 것이며, 만약의 경우에 대비하여 중국과의 관계를 정비해둘 필요성을 느꼈을 것이다.

1994년 1월 15-22일간 황장엽 노동당 비서가 한·중수교 이후 최고위급 인사로 중국을 방문하고 장쩌민 주석이 황 비서를 접견한 것을 우연이라고만 보기는 어렵다. 2월 22일 리슈정 중국 대외연락부장이 북한을 방문했다. 6월에는 북한 인민군 총참모장 최광이 중국을 방문했고, 장쩌민 주석이 그를 접견하여 북·중 간의 '혈맹관계'를 강조했다. 북한 핵문제가 한창 위기로 치닫던 시기에 인민군 총참모장이 중국을 방문하고, 중국의 최고 지도자가 양국 간의 '피로써 맺어진 관계'를 강조한 것은 의미가 크다. 당시 북한에 대한 군사적 조치가 검토되고 있었고, 여하한 군사 조치도 전면전으로 확대될 가능성이 컸다고 본다면, 미국과의 전쟁을 가늠해야 하는 북한이 인민군 총참모장의 중국 방문이 갖는 의미를 감안하지 않았을 리 없다. 중국 측 역시 민감한 시기에 북한 인민군 총참모장 방문이 갖는 의미를 충분히 이해하고 있었을 것이다.

1994년 한반도 위기가 고조되던 시기를 제외하고는 1차 핵위기 전체 과정을 통해서 중국과 북한이 전략적인 소통을 했다고 하기는 어렵다. 앞에서 말한 대로, 양측 간의 인적교류가 제한되어 있었고, 한·중수교의 후유증으로 북한에 대한 중국의 영향력도 제한되어 있었다. 그럼에도 불구하고, 소극적인 의미에서 보면 중국은 1차 핵위기의 전개 양상에 결정적인 영향을 미쳤다. 안보리 상임이사국으로서 대화를 통한 해결을 일관되게 강조함으로써 중국은 북한에 대한 국제사회의 강력한 압박이 불가능하게 만들었다. 이러한 차원에서 중국은 러시아와의 공조도 마다하지 않았다. 중국은 북한 핵문제 해결을 위해서는 남북한, IAEA, 미국 간의「삼각 4축」협의가 가장 효과적이라는 입장을 갖고 있었으며, 러시아의 국제회의 개최 방안에는 부정적이었다. 그러나 안보리 제재 논의가 본격화되는 6월 6일 중국 외교부 대변인은 남한, 북한, IAEA, 미국 4자 간의 협의가 가장 좋은 방식이라고 생각하지만, 러시아가 제의한 8자회담도 검토할 수 있다고 했다. 안보리 논의를 완화하려는 시간벌기 작업의 일환이라는 분석이 있었다.[545]

전체적으로 볼 때 중국은 북한 핵문제에 대응하는 미국의 선택지를 제한했으며, 결국 미국이 북한과 직접협상을 통한 문제 해결의 길로 갈 수밖에 없도록 만들었다. 또한, 북한도 미국과 전쟁을 불사하는 위기를 조성하면서 중국이라는 존재가 갖는 지정학적이고 전략적인 의미를 십분 감안했을 것이다. 1994년 6월이라는 시점에 최광 총참모장을 중국에 보내 장쩌민을 면담토록 한 것이 이러한 주장을 뒷받침해 준다. 북한 핵위기를 통해 중국은 북한의 행동을 억지하는 측면보다

---

545 "중국, 북핵 8자회담 긍정 검토", 『한겨레신문』, 1994년 6월 7일.

한미 등 국제사회의 대응 수준을 완화하는 역할을 했다. 그러한 면에서 큰 영향력을 발휘하고 있었고, 실질적으로 북한을 도와주었다. 또한 중국은 북한에 대한 영향력이 있다는 국제사회의 기대를 통해 국제적 위상을 제고했을 뿐 아니라, 미국에 대한 레버리지가 강화됨으로써 실질적인 이익을 얻고 있었을 수도 있다.[546]

---

[546] 이즈음 미국이 북핵문제에 대한 중국의 양보를 얻기 위해 군사기술제공, 최혜국(MFN) 대우 제공, 인권문제 등에서 양보와 흥정을 하고 있다는 언론보도가 잇따랐다. "미, 중국에 북핵 제재 동참 요청", 『동아일보』, 1993년 10월 20일, "미 상원의원 주장, 미 대중「최혜국대우」 북핵해결 위해 활용을", 『동아일보』, 1993년 12월 1일, "중, 미와 북핵 흥정", 『동아일보』, 1993년 12월 22일 등 참조.

IV

나오며

제8장
결론

이 책의 논의는 탈냉전기의 북한이 절대적으로 불리한 여건에서 어떻게 체제를 유지하고 핵미사일까지 개발할 수 있었는가, 북한 체제의 끈질긴 생명력의 원천이 무엇인가라는 문제의식에서 출발했다. 논의를 위한 이론적 기초는 로웰 디트머의 '전략적 삼각관계' 모델에서 찾았다.

1989년 중·소관계가 정상화되면서 냉전기 북한외교의 기반이 되어온 북·중·소 3각관계도 끝났다. 소련이 남한과 수교한 후 북한은 중국과의 동맹을 강화하여 위기를 극복하려고 했다. 그러나 1992년 8월 중국이 남한과 수교하자, 북한은 새로운 전략적 상황에 직면했다. 북한은 더 이상 북·중동맹에 얽매이지 않게 되었고, 오히려 중국과의 고위급 인사교류를 동결했다.

이 시기에 북한 핵문제가 국제적인 현안으로 부상했다. 국제사회의 압박이 가중되자 1993년 3월 북한은 NPT 탈퇴를 선언함으로써 정면대응을 시도했다. 미국이 유엔안보리 제재를 추진하자, 중국은 대화를 통한 해결을 주장했다. 미국과 중국의 전략적 이익이 엇갈리면서 결과적으로 북·미직접대화가 시작되었다. 1년반에 걸친 협상과 대결을 거쳐 북한과 미국은 1994년 10월 제네바합의를 타결했고, 북한은 유일 초강대국 미국과 공존의 방식을 찾는 데 성공했다. 탈냉전기 북한의 대외관계에 코페르니쿠스적 전환이 일어났다.

북한이 탈냉전기의 상황에서 자신의 입지를 극적으로 개선한 데는 두 가지 요소가 작용했다. 첫째, 북한은 새로운 국제질서의 주요 의제인 핵확산 문제를 야기함으로써 북·미직접대화를 이끌어냈고, 전쟁 위기까지 감수하면서 그것을 '북·미직접대화관계'로 만들었다. 둘째, 한반도 긴장이 고조되면서 북한의 지정학적 가치가 부각되었고, 중국은 한·중수교로 약화되었던 북·중동맹을 재확인했다. 즉 미국은 핵확산을 방치할 수 없는 상황에서 북한을 직접 상대하지 않을 수 없었고, 중국은 전략적 중요성 때문에 북한을 감싸지 않을 수 없었다. NPT 탈퇴 선언 이후의 한반도 위기에서 북·미·중 관계는 점차 3국이 상호작용하는 '전략적 삼각관계'를 형성하게 되었다. 과거 중·소 사이의 줄타기외교가 북한에게 정치적 자주성과 경제적 실리를 가져다준 것처럼, 미·중관계의 상호작용이 북한의 생존에 필요한 공간을 확보해 준 것이다. 체제붕괴와 흡수통일의 위기에 몰렸던 북한은 이렇게 하여 위기탈출에 성공했다. 이 과정에서 북한은 현상을 변경하고 변화를 이끌어내는 주도자initiator로서 중추적 역할을 수행했다.

이 책은 1989년부터 1994년 제네바합의에 이르는 동안 코페르니쿠스적 전환을 이루는 북한외교의 변화과정을 역사적으로 추적한 것이다.

냉전기 동안 북한은 냉전체제의 한 진영에 속함으로써 기본적인 안보를 확보할 수 있었으며, 중·소분쟁을 배경으로 북·중·소 3각관계의 틀 속에서 외교적 자주성과 경제적 실리를 취할 수 있었다.

북한이 처한 대외환경은 1989년의 냉전 종식과 중·소관계 정상화로 근본적인 변화를 맞았다. 양극 구조의 동맹체제가 와해되었고, 북한의 안보불안은 급격히 고조되었다. 한·소수교와 소련 해체로 소련이 제공해 주던 핵우산이 제거되었다. 중·소관계가 정상화되면서 북한이 중국과 소련 사이를 오가며 누릴 수 있었던 혜택은 사라졌다.

북한은 새로운 국제질서의 변화 요구에 직면했다. 권력 승계기에 있던 북한은 체제를 보전하고 경제를 유지할 수 있는 길을 찾아야 했다. 북한이 위기를 극복하기 위해서는 대내적인 개혁개방과 대외관계의 조정이 필요했다. 그러나 수령의 무오류성과 주체사상의 완결성, 그리고 우리식 사회주의의 우월성을 주장하는 북한이 김일성-김정일 정권교체기에서 대내적인 개혁개방을 통해 위기를 돌파한다는 것은 상정하기 어려웠다. 북한은 대외관계에서 활로를 찾았다.

미·중관계 정상화, 중국의 개혁개방 추진, 한·중관계 개선 등으로 북·중동맹에는 전략적 괴리가 생기고 있었지만, 한·소수교로 북·소동맹이 파탄에 이르자, 북한은 중국과의 동맹을 기반으로 대응전략을 수립하지 않을 수 없었다. 중국에 대한 북한의 안보의존도가 상승하고 북·중동맹의 비대칭성이 두드러져 갔다. 1989년 6월의 천안문 사건에 따른 중국의 고립이 북·중관계의 비대칭성을 일시 가려주었지만, 곧이어 중국이 개혁개방전략을 재확인하고 남한과의 관계개선을 본격화하면서 북한의 입지는 더욱 악화되었다. 1992년 8월의 한·중수교는 중국이 '혈맹'보다 '이익'을 중시한다는 것과 북·중동맹의 운영에서 북한의 발언권이 없어졌다는 사실을 확인해 준 사건이었다.

북한으로서는 이제 어떻게든 미국으로부터 오는 압박을 줄여야 했다. 미국과 관계를 개선해야 했고, 그러기 위해 대화가 필요했다. 미국은 관계개선에 앞서 북한의 태도변화를 요구했다. 가장 중요한 조건은 핵무기개발 의혹을 해소하라는 것이었다. IAEA 사찰을 이행하고 남·북 상호사찰을 실시하라고 요구했다. 북한은 핵사찰을 하려면 미국의 핵위협이 해소되어야 하며, 그러기 위해 대화를 하자고 요구했다. 이 시기에 북한은 미국이 제시하는 국제질서를 수용하거나 동유럽국가들처럼 체제전환을 선택하는 것도 이론적으로는 가능했다. 중국처럼 일당체제를 유지하면서 시장경제를 수용하는 것도 검토할 수 있었다. 그러나 북한은 이러한 선택을 하지 않았다. 위협의 상승에 직면하여 북한은 위협의 균형을 추구하는 방향으로 대응해 나갔다.

결정적인 사단은 IAEA 사찰과정에서 일어났다. 1992년 5월 북한은 IAEA 안전조치협정에 따른 최초보고서를 제출했다. 과거 90그램$_g$의 플루토늄을 추출했다는 내용도 보고서에 포함했다. 이것을 확인하는 과정에서 소위 '불일치 문제'가 발생했다. 북한이 신고한 양보다 많은 양의 플루토늄을 생산했다는 의혹이 생겼다. 의혹이 해소되지 않자, IAEA는 북한에 대한 강제적 '특별사찰' 실시를 결의했다. 북한은 '주권수호'를 내세워 NPT 탈퇴를 선언했다.

북한의 NPT 탈퇴 선언을 놓고, 미국은 유엔안보리를 통한 제재를 추진했다. 북한에 대한 어떠한 제재도 중국의 협력 없이는 불가능했다. 중국은 한반도 비핵화라는 목표를 지지하면서도 대화를 통한 해결을 주장했고, 국제사회의 대응을 완화하려고 노력했다. 결국 중국의 입장을 감안하여 유엔안보리는 관련국들간의 대화를 권고하는 의장성명을 채택했고, 1993년 6월 미국 국무부 갈루치 차관보와 북한 외무성 강석주 부부장 간에 최초의 실질적인 정책대화가 이루어졌다. 북·미직접대화가 시작되었다.

북한이 갈구해 마지않던 미국과의 정책대화가 이루어진 것은 북한에 대한 미국의 압박에 중국의 전략적 이익이 저항한 결과였다. 북한은 핵확산이라는 미국의 이익을 건드렸고, 이에 대한 미국의 대응 수준을 중국이 제한했다. 잠재해있던 북·중관계의 전략적 특수성이 NPT 탈퇴 선언 이후의 위기 상황에서 수면 위로 부상했다. 위기가 3국관계의 전략적 측면을 부각시킨 것이다.

　북·중관계의 변화는 1993년 여름 양국 간의 고위급 교류에 반영되어 나타났다. 북한이 NPT 탈퇴를 선언할 때까지도 북·중관계는 한·중수교의 후유증을 벗어나지 못하고 있었다. 오가는 축전에는 '혈맹'이라는 표현이 없었고, 고위급 인사교류도 중단되었다. 북·미고위급접촉이 열리는 1993년 6월 리슈정 대외연락부장이 북한을 방문했다. 이어 7월에 후진타오 상무위원이 방북하여 양국 간 고위급 인사교류를 재개했다. 환영사와 건배사에는 '피로써 맺어진 관계'라는 표현이 다시 등장했다. 북·미·중 3국 관계가 상호작용을 시작한 것이다.

　1993년 6월 제네바에서 북·미고위급회담이 열렸으나 그것이 당장 '북·미직접대화관계'로 굳어지지는 않았다. 북·미가 마주 앉았지만 미국이 북한에게 요구한 것은 여전히 IAEA 사찰과 남·북상호사찰이었다. IAEA 및 남한과 만나 핵문제를 해결하면 관계개선 요구에 응하겠다는 입장이었다. 그러나 북한은 미국이 요구하는 대로 움직이지 않았다. 1993년 8월 북한-IAEA간 협의가 재개되었지만 북한이 IAEA의 공정성 시비를 제기하면서 회담은 난관에 봉착했다. 남·북상호사찰 논의는 특사교환 문제로 교착에 빠졌다. 남북대화와 북한·IAEA 협상이 난항을 겪는 동안, 북한은 미국과 포괄적인 관계개선을 지향하는 '일괄타결' 방안을 논의하기 시작했다. 특사교환을 통해 남북대화의 모양새를 갖추려는 남한과 새로운 국제비확산체제의 주요 책임자로서 권위와 명예를 지키려는 IAEA가 대화에 나섰지만, 미국과 직접 문제를 해결해야 한다는 북한의 주장을 꺾지 못했다.

　사찰 이행이 늦어지면서 북한에 대한 압박이 다시금 강조되었다. 미국은 주한미군 전력 보강 등 억지력 강화를 시작했다. 한반도의 긴장이 고조되어 갔다. 미국은 사찰 수용을 압박했고, 북한은 미국의 억지력 강화가 '전쟁 전야에서나 있을 수 있는 극히 위험한 행동'이라고 비난했다.

1994년 2월 하순 북·미접촉에서 미국은 다시 한 번 북한에게 IAEA 사찰 협의와 남북대화에 나설 것을 촉구했다. 결과는 마찬가지였다. 3월 3일 남북접촉에서 북한 대표가 '서울 불바다' 발언을 함으로써 남북대화는 끝났다. 북한은 IAEA 사찰도 '시료 채취는 안 된다'는 입장으로 무산시켰다.

1994년 3월 핵문제는 다시 안보리로 돌아왔다. 관건은 여전히 중국의 입장이었다. 3월 28일 한·중정상회담에서 장쩌민 주석은 대화를 통한 해결을 강조하고 중국의 역할에는 한계가 있다는 말을 되풀이했다. 안보리가 핵사찰 수용을 촉구하는 데 대해 북한은 '북·미대화 없이는 사찰을 수용할 수 없다'는 입장을 재천명했다. 4월 중순 남한은 북·미접촉에 앞서 특사교환이 이루어져야 한다는 입장을 포기했다. 북한이 미국과의 대화로 가는 데 있어 남한은 밀려났다.

남은 것은 IAEA였다. 1994년 5월 북한은 영변 5MW 원자로의 연료봉 인출을 개시했다. IAEA는 5MW 원자로의 연료봉 분석을 통해 북한의 과거 핵활동의 실상을 알 수 있다고 생각했다. 북한은 그 연료봉을 IAEA 입회 없이 인출해 버렸다. 연료봉 분석을 통해 과거 핵활동을 규명할 수 있는 길이 사라졌다. IAEA가 북한 핵 사찰에 집착할 동인이 약해졌다. 6월초 IAEA는 북한 핵시설에 대한 안전조치를 보장할 수 없다고 선언했다. 유엔안보리의 대북제재 논의가 가속화되고 미국은 제재 실시에 대비하여 군사적 준비를 시작했다. 6월 13일 북한은 IAEA 탈퇴를 선언했다. 한반도 긴장이 급속도로 고조되었다.

6월 위기에서도 중국은 안보리 제재를 지지하지 않았다. 오히려 한반도 긴장이 고조되던 이 시기에 북·중 간의 전략적 소통은 복원되고 있었다. 1994년 1월 황장엽 노동당 국제담당비서가 중국을 방문하여 장쩌민 주석을 만났다. 2월에는 리슈정 대외연락부장이 다시 방북하여 김일성 주석을 만났다. 한반도 상황이 전쟁위기로 치닫던 1994년 6월 최광 북한 인민군 총참모장이 중국을 방문했다. 장쩌민 총서기가 최광을 만나 "피로써 맺어진 양국 관계"를 강조했다. 최광의 방중이 끝날 무렵, 장쩌민은 일본 NHK 회견에서 "중국은 제재에 찬성하지 않는다"고 천명했다. 북한 노동신문이 이 발언을 받아서 보도했다. 한반도 위기가 최고조에 이르렀을 때 중국 최고지도자가 '제재 반대'를 말하고 북한 매체가 이를 보도한 것을 우연으로 보아 넘길 수는 없다. 최광 방중에서 양국 간 실질협력에 관한 어떤 논의가 이루어졌는지에 대해서는 공개된 자료가 없다. 그러나 수 년 만에 이루어지는 양국 군 최고 수뇌부 교류에서 군사협력과 지원문제가 논의되지 않았다면 그것이 오히려 이상한 일이다. 이 당시 중국이 북한으로 하여금 군사적 모험을 하도록 할 생각은 없었을 것이나, 북·중관계의 특수성을 보여줄 수 있는 정도의 조치는 취했을 것이다.

1994년 6월의 한반도 위기는 카터 전 대통령이 방북하여 김일성 주석을 만남으로써 일단 해소되었다. 북한은 7월부터 미국과 고위급 회담을 재개했으며, 김일성 사망이라는 위기를 넘기면서 그해 10월 제네바합의에 서명했다. 그로부터 약 8년간 북한과 미국은 경수로 공급 프로젝트 이행을 포함하여 다양한 경로의 대화를 지속하게 되었다. 북한은 핵을 매개로 하여 미국과 대화관계를 구축하는 데 성공했다. 북·미관계는 적대 내지 무시하는 관계에서 한반도 안보문제를 함께 논의하는 관계로 바뀌었다. 1993년 6월에 시작된 북·미직접대화는 이렇게 하여 '북·미직접대화관계'로 공고화했다. 북한이 1년여에 걸쳐 국가적 위기를 넘으면서 추구한 결과였다. 이로써 북·미·중 3각관계의 한 축이 새롭게 생겨났다.

한반도가 격변기에 있던 1993-1994년간 미·중관계는 전반적으로 긍정적인 방향으로 움직이고 있었다. 미국은 이때까지도 중국을 심각한 안보 위협으로 보지 않았다. 중국은 개혁개방전략의 성공과 경제발전을 위해 미국과의 관계를 소중히 생각하고 있었다. 북한 핵문제에 있어서도 협조적인 모습을 보이려고 애썼다.

그럼에도 불구하고, 중국은 1차 핵위기를 통해 북한의 배후지로서, 북한을 위한 바람막이 역할을 충실히 했다. 중국 스스로 강조한 대로, 북한에 대한 중국의 영향력은 제한적이었다고 본다. 한·중수교 이후 양국 간의 고위급 소통은 사실상 단절되어 있었지만, 중국은 아·태지역의 강대국이자 유엔안보리 상임이사국으로서 북한 핵문제 논의의 방향을 정하는 데 결정적인 영향을 미쳤다. 중국은 한반도 비핵화를 지지하면서도 그 실현 방법은 어디까지나 대화와 협상이 되어야 한다는 입장을 고수함으로써 북한에 대한 국제적 대응조치의 상한선을 결정했다.

이 점에서 특히 주목할 부분은 1994년 여름 최광 총참모장의 방중이다. 최광의 방중은 양측이 의도했건 아니건, 그 사실 자체만으로도 의미가 있다. 중국 측은 북한이나 국제사회가 오판하여 역내 안정을 해치는 일이 없도록 하고자 했을 것이고, 북한은 북한대로 만일의 사태를 염두에 두고 배후를 재점검할 필요가 있었을 것이다. 위기 상황이 만들어 낸 동맹 복원 과정이었다고 할 수 있다. 북한과 중국은 서로가 갖고 있는 전략적인 가치를 재확인했다. 지정학의 재등장이었다.

북한이 NPT 탈퇴를 선언한 것이 북·미·중 삼각관계를 성립시키려는 원모심려遠謀深慮에서 나온 것인지, 과거 플루토늄 추출을 감추려는 기만술책이었는지, 전례 없는 특별사찰을 거부함으로써 주권을 수호하려는 행위였는지, 지금으로서는 판단하기 어렵다. 다만 북한의 NPT 탈퇴 선언에 따른 위기가 북·미직접대화로 가는 길을 열었고, 위기를 극복해 나가는 과정에서 중국과의 관계가 일정하게나마 복구되었다. 미국과 중국의 전략적 이익이 엇갈리는 상황이 북·미·중 '전략적 삼각관계'를 만들어 내고 북한에게 생존과 자율성의 공간을 확보해 준 것이다. 이렇게 되는 과정에서 북한이 이룬 가장 큰 성과는 1993년 6월에 시작된 '북·미고위급접촉'을 '북·미직접대화관계'로 공고화한 부분이다. 북한은 핵을 매개로 하여 미국과의 직접대화를 구축하려고 IAEA와 남한을 따돌렸다. 이 과정에서 위기를 조성했고, 협박과 전쟁 위기도 마다하지 않았다. 위기에서 정면돌파를 시도한 것이 결과적으로 위기를 벗어날 수 있는 기회를 주었다.

북·미·중 삼각관계가 형성되는 1993-1994년 핵위기 과정에서 북한은 상황을 움직이고 변화를 촉발하는 주도자로서 중추적 역할을 했다. 북한은 미국과 직접대화관계를 구축하는 과정에서 북·중동맹을 활용했다. 동시에 북한은 주한미군 철수에 관한 입장을 조정하는 등 향후 상황전개에 따라서는 중국에게 전략적 손실을 줄 가능성도 제시했다. 그렇게 하여 북한은 중국으로부터 외교적 자율성을 유지했다. 북·미 제네바협상이 진행중이던 9월 1일 북한은 중국에게 판문점 군사정전위에서 철수하라고 요구했다. 북한은 협상을 통해 미국이 북한에게 안전보장을 약속하게끔 만듦으로써 북한에 대한 중국의 일방적 영향력 행사 여지를 배제했다. 1994년의 제네바합의는 북한이 중국에 의존하지 않으면서 미국과 공존할 수 있는 방식에 합의하고 생존권을 확보했다는 의미를 지닌다.

냉전기에 중·소분쟁을 활용한 균형외교로 실리를 극대화할 수 있었던 북한은 탈냉전기에 들어 핵문제를 통해 미국과 직접대화를 이끌어내고 위기 극복 과정에서 중국을 끌어들여 북·미·중 삼각관계를 성립시킴으로써 중국으로부터의 동맹 방기와 자율성 상실 위험을 극복하는 동시에 미국의 제재와 억지전략에 대항하는 데 성공했다.

여기서 북·미·중 전략적 삼각관계의 두 가지 특징적인 요소를 다시 생각해 보자. 첫째, 중국에 대한 한반도의 지정학적 가치가 있다. 북한은 현재의 동북아시아 전략 상황이 존속하는 한 중국이 북한을 포기할 수 없다는 것을 안다. 한·중수교로서 과거 북·중관계의 특수성은 사라졌고, 양국관계는 사실상 정상국가 사이로 바뀌었지만, 양국이 국경을 접하고 있다는 지정학적 요인에서 오는 전략적인 이익은 여전히 공유되고 있다. 둘째, 북한이 미국을 직접대화로 이끌어 낸 기제가 핵이었다. 핵문제를 야기함으로써 북한은 좋은 의미든 나쁜 의미든 미국의 관심을 끌고 직접대화를 끌어낼 수 있었다. 핵을 매개로 위기가 조성되었고 그 과정에서 북한의 전략적 가치가 부각되었다. 전략적 가치가 부각됨으로써 중국을 동맹에 붙들어 놓을 수 있었다. 결과적으로 북한은 핵이 있음으로써 북·미·중 삼각관계를 구축할 수 있었다.

1차 핵위기가 전개된 과정을 단순화해 보면 북한의 위기조성 → 미국의 대응 → 중국의 개입 → 대화 복원 → 또 다른 위기조성을 반복했다. 그리고 이것을 큰 틀에서 보면 1차 핵위기 이후 북한 핵문제가 사반세기 넘게 전개되어온 양상과도 유사하다. 1차 핵위기에서 형성된 '전략적 삼각관계'가 하나의 국제정치적 구조로서 작동하고 있을 수 있으며, 또한 1차 핵위기의 경험이 북한에게 학습효과를 준 면도 있을 것이다.

1990년대 초반 1차 핵위기 당시 북한의 핵개발 의지를 어떻게 평가할 수 있을까? 북한이 핵실험을 하고 핵무기를 갖고 있는 지금, 북한의 핵개발 의지를 묻는다는 것이 무의미할 수 있다. 그렇지만, 우리의 정책목표가 여전히 한반도 비핵화에 있는 만큼 북한이 핵무장을 한 지금이라도 당시 상황을 복기해보는 것은 중요하다.

1990년 9월 한·소수교를 통보하러 온 셰바르드나제 외상을 만난 김영남 외교부장은 소련의 남한 승인이 북·소동맹을 사실상 무효화하는 만큼, 북한은 필요한 무기를 만드는 데 있어 더 이상 아무런 제약을 받지 않겠다고 했다. 김영남이 대놓고 핵미사일을 개발하겠다고 말하지는 않았지만, 북한 정권 수립은 물론 북한 안보에서 소련이 차지해 온 비중을 생각하면, 김영남이 핵무기 개발을 염두에 두고 그런 말을 했다하더라도 이상할 것이 없다.

　한·중수교 당시 북·중 간에도 이런 대화가 오갔는지에 대해서는 알려진 것이 없다. 그렇지만 한·소수교에 뒤따른 한·중수교 소식은 북한에게 한·소수교 이상으로 고립감과 불안감을 주었을 수도 있다. 특히 중국이 한국과 수교하면서 이것을 타이완 문제와 결부시킨 사실도 북한에게는 충격이었을 것이다. 1950년 한국전쟁 때는 눈앞에 보이는 타이완 통일을 포기하면서까지 북한을 지원했던 중국이 이제 타이완에게 외교적 기선을 빼앗기지 않기 위해 남한과 수교를 하겠다고 한다. 김일성은 중국 외교의 우선순위 변화를 절감하고 독자적인 생존 전략을 고민했을 것이다. 생존을 추구하는 북한에게 핵무기 개발이 대안으로 떠올랐을 가능성은 얼마든지 있다.

　뿐만 아니다. 북한은 1차 핵위기의 전체 과정을 통해 핵옵션을 버리지 않으려고 많은 노력을 했다. 영변 핵단지 내 2개 의심장소에 대한 접근을 끝내 거부했고 5MW 원자로 연료봉 인출을 제멋대로 강행함으로써 연료봉 측정을 통해 과거 핵활동을 규명할 수 있는 길을 없애버렸다. 1994년 북·미 제네바합의에서도 2개 의심장소에 대한 특별사찰 실시를 '경수로 건설작업이 진행되어 핵심부품이 공급될 때'까지로 늦추는 데 성공했다.

　북한이 핵무기 개발을 목표로 설정하지 않았을 경우에도 핵옵션을 보존하려고 애쓸 이유는 있었다. 첫째, 북한은 적어도 NPT 탈퇴를 선언한 시점부터 핵카드의 위력을 다시금 실감했을 것이다. IAEA와 남한을 전면에 내세워 압력을 가하던 미국이 NPT 탈퇴 선언을 계기로 전면에 모습을 나타냈다. 핵이야말로 북한이 가진 것 중에서 미국을 움직일 수 있는 유일한 카드라고 보았을 것이다. 그렇다면, 북한은 미국과 관계개선 목표를 달성하기 전에 핵문제를 해결해버리면 안 된다. 특히 IAEA 사찰 또는 남·북상호사찰을 통해 핵개발의 실체가 드러나 버리면 미국을 상대로 쓸 수 있는 카드가 없어지고 관계개선 희망이 물거품이 될 수 있다. 따라서 미국과의 관계개선이 먼저 이루어지든지, IAEA 또는 남한과의 핵문제 해결이 북·미관계개선으로 이어진다는 보장이 있지 않는 한, 북한 입장에서는 핵카드를 최대한 보전하는 것이 맞다. 나아가서 가능하다면 핵카드를 강화할 필요도 있다. 5MW 원자로 연료봉 인출은 이러한 점에서 핵카드를 강화하는 효과적인 방법이었다. 더구나, 이때까지도 미국은 북한에게 생소한 상대였다. 한국전쟁 이후 북한은 한 번도 미국과 선의의 대화를 해본 적이 없었다. 북 측이 세계 초강대국을 상대하면서 한 치의 방심도 허용할 수 없다는 강박관념을 가졌다 하더라도 이상하지 않다.

둘째, 북한은 앞으로 5년이든 10년이든 시간이 흐른 다음 핵무기 개발이 가능하거나 필요해지는 상황을 염두에 두었을 수 있다. 물론, 1994년 10월의 제네바합의가 북한의 핵개발 계획을 동결시켰고, 그로부터 약 8년간 핵동결을 유지할 수 있었던 것은 사실이다. 경수로 건설이 예정대로 진행되고 북·미관계 정상화가 이루어졌더라면 한반도 상황은 지금과 달라졌을 것이다. 그렇다고 하더라도, 앞날을 예측할 수 없는 상태에서 북한이 미래의 어느 시점을 위해 제네바합의 이행과정의 어딘가에 핵옵션으로 돌아갈 수 있는 길을 마련해두어야겠다고 궁리하는 것도 무리는 아니다. 핵무기에 대한 북한의 과거 집착[547], 미국이 남한에 제공하는 핵우산, 점차 커지는 남한과의 국력 격차를

---

[547] 핵무기에 대한 북한의 집착은 오래 전으로 거슬러 올라간다. 한국전쟁 때 미국은 북한에 대한 핵무기 사용 가능성을 여러 번에 걸쳐 시사했다. 전쟁이 끝나고 소련으로부터 원자력 기술을 습득하고 있던 북한은 1964년 중공이 핵실험에 성공하자 핵무기 기술을 공유해 줄 것을 요청했다. 마오쩌둥은 "조선은 소국이다. 핵무기가 필요 없다"고 하면서 응하지 않았다. 북한은 1970년대 초반 남한의 핵무기 계획이 알려졌을 때 또 한 번 중국의 협조를 요청했으나 소득이 없었다. 핵무기에 대한 이러한 집념은 1970-80년대에 걸쳐 지속적으로 표출된 것으로 알려져 있다. Don Oberdorfer & Robert Carlin, *The Two Koreas-A Contemporary History*, p. 197 참고.

감안할 때, 북한이 핵무기개발을 궁극적인 목표로 설정했을 개연성은 얼마든지 있다.

북한이 핵무기 개발을 구체적인 목표로 설정했다면, 그것은 언제쯤이었을까? 한반도 안보상황에 비추어 북한은 오래전부터 스스로 핵무기를 갖고 싶어 했을 수 있으나, 핵무기 개발을 실천적인 목표로 설정했을 가능성이 가장 농후한 시점은 1990년 전반기라고 본다.[548] 1990년 5월 최고인민회의 시정연설에서 김일성은 여러 가지 대외관계 변화 가능성을 시사했다. 북한은 6월 샌프란시스코 한·소정상회담과 9월 말 한·소수교를 전후하여 일본 및 남한과의 대화에 적극 나서는 등 대외정책 변화를 가시화했다. 소련의 변혁과 한·소수교라는 대외환경의 근본적인 변화를 앞에 두고 북한이 정치·경제·군사 등 전반적인 대응전략을 고심했을 것은 당연하다. 급속하게 약화되고 있는 3대혁명역량을 어떻게 보충할 것인가 하는 것이 핵심과제였을 것이다. 한·소수교와 한·중수교는 핵무기 개발에 대한 북한의 의지를 더욱 강화했을 것이다.

이렇게 보면 1994년 10월의 북·미제네바합의는 당시 북한의 입장에서 볼 때 최선의 결과를 이끌어 낸 것일 수 있다. 핵옵션을 남기면서 미국과 관계개선의 길을 열었다. 그렇지만, 그 후의 부작용을 보면 성공한 협상이었다고 평가할 수만도 없다. 탈냉전 초기에 개혁개방의 길을 포기했기 때문에 북한은 동아시아의 역동적인 경제발전에 참여할

---

[548] 북한이 핵무기 개발을 결심한 배경과 시점과 관련하여, 제1차 핵위기 당시 이 문제에 직접 관여한 인사들 사이에서도 현격한 견해 차이가 있다. 김종휘 당시 외교안보수석은 "북한의 핵무기 선택은 북방정책의 영향이 아니라, 1960년대부터 시작"된 것이었다고 주장하는 반면, 당시 남북고위급회담에 깊숙하게 관여한 임동원 전 국정원장은 "북한 핵문제는 미국 적대의 산물"이며 1990년대초 "미국이 북한과 관계 개선을 추구했더라면, 북한에 대한 봉쇄정책을 해제하고 적대정책을 취하지 않았더라면, 북한을 표용했더라면 북한이 핵개발에 나서지 않았을 것"이라고 주장했다. 신욱희·조동준 면담 편집, 『구술사료선집 7: 고위관료들, '북핵위기'를 말하다』(과천: 국사편찬위원회, 2009), p. 67 및 p. 157 참조.

수 있는 기회를 놓쳤고, 지금까지도 그 기회를 잡지 못하고 있다. 그 때 핵옵션을 남겼기 때문에 미국과 신뢰를 구축하지 못했고, 지금도 그 불신의 벽을 넘지 못하고 있다. 그 때 핵옵션을 남겼기 때문에 결국 핵 무장의 길을 가게 되었고, 그 결과 북한의 고립은 지금까지 심화해 왔다. 1993-1994년 위기 당시 북한은 "제재는 곧 전쟁"이라 했지만, 지금 북한에게 제재는 생활의 일부가 되어 있다. 북한의 대외활동은 지금도 제재에 막혀있고, 남북교류와 경제협력도 제재 때문에 갈 길을 찾지 못하고 있다.

사반세기 전 생존의 기회를 주었던 핵개발이 지금에 와서는 오히려 생존에 대한 장애가 되는 것은 아닌지, 북한은 자문해 볼 필요가 있다.

참고문헌

1. 북한 문헌

김일성.『김일성 저작집 18권』. 평양: 조선로동당출판사, 1982.
_____.『김일성 저작집 19권』. 평양: 조선로동당출판사, 1982.
_____.『김일성 저작집 42권(1989.6-1990.12)』. 평양: 조선로동당출판사, 1995.
김정일.『김정일 선집 10권(1990년)』. 평양: 조선로동당출판사, 1997.
_____.『김정일 선집 13권(1989.6-1990.10)』. 평양: 조선로동당출판사, 2012.
_____.『김정일 선집 14권(1990.10-1991.5)』. 평양: 조선로동당출판사, 2012.
『로동신문』
『민주조선』
『조선중앙연감』

2. 국내 문헌

가. 단행본

가와시마 신·모리 가즈코. 이용빈 옮김.『중국외교 150년사: 글로벌 중국으로의 도정』. 서울: 도서출판 한울, 2009.
구갑우.『비판적 평화연구와 한반도』. 서울: 후마니타스, 2007.
김하중 구술·김한권 면담.『한국 외교와 외교관: 김하중 전 통일부 장관:한·중 수교와 청와대 시기』. 서울: 국립외교원 외교안보연구소 외교사연구센터, 2018.
노태우.『노태우 회고록(하권): 전환기의 대전략』. 서울: 조선뉴스프레스, 2011.
민족통일연구원.『북한체제의 실상과 변화 전망』. 서울: 민족통일연구원, 1991.
박건영.『국제관계사: 사라예보에서 몰타까지』. 서울: 사회평론아카데미, 2018.
_____.『한반도의 국제정치: 평화와 통일을 위한 새로운 접근』. 서울: 오름, 1999.
신욱희.『삼각관계의 국제정치: 중국, 일본과 한반도』. 서울: 서울대학교출판문화원, 2017.
신욱희·조동준 면담 편집.『구술사료선집 7: 고위관료들, '북핵위기'를 말하다』. 과천: 국사 편찬위원회, 2009.
양문수.『북한경제의 구조-경제개발과 침체의 메카니즘』. 서울: 서울대학교 출판부, 2001.
오원철.『북한의 경제정책』. 서울: 기아경제연구소, 1995.
임동원.『피스메이커: 남북관계와 북핵문제 20년』. 서울: 중앙북스, 2008.
이상옥.『전환기의 한국외교: 이상옥 전 외무장관 회고록』. 서울: 삶과 꿈, 2002.
이종석.『북한-중국관계: 1945-2000』. 서울: 중심, 2000.
정재호.『중국의 부상과 한반도의 미래』. 서울: 서울대출판문화원, 2011.
정진위.『북방삼각관계: 북한의 대중·소관계를 중심으로』. 서울: 법문사, 1985.
조갑제.『노태우 육성회고록-전환기 대전략』. 서울: 조갑제닷컴, 2007.
최명해.『중국·북한 동맹관계: 불편한 동거의 역사』. 서울: 오름, 2009.
천 용.『중국 반패권주의 외교정책의 변화발전과 한·중관계』. 서울: 선인, 2012.
치엔치첸, 유상철 옮김.『열가지 외교 이야기』. 서울: 랜덤하우스중앙, 2004.

케리 브라운(Kerry Brown), 김홍규 옮김.『현대 중국의 이해』. 서울: 명인문화사, 2014.

한승주.『외교의 길』. 서울: 올림, 2017.

히라이와 순지, 이종국 옮김.『북한·중국관계 60년: 순치관계의 구조와 변용』. 서울: 선인, 2010.

나. 논문

구갑우. "북한 '핵 담론'의 원형과 마음체계, 1947-1964년."『현대북한연구』. 제17권 1호, 2014.

김성규. "3개의 '트라이앵글': 북송(北宋)시대 동아시아 국제관계의 대세(大勢)와 그 특징에 관한 시론(試論)."『역사학보』. 제205집, 2010.

김성한. "동북아 세 가지 삼각관계의 역학구도: 한·중·일, 한·미·일, 한·미·중."『국제관계연구』. 제20권 제1호, 2015.

김예경. "중·미 간 세력경쟁과 아세안의 균형전략(balanced strategy): 약소국의 중추적 역할 찾기."『한국정치학회보』. 제42집 제1호, 2008.

김옥준. "삼각관계속의 중국의 대한반도 등거리외교."『영남국제정치학회보』. 제2집, 1999.

김용순. "북한의 대미 강압홍정 외교행태에 관한 연구: 선군 리더쉽을 중심으로."『한국정치학회보』. 제43권 제2호, 2009.

김용호·명석영. "북한외교정책연구의 국내외 경향의 분석과 대안의 모색: 분석수준의 다양화를 위한 소고."『통일문제연구』. 통권 제48호, 2007.

박창희. "지정학적 이익변화와 북·중동맹관계: 기원, 발전, 그리고 전망."『중소연구』. 통권 제113호, 2007.

박홍서. "중국의 부상과 탈냉전기 중·미양국의 대한반도 동맹전략 – 동맹전이 이론의 시각에서."『한국정치학회보』. 제42권 1호, 2008.

_____. "북핵위기시 중국의 대북동맹안보딜레마 관리 연구: 대미 관계변화를 주요 동인으로."『국제정치논총』. 제46권 1호, 2006.

백준기. "북·러관계의 전략적 함의와 북·중·러 삼각관계와의 전략적 상호작용: 동맹, 균형 그리고 위협인식."『아시아문화연구』. 제32집, 2013.

서상문. "중국의 대한반도 정책의 지속과 변화" 역사와 현실."『전략 연구』, 2014.

서 훈. "북한의 선군외교 연구: 약소국의 대미강압외교 관점에서." 동국대학교 박사학위 논문, 2008.

원동욱·김재관. "중국의 대북정책과 동맹의 딜레마: 천안함 사건을 중심으로."『현대중국연구』. 제12집 1호, 2011.

이상숙. "북·미·중 전력적 삼각관계와 제2차 북핵위기."『국제정치논총』. 제49집 5호, 2009.

이성일. "한·중국교정상화 이후 중국의 대북영향력 변화에 관한 고찰 – 북·중관계의 변용을 중심으로."『동북아문화연구』. 제28집, 2011.

이수형. "남북한 한반도 정치와 강대국 동맹정치간의 연계성 분석." 구갑우·서보혁 책임편집.『남북한 관계와 국제정치 이론』. 서울: 서울대학교 국제문제연구소, 2012.

이종석. "탈냉전기의 북한·중국 관계: 지속성과 변화."『한일공동연구총서7 김정일 체제의 북한-정치·외교·경제·사상』. 서울: 아연출판부-고려대학교 아세아문제연구소, 2004.

이희옥·박용국. "중국의 대북한 동맹안보딜레마 관리: 대미인식과 북한지정학의 재구성을 중심으로."『중소연구』. 제37권 3호, 2013.

임수호. "실존적 억지와 협상을 통한 확산: 북한의 핵 정책과 위기조성 외교(1989-2006)." 서울대학교 박사학위논문, 2007.

장노순. "약소국의 갈등적 편승외교정책-북한의 통미봉남정책."『한국정치학회보』. 제33권 1호, 1999.

장용석. "중국의 부상에 대한 북한의 헤징(hedging) 전략."『통일문제연구』. 통권 제57호, 2012.

장팅옌. "역사의 선택 : 장팅옌(張庭延)초대 주한 중국대사가 말하는 중한수교 전말." 월간 잡지『中國』. Vol. 55, 2012.

전재성. "한·중관계와 북한: 발전적 삼각관계를 위하여." EAI-CISS NASD Security Briefings Series No.1-2, 2008.

전홍찬. "소련의 대북한 경제·군사원조정책에 관한 연구."『중소연구』. 통권 60호, 1993.

최명해. "북한의 대중의존과 중국의 대북영향력 평가."『주요국제문제분석』, 2010.

_____. "1960년대 북한의 대중국 동맹딜레마와 '계산된 모험주의'."『국제정치논총』. 제48집 3호, 2008.

_____. "북·중동맹조약 체결과 관한 소고."『한국정치학회보』. 제42권 4호, 2008.

최완규. "북한연구방법론 논쟁에 대한 성찰적 접근." 경남대학교 북한대학원 엮음.『북한연구방법론』. 서울: 한울아카데미, 2003.

최용환. "북한의 대미 비대칭 억지·강제전략: 핵과 미사일 사례를 중심으로." 서강대학교 박사학위논문, 2002.

최운도. "미·중·일 삼각관계와 그 역학에 관한 시론."『한국정치학회보』. 제37집 제3호, 2003.

케스린 웨더스비 & 강규형. "북·중·소 삼각관계가 6.25 전쟁과정과 전후 북한외교 행태에 미친 영향."『정신문화연구』. 제33권 제3호, 2010.

하영선. "남북한 평화개념의 분단사." 하영선·손열 공편.『대한민국역사박물관 한국현대사 연구총서 21: 냉전기 한국 사회과학 개념사』. 서울: 대한민국역사박물관, 2018.

_____. "북한 1972 진실 찾기: 7.4 공동성명의 추진과 폐기." EAI외교안보대전력시리즈 21. 하영선 엮음.『1972 한반도와 주변4강 2015』. 서울: 동아시아연구원, 2015.

한기범. "권력승계시기 북한의 지배구조와 대내외 정책 전망."『통일정책연구』. 제19권 2호, 2010.

허문영 외. "북방삼각관계의 변화와 지속: 북한의 균형화 전략을 중심으로."『KINU 연구총서』. 제12권 7호, 서울: 통일연구원, 2012.

다. 기타

『남북대화 제51호』. 서울: 국토통일원 남북대화사무국, 1990.
『남북대화 제54호』. 국토통일원 남북대화사무국, 1992.
『경향신문』
『동아일보』
『매일경제』
『연합뉴스』

『조선일보』
『한겨레신문』

3. 외국 문헌

가. 단행본

Carlin, Robert and John W. Lewis. *Negotiating with North Korea*. (Center for International Security and Cooperation, Stanford, January 2008).

Christenson, Thomas J.. *The China Challenge: Shaping the Choices of a Rising Power*. (New York: W.W. Norton & Company, 2015).

Dittmer, Lowell. *Sino-Soviet Normalization and Its International Implications, 1945-1990*. (University of Washington Press, 1993).

Haggard, Stephen & Marcus Noland. *Famine in North Korea: Markers, Aid, and Reform*. (Columbia University Press, New York, 2007).

Jervis, Robert. *Perception and Misperception in International Politics*. (Princeton, NJ: Princeton University Press, 1976).

Kim, Yongho. *North Korean Foreign Policy: Security Dilemma and Succession*. (Lanham, Md.: Lexington Books, 2011).

Korean Economic Institute. *Ambassadors' Memoir: U.S.-Korea Relations Through the Eyes of the Ambassadors*. (Washington D.C., Korea Economic Institute, 2009).

Oberdorfer, Don & Robert Carlin. *The Two Koreas-A Contemporary History*. (NY: Basic Books, 2014).

Roth, Guenther, and Claus Wittich ed. *Max Weber, Economy and Society: An Outline of Interpretive Sociology*. (University of California Press, Berkely, 1978).

Snyder, Glenn H. *Alliance Politics*. (Cornell University Press: Ithaca and London, 1997).

Stein, Arthur A. *Why Nations Cooperate: Circumstance and Choice in International Relations*. (Princeton: Princeton University Press, 1990).

Sweijs, Oosterveld, Knowles, and Schellekens. *Why Are Pivot States So Pivotal? - The Role of Pivot States in Regional and Global Security*. (The Hague Center for Security Studies, 2014)

Wit, Joel S., Daniel B. Poneman, Robert L. Gallucci. *Going Critical: The First North Korean Nuclear Crisis*. (Washington D.C. : Brookings Institution Press, 2004).

Womack, Brantly. *China among Unequals: Asymmetric Foreign Relationships in Asia*. (World Scientific Publishing Company, 2010).

나. 논문

Albright, David & Mark Hibbs. "North Korea's Plutonium Puzzle". *Bulletin of the Atomic Scientists* (November 1992).

Albright, David. "Non-Proliferation Treaty: North Korea Drops Out". *Bulletin of the*

Atomic Scientists (May 1993).

Armstrong, Charles K. "North Korea Takes on the World", *Current History*. Vol. 106, No. 701 (September 2007).

Brams, Steven J. "The Search for Structural Order in the International System: Some Models and Preliminary Results". *International Studies Quarterly*. Vol. 13, No. 3 (September 1969).

Caplow, Theodore. "A Theory of Coalitions in the Triad". *American Sociological Review*. Vol. 21, No. 1 (August, 1956).

Cha, Victor D. "Hawk Engagement and Preventive Defense on the Korean Peninsula". *International Security*. Vol. 27, No. 1 (Summer 2002).

Chase, Robert, Emily Hill & Paul Kennedy. "Pivotal States and U.S. Strategy". *Foreign Affairs*. Vol 75, No. 1 (January/February 1996).

Christenson, Thomas J. "Chinese Realpolitik: Reading Beijing's World-View". *Foreign Affairs*. Vol. 75, No. 5 (September/October 1996).

Crowe, William J. Jr & Alan D. Romberg. "Rethinking Security in the Pacific". *Foreign Affairs*. Vol. 70, No. 2 (Spring 1991).

Dittmer, Lowell. "Bush, China, Taiwan: A Triangular Analysis". *Journal of Chinese Political Science*. Vol. 10, No. 2 (Fall 2005).

_____. "The Sino-Japanese-Russian Triangle". *Journal of Chinese Political Science*. Vol. 10, No. 1 (April 2005).

_____. "The Strategic Triangle: An Elementary Game-Theoretical Analysis". *World Politics*. Vol. 33, No. 4 (July 1981).

Friedberg, Aaron A. "Ripe for Rivalry: Prospects for Peace in a Multipolar Asia". *International Security*. Vol. 18, No. 3 (Winter 1993/94).

Fukuyama, Francis. "The End of History?". *The National Interest*. No. 16 (Summer 1989).

Herz, John H. "Idealist Internationalism and the Security Dilemma". *World Politics*. Vol. 2, No. 2 (January 1950).

Hopman, Terry. "International Conflict and Cohesion in the Communist System". *International Studies Quarterly*. Vol. 11, No. 3 (September 1967).

Hyland, William G. "America's New Course". *Foreign Affairs*. Vol. 69, No. 2, (Spring 1990).

International Crisis Group. "Shades of Red: China's Debate over North Korea". *Asia Report*. No. 179 (November 2009).

_____. "China and North Korea: Comrades Forever?". *Asia Report*. No. 112 (February 2006).

Izmikawa, Yasuhiro. "Security Dependency and Asymmetric Aggressive Bargaining: North Korea's Policy toward the Two Superpowers". *Asian Security*. Vol. 3, No. 1 (January 2007).

Jervis, Robert. "Cooperation under the Security Dilemma". *World Politics*. Vol. 30, No. 2 (January 1978).

Katzenstein, Peter J., & Lucia A. Seybert, "Protean Power and Uncertainty: Exploring the Unexpected in World Politics". *International Studies Quarterly*. (March 2018).

Kim Yongho. "North Korea's Semi-Aligned Tilt between Beijing & Moscow, 1978-1989". Submitted in Partial Fulfillment of the Requirement for the Degree of Doctor of Philosophy, Graduate School of Arts and Sciences, Columbia University (1992).

Kristof, Nicholas D. "The Rise of China". *Foreign Affairs*. Vol. 72, No. 5 (November/ December 1993).

Michshida, Narushige. "Calculated Adventurism: North Korea's Military-Diplomatic Campaigns". *The Korean Journal of Defense Analysis*. Vol. XVI, No. 2 (Fall 2004).

Morrow, James D. "Alliances and Asymmetry: An Alternative to the Capability Aggregation Model of Alliances". *American Journal of Political Sciences*. Vol. 35, No. 4 (November 1991).

Nye, Joseph S. "East Asia Strategy: The Case for Deep Engagement". *Foreign Affairs*. Vol. 74, No. 4 (July/August 1995).

Oksenberg, Michael. "The China Problem". *Foreign Affairs*. Vol. 70, No. 3 (Summer 1991).

Scalapino, Robert A. "The United States and Asia: Future Prospects". *Foreign Affairs*. Vol 70, No. 5 (Winter 1991/92).

Scobell, Andrew. "China and North Korea: The Limits of Influence". *Current History*. Vol. 102, No. 665 (September 2003).

Skidmore, David, & William Gates. "After Tiananmen: The Struggle over U.S. Policy toward China in the Bush Administration". *Presidential Studies Quarterly*. Vol. 27, No. 3 (Summer 1997).

Smith, Hazel. "Bad, Mad, Sad or Rational Actor? Why the 'Securitization' Paradigm Makes for Poor Policy Analysis of North Korea". *International Affairs*. Vol. 76, No. 1 (July 2000).

Snyder, Glenn H. "The Security Dilemma in Alliance Politics". *World Politics*. Vol. 36, No. 4 (July 1984).

Tarnoff, Peter. "America's New Special Relationships". *Foreign Affairs*. Vol. 69, No. 3 (Summer 1990).

Vinacke, Edgar, and Abe Arkoff. "An Experimental Study of Coalitions in the Triad". *American Sociological Review*. Vol. 22, No. 4 (August 1957).

Wendt, Alexander E. "The Agent-Structure Problem in International Relations Theory". *International Organizations*. Vol. 41, No. 3 (Summer 1987).

Womack, Brantly. "How Size Matters: the United States, China and Asymmetry". *Journal of Strategic Studies*. Vol. 24, No. 4 (December 2001).

You Ji. "China and North Korea: A Fragile Relationship of Strategic Convenience". *Journal of Contemporary China.* Vol 10, No. 28 (August 2001).

Zagoria, Donald. "Soviet Policy in East Asia: A New Beginning?". *Foreign Affairs - America and the World.* Vol. 68, No. 1 (January 1988/89).

Zhang Ming. "The Emerging Asia-Pacific Triangle". *Australian Journal of International Affairs.* Vol. 52. No. 1 (April 1998).

다. 기타

- 정책 보고서 및 정책 연설

United States & Bush, G. (1990), *National Security Strategy of the United States* [Washington, D.C.], White House.

United States. Office of the Assistant Secretary of Defense (International Security Affairs)., United States. Dept. of Defense. (1990). *A Strategic Framework for the Asian Pacific Rim: Report to Congress : Looking Toward the 21st Century.* [Washington, D.C.]: Dept. of Defense.

From Containment to Enlargement. (1993). Address by Anthony Lake, Assistant to the President for National Security Affairs, at the School of Advanced International Studies, Johns Hopkins University, Washington D.C., September 21, 1993, *U.S.Department of State Dispatch,* 4(39), 658.
https://search.proquest.com/docview/233225689?accountid=47476

United States, & Clinton, B. (1994). *A National Security Strategy of Engagement and Enlargement.* [Washington, D.C.], White House.

United States. Office of the Assistant Secretary of Defense (International Security Affairs). (1995). *United States Security Strategy for the East Asia-Pacific Region.* [Washington, DC]: Dept. of Defense, Office of International Security Affairs

- 비밀 해제 문서

"Dealing with the North Korean Nuclear Problem: Impressions from My Asia Trip (November 18, 1991)", *North Korea and Nuclear Weapons: The Declassified U.S. Record, National Security Archive Electronic Briefing Book No. 87.*
https://nsarchive2.gwu.edu/NSAEBB/NSAEBB87/nk16.pdf

"FBIS/CIA, Trends(August 9, 1989)", *North Korea and Nuclear Weapons: The Declassified U.S. Record, National Security Archive Electronic Briefing Book No. 87.*
https://nsarchive2.gwu.edu/NSAEBB/NSAEBB87/nk14.pdf

United States Department of State, "Memorandum, Kartman to Anderson, Subject: Next Steps for North Korea", *National Security Archive Electronic Briefing Book No. 164* (July 17, 1992).
https://nsarchive2.gwu.edu/NSAEBB/NSAEBB164/EBB%20Doc%201.pdf

NSD 70 "U.S. Nonproliferation Policy", July 10, 1992.

　　　　　https://bush41library.tamu.edu/archives/nsd

"Re: President Roh", Scowcroft, Brent, File, Presidential Meetings - Memorandum of
　　　　　Conversation 7/11/91-7/22/91).

　　　　　https://bush41library.tamu.edu/files/memcons-telcons/n.d.--Tae-Woo.pdf

Secretary of Defense William J. Perry, Memorandum for the Secretaries of the Army,
　　　　　Navy, and Air Force, "U.S.-China Military Relationship", August 1994.
　　　　　National Security Archive Electronic Briefing Book No. 19.

　　　　　https://nsarchive2.gwu.edu/NSAEBB/NSAEBB19/docs/doc12.pdf

- 인터넷 자료

"North Korea Nuclear Chronology". *The Nuclear Threat Initiative.*

　　　　　https://www.nti.org/media/pdfs/north_korea_nuclear.pdf?_=1316543714

- 언론

The New York Times
The Washington Post
The Washington Times